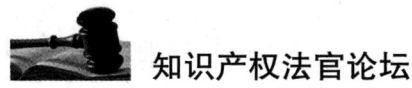
知识产权法官论坛

著作权案件热点问题研究

◎冯刚 著

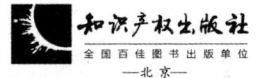
知识产权出版社
全国百佳图书出版单位
—北京—

图书在版编目（CIP）数据

著作权案件热点问题研究 / 冯刚著. — 北京：知识产权出版社，2022.9
ISBN 978-7-5130-8271-6

Ⅰ.①著… Ⅱ.①冯… Ⅲ.①著作权法—案例—研究—中国 Ⅳ.①D923.415

中国版本图书馆CIP数据核字(2022)第138656号

责任编辑：李陵书　　　　　　　责任校对：王　岩
封面设计：SUN 工作室　　　　　责任印制：刘译文

著作权案件热点问题研究
冯刚　著

出版发行：	知识产权出版社 有限责任公司	网　　址：	http://www.ipph.cn
社　　址：	北京市海淀区气象路 50 号院	邮　　编：	100081
责编电话：	010-82000860 转 8165	责编邮箱：	lilingshu_1985@163.com
发行电话：	010-82000860 转 8101/8102	发行传真：	010-82000893/82005070/82000270
印　　刷：	三河市国英印务有限公司	经　　销：	新华书店、各大网上书店及相关专业书店
开　　本：	880mm×1230mm　1/32	印　　张：	10.125
版　　次：	2022 年 9 月第 1 版	印　　次：	2022 年 9 月第 1 次印刷
字　　数：	264 千字	定　　价：	68.00 元
ISBN 978-7-5130-8271-6			

出版权专有　侵权必究
如有印装质量问题，本社负责调换。

序 一

改革开放四十多年来,中国知识产权制度建设取得了重要成就,在知识产权法治和政策运行方面积累了重要经验,为"中国式现代化"发展提供了重要支撑。到目前为止,我国已完成2008年《国家知识产权战略纲要》的预期目标,正处于全面建设社会主义现代化国家的新阶段,根据《知识产权强国建设纲要(2021—2035年)》的要求,不断开拓知识产权治理现代化的"中国道路"。

不可否认的是,在知识产权法治过程中,我们不仅要注重制度选择的政策立场、法律形式、规范内容是否具有先进性、科学性和合理性,更要关注制度实施与经济社会发展的协调性、契合性和相适应性。这些问题与知识产权司法裁判活动有着密切关联。

作为一名长期从事知识产权法学研究的学者,我对知识产权领域的司法制度发展和审理效果十分关注。关于知识产权的法律适用,法院尤其要明晰审理标准,追求审判的专业化和裁量的精细化,以适应社会经济发展的要求。近年来,北京知识产权法院充分发挥专业化集中审理优势,以公正高效司法护航知识产权事业。这些成果值得我们肯定和赞许。

在知识产权体系中,著作权属于相对特殊的一种权利类型。近年来,著作权对我国经济增长的贡献率逐步上升,提高著作权司法保护水平成为我国经济高质量发展的客观需要。根据最高人民法院发布的《中国法院知识产权司法保护状况(2020)》,2020年地方各级人民法院新收知识产权民事一审案件443326件,其中著作权案件313497件,著作权案件占全部知识产权民事一审案件的比例高达70.71%。

针对著作权这一特殊而重要的知识产权，冯刚法官将理论与实践结合，针对著作权案件中的热点和难点问题进行了深入阐述。在本书中，我们可以看到冯刚法官聚焦知识产权保护重点领域和突出问题的深入钻研，其看法和论证常常令人惊喜。例如，人工智能生成内容的著作权认定问题，是著作权纠纷处理的国际话题和时代难题，冯刚法官溯源基础理论根据，比较域外司法情况，为人工智能生成内容如何进行法律保护提供了有益见解。

　　此外，2020年我国《著作权法》修改时，我曾对"合理使用"条款提出了修改建议，主张借鉴国际立法经验，在《著作权法》中引入抽象性的合理使用判断要件，与原有的列举式立法相配合，建构更为科学、更具可操作性的合理使用制度。而在本书中，冯刚法官亦认为有限列举难以涵盖合理使用的全部情形，建议对于著作权合理使用作出构成要件加典型类型的规定。该观点与我不谋而合。

　　冯刚是一位专家型、学者型的法官，审判经验丰富，专业理论厚实，对案件审理既严格遵从法律，又充分贴近事实，其审理思路和裁判理论研究对众多知识产权从业者具有积极的启发意义。衷心期望更多知识产权事业共同体成员发表自己的专业见解和专门论述，为营造知识产权发展环境贡献思想力量。

　　是为序。

吴汉东

2022年8月10日

序者为中南财经政法大学文澜资深教授

序 二

北京知识产权法院成立至今已有8年时间，冯刚同志是我在司法战线上的战友，我们共事多年来，冯刚同志一直奋斗在法律前线，精于调研，积极研究新技术和新产业，探索知识产权保护规律，不断提升新类型案件审判能力，对知识产权工作持有深厚且坚定的热情。

2019年11月27日召开的国务院常务会议提出，加快打造市场化法治化国际化营商环境，更大力度为各类市场主体投资兴业破堵点、解难题。法官审理案件也承担着优化营商环境的特殊使命，在每一个司法案件中，法官都需要将这份使命牢记于心，依据法理、政策、产业等多方面因素，采取最合适的手段，达到最精妙的平衡，合法合理地为群众解决问题，为优化营商环境提供更为有力的保障和支撑。冯刚同志在勤勉的工作和艰深的研究中，执正义之剑，守为民初心，让司法正义的光芒大放异彩。其在学术上亦有建树，以学术研究促进审判工作的发展。

随着媒体介质和传播路径的变革，著作权保护领域出现了许多问题。本书集结了冯刚同志多年来对著作权领域热点和难点问题的司法研究。本书共分为五个部分，包括著作权基础理论及审判改革创新、特殊客体的著作权保护问题、信息网络传播权热点问题、判断著作权侵权及责任承担的特殊情形以及著作权合同中的疑难问题。在特殊客体的著作权保护问题这一部分，冯刚同志针对司法实践中关于著作权客体的多个热点问题，如人工智能生成内容的法律保护路径进行了深入剖析，谨慎、细致地回应了新技术带来的法律问题，认为人工智能生成内容本质上是人类思维的过程赋予和结果输出，无论是考虑到生成内容的人类思想的体现，还是人工智能发展的持续性与阶段性，将人工智能生成内容予以法律保护，并将其权属赋予相关人类参与者都是应有之义。该观点引人深思。信息网络传播权案件一直是著作权案件中极为重要的类别，冯刚同志从法院的审理实践、侵害信息网络传播权行为的构成要件以及IPTV行业的著作权侵权纠纷等多个方面进行了全方位的解读，尤其是《涉IPTV侵害著作权纠纷问题研究》紧跟行业发展的趋势和司法实践情况，针对北京市高级人民法院制定的《知识产权审判参考问答（24）》进行了鞭辟入里的解读，认为在IPTV案件中判断电信企业是否应当承担侵权责任，主要需查明其是否按国家政策及规范性文件的要求签订并严格履行了IPTV业务相关合同，以及是否实际参与或决定集成播控平台的相关内容，这对于审判实践具有很强的借鉴意义。特别是，本书还针对影视作品委托创作合同进行了深入解读，认为影视作品委托创作合同无论是责任关系、履行方式还是成果的权属问题都符合承揽合同的特征，应当被认定为承揽合同。该分析严谨周密、独具匠心，为影视作品委托创作合同纠纷的解决提供了较为清晰的思路。

冯刚同志从著作权的具体案件出发，结合知识产权制度的理论根基，针对著作权理论及实践中的重点和难点问题展开了充满理性和激情的探讨。从其审理案件时对于各方利益的精巧平衡，对于行业、技术、法律的深层解析中，读者可以窥见我国著作权的发展脉络，以及法官审理思路的不断进步。

2022年8月10日

序者为北京知识产权法院副院长

目录

著作权基础理论及审判改革创新

1 知识产权权能及公共利益平衡的法理分析 /003

1.1 霍菲尔德基础法律概念理论概述 /004
1.2 知识产权权能的霍菲尔德理论体系归类 /006
1.3 相关问题的霍菲尔德理论体系分析 /014

2 我国著作权审判机制的改革趋向研究 /024

2.1 问题的提出 /025
2.2 我国著作权审判机制改革纲要的确立趋向 /026
2.3 我国著作权审判机制的实践创新与现实挑战 /029
2.4 我国著作权审判机制的改革创新与发展规划 /033

3 对于《著作权法（2020）》的意见与建议 /039

3.1 有限列举难以涵盖合理使用的全部情形 /039
3.2 随意登记难以保证海量作品的权属真实 /041
3.3 司法审判难以确定集体管理的收费标准 /041
3.4 扩张保护难以产生合理恰当的社会效果 /042
3.5 过于保守难以体现作品利用的主流方式 /043

3.6 忽视委托难以保障作品创作的有效实现 /045

特殊客体的著作权保护问题

1 人工智能生成内容的法律保护路径初探 /049

1.1 人工智能发展现状及问题的提出 /050
1.2 人工智能生成内容著作权保护否定论 /051
1.3 人工智能生成内容受法律保护的必要性 /052
1.4 人工智能生成内容受法律保护的路径选择 /056

2 中文字库中单字的著作权保护问题研究 /065

2.1 问题的产生 /066
2.2 各国对字库字体单字的知识产权保护 /069
2.3 中文字库字体单字的可版权性 /071

3 自动拍摄视频中截图的作品性质认定 /083

3.1 《追气球的熊孩子》著作权纠纷案 /083
3.2 学理分析 /084

4 新著作权法视域下短视频问题研究 /090

4.1 短视频的定义及类型 /091

4.2 类型化视角下短视频的可版权性分析 /093

4.3 短视频的作品类型及权利归属规则 /100

信息网络传播权热点问题

1 侵害信息网络传播权纠纷案件审理问题研究 /107

1.1 程序问题：案件审理范围与当事人诉求不一致 /108

1.2 事实查明问题：未能准确认定被告的被诉行为性质 /111

1.3 内容提供商具有合法授权时，服务提供商侵权责任的认定 /118

1.4 内容提供商不具有合法授权时，服务提供商侵权责任的认定 /121

1.5 一审法院在审判工作中的困难成因 /124

2 侵害信息网络传播权行为构成要件问题研究 /128

2.1 步升大风公司诉豆网科技公司侵犯信息网络传播权纠纷案 /128

2.2 学理分析 /130

3 网络交易平台服务提供商的侵权归责原则问题 /145

3.1 淘宝公司与友谊出版公司侵犯著作权纠纷案 /146

3.2 网络服务提供者的种类及其侵权归责原则 /147

3.3 对于技术中立原则的理解与适用 /149

4 涉及深度链接的侵害信息网络传播权纠纷问题研究 /155

4.1 信息网络传播权的技术新发展 /156

4.2 技术发展对涉及搜索链接服务案件的影响 /158

4.3 司法实践中出现的典型情况 /160

4.4 信息网络提供行为的判断标准 /162

4.5 破坏技术保护措施问题 /169

4.6 对该类案件的类型化总结 /172

5 搜索链接服务提供商注意义务的认定标准 /177

5.1 迅雷公司与卓易公司信息网络传播权纠纷案 /177

5.2 法院的认定和判决 /178

5.3 对该案的研究和解析 /180

5.4 过错归责原则是判断搜索链接服务提供商是否侵权的基本标准 /193

6 涉IPTV侵害著作权纠纷问题研究 /196

6.1 问题的提出 /197

6.2 《知识产权审判参考问答（24）》内容简介 /199

6.3 "回看"行为的法律性质 /200

6.4 IPTV主体的法律责任 /204

6.5 审理重点 /209

判断著作权侵权及责任承担的特殊情形

1 非字面抄袭的侵权认定规则 /215

1.1 琼瑶诉于正等侵害著作权案 /216
1.2 学理分析 /218
1.3 该案的司法意义 /226

2 取得改编授权条件下的保护作品完整权问题 /228

2.1 正确界定我国著作权法对保护作品完整权的规定 /229
2.2 正确理解我国著作权法规定的"歪曲、篡改"的含义 /232
2.3 正确把握改编权与保护作品完整权之间的关系 /237
2.4 个案的运用 /239

3 侵害知识产权行为诉讼时效制度问题研究 /246

3.1 据以研究的案例 /247
3.2 知识产权特点对于侵权案件诉讼时效制度的影响 /248
3.3 侵害知识产权案件诉讼时效制度中的特殊规则 /253
3.4 被告停止侵权行为的举证责任 /264
3.5 对于实践案例的诉讼时效分析 /266

著作权合同中的疑难问题

1 《买卖合同司法解释》对著作权重复转移行为的适用 /271

    1.1 我国著作权转让问题的发展过程 /271
    1.2 发生著作权重复转移行为的症结及司法困境 /273
    1.3 《买卖合同司法解释》对区分原则的体现 /278
    1.4 物权变动规则对著作权重复转移的适用 /281
    1.5 《买卖合同司法解释》的具体规定对著作权重复转移行为的适用 /286

2 对影视作品委托创作合同合同类型的研究 /288

    2.1 合同类型的认定 /288
    2.2 影视作品委托创作合同工作成果的质量标准 /293
    2.3 委托创作合同中的留置权问题 /295

3 影视作品委托创作合同的解除问题研究 /298

    3.1 解除权的发生 /299
    3.2 解除权的行使 /300
    3.3 合同解除的后果 /307

著作权基础理论及审判改革创新

1 知识产权权能及公共利益平衡的法理分析

内容提要

霍菲尔德的权利分析理论是法律思想史上的一座丰碑，其在厘清基本法律概念的基础上，于具体的法律关系中通过几对相反和相关的法律概念对"权利"进行进一步阐述，具有广泛的影响力和实用价值。笔者以霍菲尔德基本法律概念分析方法为工具，对知识产权的权能和知识产权中的公共利益平衡问题进行了分析和讨论。首先，对霍菲尔德的权利分析理论进行了全面的概述，提炼出了基本的理论思想和分析要点；其次，从认识论的角度，用霍菲尔德理论体系对知识产权的权利内容加以分析，提供一种新的视角解释和阐述知识产权；最后，分析知识产权创设的理论基础，并沿着相关理论基础的分析框架阐发知识产权公共利益平衡问题，用霍菲尔德理论体系进行分析和解读。

关键词

霍菲尔德；权利分析；权能；公共利益平衡

1.1 霍菲尔德基础法律概念理论概述

霍菲尔德作为分析法学派的重要代表人物之一，在代表作《司法推理中应用的基本法律概念》一文中，阐述了法律关系中的"最小公分母（lowest common denominators）"，将权利（right）进一步分为包括相关关系和相反关系的两个方阵，具体而言，包括狭义权利（claim）、特权（privilege）、权力（power）、豁免（immunity），以及对应的义务（duty）、无权利（no-right）、责任（liability）和无能力（disability）。[1] 在霍菲尔德看来，实质上两个方阵并不是处于同一层次的法律概念，具体而言，"狭义权利"[2]与"特权"及其相对的"义务"与"无权利"是属于第一层次的范畴，其更多是属于一种意志与行动自由的内容；而第二个方阵中的"权力"与"豁免"及其相对的"责任"与"无能力"则属于第二层次的范畴，更多依赖于第一层次的行为与自由而产生，是对第一层次意义"权利"基础上形成的"法律关系"的考察。[3] 其实在霍菲尔德之前，英国的奥斯丁、边沁及德国的温德夏特等法学家，就权利的基本类型已经进行了探索。霍菲尔德权利分析框架中的几种权利类型都已经在前人的论述中被讨论过，但是一直缺乏一种明晰的、有实践指导意义的分析方法，将这些类型整合起来，梳理其中的内在

1　Wesley Newcomb Hohfeld, Fundamental Legal Conceptions as Applied in Judicial Reasoning, The Yale Law Journal, 1917, 26(8), pp.710-770.

2　为了便于论述以及与广义的"权利"概念进行区分，霍菲尔德权利体系下的"claim"在本书中称为"狭义权利"。

3　陈运生. 一个二元性权利的分析体系——对霍菲尔德权利理论的一种解读[J]. 公法研究, 2008, (0):357.

关联性（尤其是法律相对关系）。[1] 霍菲尔德权利框架的一大优势在于，以法律实务者熟悉并经常使用的术语，在进一步明确其含义的基础上阐明其基本概念与关联关系，具有普遍的现实意义和实用价值。[2] 其运用几组"法律相关关系（jural correlatives）"和"法律相对关系（jural opposites）"来阐明和解释法律关系中的"权利"等概念。

霍菲尔德认为，其所确定的这八个概念能够用以清楚地表达和分析所有的法律关系及其性质，一个人主张的任何权利都可以最终归入上述体系之中。进一步地，具体到法律关系上，霍菲尔德认为法律关系是人与人之间的关系而非人与物之间的关系，进而将"对物权（right in rem）"这一概念解构为个人与多人之间的法律关系，而"对人权（right in personam）"是个人与另一个个人之间的法律关系，具有很强的实践操作意义。[3] 霍菲尔德之所以要构建前述两个权利体系，根本的原因在于其认识到了实务界和法律界对法律术语使用的混乱状况，因而他从最基本的"权利"概念出发，对"法律术语"进行梳理和分析。霍菲尔德认为应当认识到"权利"这个术语本身所包含的内在缺陷，而不是简单地将"权利"看作暗含着相应的"责任（duties）""救济（remedies）"或者是其他"权利"的术

---

1 在霍菲尔德之前，Terry和Salmond也提出过一套类似的权利分析方法，但是与Terry和Salmond的权利理论体系相比，霍菲尔德的权利分析更清晰明确，并且其对法律相对关系的论述是之前所不具有的。See Albert Kocourek, The Hohfeld System of Fundamental Legal Concepts, Ill. LR 1920, 15, p.25.

2 Walter Wheeler Cook, Hohfeld's Contribution to the Science of Law, Yale Law Review, 1919, 28(8), p.724.

3 Ted M. Sichelman, Very Tight "Bundles of Sticks": Hohfeld's Complex Jural Relations, San Diego Legal Studies Paper, 2017, pp.17-286.

语。[1] 此外，在理解霍菲尔德权利分析理论时，还应当注意到，具体的分析中不应孤立地看待单个的法律概念，应在整个权利分析框架中予以分析和适用，并应注意到特定法律关系中仅涉及两方主体。

1.2 知识产权权能的霍菲尔德理论体系归类

"知识产权（intellectual property）"这个术语的使用可以追溯到150多年以前，但是"知识产权"真正作为一个被经常使用并广泛接受的术语是源自1967年世界知识产权组织的成立，仅有50多年的历史。[2] 知识产权是一种通过法律创造的、对某些特定的无体物产生的有期限的排他性权利，是在公有的知识领域通过法律拟制出的权利空间。知识产权不需要借助合同或者其他法律关系就可以创设出一种第三方对应的义务，其是一种对抗全世界的权利。[3] 笔者从认识论的角度，用霍菲尔德理论体系对知识产权的权利内容加以分析，提供一种新的视角解释和阐述知识产权。

1.2.1 知识产权权能以及霍菲尔德理论体系的认识论优势

要认识和了解一项权利，通常情况下要从权能出发。权能即权利的内容，是对权利主体在法律范围内享有的权利内容和功能的概

---

1 原文是"Rather than thinking of 'rights' as implying corresponding 'duties' and 'remedies', or even other 'rights', we should recognize the term 'rights' as fatally flawed", see Eric Engle, Taking the Right Seriously: Hohfeldian Semiotics and Rights Discourse, Crit 2010, 3, p.93.

2 Lionel Bently, Brad Sherman, Intellectual Property Law (2014: 4th Edition), Oxford University Press, p.2.

3 Jeremy Waldron, From Authors to Copiers: Individual Rights and Social Values in Intellectual Property, Chi.-Kent L. Rev., 1992, 68, pp.848-849.

括,[1] 是一项权利进一步细分的权限。如所有权权能包括积极的权能和消极的权能。进一步地,所有人对其财产依法享有的占有、使用、收益和处分权能是所有权的积极权能;而消极权能则是指所有人所享有的物上请求权,它是指所有人在遭受损害的情况下,对所有权进行保护的权利。[2] 不同的权能表征的权利主体、权利性质、权利对象不同,是区别不同权利的判断标准。然而,一方面,由于知识产权所保护的客体具有无形性,知识产权财产性权益可以同时为多个人共享而并不对财产性权益本身产生任何损耗,与此同时,知识产权的使用和收益具有同一性,其不可能照搬传统财产权,尤其是不能按照前述所有权的权能分类加以认识和分析。另一方面,知识产权的权能具有复杂性和多样性,一项知识产权可能具有多项具体的权能。例如,就著作权而言,根据《保护文学和艺术作品伯尔尼公约》(以下简称《伯尔尼公约》),著作权的权能包括署名和保护作品完整性的权能[3]、翻译和授权翻译作品的权能[4]、复制作品的权能[5]、广播作品的权能[6]、表演作品的权能[7]等。根据我国的《著作权法》[8] 第10条,著作权具体被细分为16项权能以及一项兜底性权

1　徐兴祥. 知识产权权能结构法律分析[J]. 法治研究, 2014, (7):113.

2　王利明. 民法(第二版)[M]. 北京:中国人民大学出版社, 2006:309.

3　《伯尔尼公约》第6条之二。

4　《伯尔尼公约》第8条。

5　《伯尔尼公约》第9条。

6　《伯尔尼公约》第10条之二。

7　《伯尔尼公约》第11条。

8　当本书中出现"《著作权法》"一词时,如无特殊说明,均指"《著作权法(2020)》";只有为了区别于"《著作权法(2010)》"时,才标注为"《著作权法(2020)》"。

能。[1]从实用性的角度，这种对权能的细分具有一定的实践价值。但从认识论的角度，这种细分实际上将问题复杂化了，而且随着时代的发展，每当出现了对知识性财产权益的新的利用方式，便会带来权能认识论上的疑难，如"信息网络传播权"就是信息网络时代下的产物。

采用霍菲尔德权利理论体系对知识产权的权能进行分析，能够将知识产权的权能提取"最小公分母"，进一步纳入"狭义权利—义务""特权—无权利""权力—责任""豁免—无能力"关系之中，有助于从认识论的角度简化知识产权的权能划分，进一步认识知识产权权能的本质。

---

[1]《著作权法》第10条第1款规定："著作权包括下列人身权和财产权：（一）发表权，即决定作品是否公之于众的权利；（二）署名权，即表明作者身份，在作品上署名的权利；（三）修改权，即修改或者授权他人修改作品的权利；（四）保护作品完整权，即保护作品不受歪曲、篡改的权利；（五）复制权，即以印刷、复印、拓印、录音、录像、翻录、翻拍、数字化等方式将作品制作一份或者多份的权利；（六）发行权，即以出售或者赠与方式向公众提供作品的原件或者复制件的权利；（七）出租权，即有偿许可他人临时使用视听作品、计算机软件的原件或者复制件的权利，计算机软件不是出租的主要标的的除外；（八）展览权，即公开陈列美术作品、摄影作品的原件或者复制件的权利；（九）表演权，即公开表演作品，以及用各种手段公开播送作品的表演的权利；（十）放映权，即通过放映机、幻灯机等技术设备公开再现美术、摄影、视听作品等的权利；（十一）广播权，即以有线或者无线方式公开传播或者转播作品，以及通过扩音器或者其他传送符号、声音、图像的类似工具向公众传播广播的作品的权利，但不包括本款第十二项规定的权利；（十二）信息网络传播权，即以有线或者无线方式向公众提供，使公众可以在其选定的时间和地点获得作品的权利；（十三）摄制权，即以摄制视听作品的方法将作品固定在载体上的权利；（十四）改编权，即改变作品，创作出具有独创性的新作品的权利；（十五）翻译权，即将作品从一种语言文字转换成另一种语言文字的权利；（十六）汇编权，即将作品或者作品的片段通过选择或者编排，汇集成新作品的权利；（十七）应当由著作权人享有的其他权利。"

1.2.2 知识产权权能的"狭义权利—义务""特权—无权利"权利方阵

"狭义权利"是一种要求他人实施（或者停止实施）某种行为的权利；而"义务"是在这种法律关系中基于权利人A的即期利益或预期利益，社会要求相对人必须为或者不为某种行为，且违背这种要求即将受到社会的惩罚。[1] "狭义权利"的概念通过确定"义务"这一相关概念得以清晰界定。

在知识产权权能中，最典型的"狭义权利"即排他性权能。排他性权能是财产权的一项重要权能，美国著名的McKeon v. Bisbee案就明确地将财产权定义为"是对一项事物占有、使用和处分的排他性权利"。[2] 知识产权作为财产权之一，也具有排他性权能，现代知识产权的雏形就是通过国家授予特定的法律实体以从事特定业务的排他性的权利。1624年的英国垄断法作为专利法的雏形，其创立的初衷即是鼓励外国工匠能够留在英国，从而赋予他们排他性享有自己所创造的发明的权利。[3] 美国的1790年专利法也明确规定了"排他性的权利和自由，以制造、建设、使用和销售"一项发明产品。[4] 同专利权一样，著作权的起源可以追溯到意大利文艺复兴时期，而真正具有现代著作权意义的法律是1710年英国的《安妮女王法》，其最初是为了赋予出版

---

1 Arthur L. Corbin, Legal Analysis and Terminology, The Yale Law Journal, 1919, 29, p.167.

2 McKeon v. Bisbee, 9 Cal. 137, 142 (1858)，原文为"Property is the exclusive right of possessing, enjoying, and disposing of a thing"。

3 Christine MacLeod, The Paradoxes of Patenting: Invention and Its Diffusion in 18th and 19th Century Britain, France, and North America, Technology and Culture, 1991, 32(4), pp.885-911.

4 The U.S. Patent Act of 1790, ch.7, §1, 1 Stat.109, 110 (repealed 1793)，原文为"exclusive right and liberty of making, constructing, using and vending..."。

商出版、发行相关书籍和作品的排他性垄断权能。[1]

知识产权的排他性权能，其具体的权利效果就是能够排除他人的干扰，就特定的知识财产享有相关利益，即请求禁止法律关系中的相对方实施特定的行为。用霍菲尔德理论框架，其本质和核心对应"狭义权利"。在霍菲尔德权利体系中，知识产权权利人可以针对其享有的特定知识财产权益，要求他人不得实施侵害其知识性财产权益的行为，从而达到对特定的知识性财产权益实施排他性独占。在这种特定的"狭义权利—义务"关系中，知识产权的权利人享有"狭义权利"，而处于法律关系中的相对方享有对应的"义务"。这种权利是由社会和政府强制力予以保障实施的，如果法律关系的义务方违背了权利人基于"狭义权利"提出的主张，就会受到社会的惩罚。各国的知识产权法以及知识产权国际性条约中，都对知识产权的公权力保障予以相关规定，如《与贸易有关的知识产权协定》第1条即明确了成员对知识产权的保障义务，其最主要保障的就是知识产权的排他权能，即"狭义权利"。[2]

"特权"是指A相对于B可以自由地或在一定程度上自由地依照其意志实施一定的行为，不需要按照社会要求为B的利益而加以限制，且违背其行为不会受到社会的惩罚；而"无权利"指A所在的社会不为其要求他人实施某种特定行为。[3] 实际上，"特权"和法律

1　Lionel Bently, Brad Sherman, Intellectual Property Law (2014: 4th Edition), Oxford University Press, p.33.

2　各成员应实施本协定的规定。各成员可以，但并无义务，在其法律中实施比本协定要求更广泛的保护，只要此种保护不违反本协定的规定。各成员有权在其各自的法律制度和实践中确定实施本协定规定的适当方法。

3　Arthur L. Corbin, Legal Analysis and Terminology, The Yale Law Journal, 1919, 29, pp.167–168.

上的"自由"具有相同的含义。[1] "特权"概念是通过对"义务"的否定而被发现的,即某一法律主体相对于另一法律主体不受其"狭义权利"约束的这样一种权利。相反,不对特定知识财产权益享有权利的第三人,并不能对他人主张这种排他性的权利,因而是一种"无权利"的状态。

在知识产权领域,知识产权权利人的"特权"或"自由"对应知识产权权利人对其享有权利的智力成果予以利用而不被他人干涉的自由。以著作权为例,著作权的产生遵循"完成即享有权利"的原则,当一项具有独创性的作品被作者创造出来,作者即享有著作权。针对其作品,作者享有"特权"或"自由",可以选择是否发表、修改、改编等。霍菲尔德理论体系并不需要识别并归类具体的利用行为,其只不过是根据作品形式不同而阐发的权利行使形态,都属于"特权"或"自由",其行使也都受到社会(公权力机关)的保障。因此,在这一点上,霍菲尔德理论体系的分析方法无疑使问题得以简化并突出了该类型权利的一种共同特性,具有认识论上的优势。

还应当注意到,"特权"或"自由"可能由知识产权所有权人以外的主体享有。一方面,知识产权所有权人(或者有权对知识产权进行许可的权利人)通过许可行为许可他人实施其知识产权,则在特定的许可范围内,被许可人获得了和知识产权所有权人同样的"特权"或"自由"。另一方面,知识产权的行使还要受到一定的

---

[1] Wesley Newcomb Hohfeld, Fundamental Legal Conceptions as Applied in Judicial Reasoning: and Other Legal Essays, Yale University Press, 1923, p.42.

公共利益限制，如专利权中"不视为专利侵权"的情形[1]以及著作权中的"合理使用制度"[2]。此外，由于知识产权的"垄断性"，其可能还会损害商品的自由流通即公平竞争。如同美国联邦最高法院Holmes法官所述，由于专利权人（知识产权所有权人）拥有排除他人实施特定行为的权利，能够根据自己的需求设定特定的条款从而控制市场，进而损害公共利益。[3] 因而，知识产权的行使还要受到竞争法的规制。因此，知识产权所有权人不能对特定的相对方主张"狭义权利"，即前述的排他性权能，进而不能要求被许可人在被许可的范围内停止实施特定的行为。"特权"或"自由"与"狭义权利"的区别在于，前者是一种法律允许的自由，但是该种自由并不需要在法律关系中通过对其他个体设置义务来实现；而后者由法律关系中相对方所承担的强制性义务予以阐发。

---

[1] 《专利法》第75条规定："有下列情形之一的，不视为侵犯专利权：（一）专利产品或者依照专利方法直接获得的产品，由专利权人或者经其许可的单位、个人售出后，使用、许诺销售、销售、进口该产品的；（二）在专利申请日前已经制造相同产品、使用相同方法或者已经作好制造、使用的必要准备，并且仅在原有范围内继续制造、使用的；（三）临时通过中国领陆、领水、领空的外国运输工具，依照其所属国同中国签订的协议或者共同参加的国际条约，或者依照互惠原则，为运输工具自身需要而在其装置和设备中使用有关专利的；（四）专为科学研究和实验而使用有关专利的……"

[2] 《著作权法》第24条规定："在下列情况下使用作品，可以不经著作权人许可，不向其支付报酬，但应当指明作者姓名或者名称、作品名称，并且不得影响该作品的正常使用，也不得不合理地损害著作权人的合法权益：（一）为个人学习、研究或者欣赏，使用他人已经发表的作品；（二）为介绍、评论某一作品或者说明某一问题，在作品中适当引用他人已经发表的作品；（三）为报道新闻，在报纸、期刊、广播电台、电视台等媒体中不可避免地再现或者引用已经发表的作品；（四）报纸、期刊、广播电台、电视台等媒体刊登或者播放其他报纸、期刊、广播电台、电视台等媒体已经发表的关于政治、经济、宗教问题的时事性文章，但著作权人声明不许刊登、播放的除外……"

[3] Motion Picture Patents Co. v. Universal Film Mfg. Co., 243 U.S. 502, 519-520 (1917) (Holmes, J., dissenting).

1.2.3 知识产权权能的"权力—责任""豁免—无能力"权利方阵

如果说"狭义权利—义务""特权—无权利"权利方阵是围绕"意志与行为"展开论述的，第二层次的"权力—责任""豁免—无能力"权利方阵则是围绕"意志与法律关系"而展开的。

"权力"是指A对B的单方行为能够引起A或B与第三人之间新的法律关系时，即称之为A对B享有"权力"；而对应的B能够因为A的行为改变特定的法律关系，则谓之"责任"。[1] 实际上，霍菲尔德的"权力"与"能力（ability）"一词更相近，更接近于"法律能力（legal ability）"。[2]

知识产权权利人也具有"权力"，当一项特定的知识产权被授予权利人时，该权利人便具有了"权力"。"权力"存在于知识产权权利人行使特定知识产权权益之前，是一种法律能力。知识产权权利人具有广泛的"权力"，最典型的就是知识产权的放弃和许可，知识产权权利人拥有对自己享有的知识性财产权利进行放弃的"权力"。例如，商标权人可以通过商标注销程序申请将商标予以注销。又如，商业秘密的权利人可以通过将自己所享有的特定商业秘密信息向外界公开的形式放弃商业秘密财产权益。[3] 在这种"权力—责任"的权利关系中，除了权利人以外的其余社会公众都是具有"责任"的。通过权利人特定的放弃行为，相应的知识性财产权益回归到公有领域，从而社会公众得以进入原先处于知识产权排他

---

1 Arthur L. Corbin, Legal Analysis and Terminology, The Yale Law Journal, 1919, 29, pp.168-169.

2 王涌. 寻找法律概念的"最小公分母"——霍菲尔德法律概念分析思想研究[J]. 比较法研究, 1998, (2):156.

3 传统知识产权将商业秘密也纳入知识性财产权益的保护范畴，但是在有的知识产权理论划分中，商业秘密并不在知识产权类目之中。笔者采用传统知识产权理论，将商业秘密也纳入知识性财产权益。

性权能，即"狭义权利"保护范围内的私有空间。此外，作为知识性财产权益重要利用手段之一的知识产权许可，能够更加清楚明晰地在"权力—责任"中得以体现和释明。这种知识产权权利人可以进行许可的能力即知识产权权利人的"权力"，作为被许可人的相对方是具有"责任"的，通过权利人的许可，被许可人得以进入许可人的权利空间，许可人不能再对被许可人实施知识产权的排他性权能，即"狭义权利"。此外，在许可人让渡的知识产权权利范围之内，被许可人也获得了相应的"特权"。

"豁免"指的是在A与B的法律关系中，B不具有改变现存的A与B或者A与其他人的法律关系能力，则对于A来说即为"豁免"，而对于B来说则为"无能力"。[1] 在知识产权领域，"豁免—无能力"这对相反的法律关系，不仅可以在不享有特定权利的法律主体对他人实施特定的权利内容这种例子中得以阐发，还可以用来解释知识产权领域广泛存在的审查授权制度。知识产权如专利权和商标权都需要遵循特定的审查授权制度，即就知识产权特定的知识性财产权益向特定的行政机关进行申请，通过审查方可获得授权。在知识产权获得审查授权后，权利人可以在其享有知识性财产权利的权利范围内享有对抗第三人（包括知识产权共有权利人）的"豁免"，其他不享有权利的第三人即为"无能力"。

1.3 相关问题的霍菲尔德理论体系分析

如上所述，通过霍菲尔德理论体系，知识产权的权能划分以及具有的特定内涵得以进一步澄清。在认识了知识产权的权利内容之

---

[1] Arthur L. Corbin, Legal Analysis and Terminology, The Yale Law Journal, 1919, 29, p.170.

后，进一步的问题便产生了，即为什么要创设知识产权？笔者试图分析知识产权创设的理论基础，沿着相关理论基础的分析框架阐发知识产权公共利益平衡问题，并尝试用霍菲尔德理论体系进行分析和解读。

1.3.1　知识产权权利的正当性理论

关于为什么要创设知识产权，即知识产权的正当性，主流学说主要可划分为两个基本类型：自然权利理论与工具主义理论，而自然权利理论又可进一步划分为劳动财产权理论与人格权理论。具体而言，劳动财产权理论从道德的应然性角度出发，其主要含义为劳动者支配其劳动成果（知识成果）是应然的、正当的。劳动财产权理论发源于洛克的财产权理论，在其著作《政府论》（下篇）第五章中，关于财产权有非常精彩的论述。洛克假定，在人类原初状态一切资源为人类共有，但每个人对他自己的人身享有一种所有权，除他以外任何人都没有这种权利。他的身体所从事的劳动和他的双手所进行的工作，也是正当地属于他的。所以只要他使任何东西脱离自然所提供的那个东西所处的状态，他就已经掺进他的劳动，即在这个东西上面掺加了他自己所有的某些东西，因而使它成为他的财产。[1] 此外，洛克认为，获得财产的前提是个人留有足够多且同样好的东西给其他人，这是劳动财产权理论的内在要求。[2] 然而，劳动财产权理论具有很大的理论缺陷。将劳动财产权理论应用于知识产权，表面上将"麦子"换成"作品"，实际上却忽视了有形物与知识产权最大的区别在于后者的可共享性，即对知识产权设权，可

1　冯晓青. 知识产权的劳动理论研究[J]. 湘潭大学学报(哲学社会科学版), 2003, (5):25.

2　Peter Drahos, A Philosophy of Intellectual Property, Dartmouth, Aldershot, UK and Brookfield, US, 1996, p.42.

能导致原本可以共享知识性财产权益的其他人无法共享，从而造成另一种浪费，引发道德危机。[1] 这就难以称得上"留有足够多且同样好的东西给其他人"。人格权理论通常被认为起源于黑格尔，即财产反映、体现了具体人格和主体意志。在知识产权领域，由于智力创造成果通常被认为反映了创造者的人格特质（思想、情感等），因此这一理论被用于论证知识产权的正当性，而这也常常是大陆法系著作权法论证著作人格权的正当性基础。[2] 然而，人格权理论同样面临着考验，当知识性财产权益具有很强的技术性（比如计算机软件、工程图纸）时，或者其是单纯事实性作品（如法律数据库、电话本），人格权的解释力就会下降。[3] 此外，人格权理论无法解释财产的转让和许可，无法解释所谓人格表达为什么可以基于创造者的意愿自由转让和许可。[4] 边沁也对自然权利理论进行了猛烈的批判，认为没有政府和法律，任何权利都没有意义。[5] 此外，自然权利理论只从主体与对象的关系上论证权利，却忽视了权利其实是一种社会关系。无论是某人对创造物付出了劳动还是创造物体现了其人格，只能说此人与其创造物的联系最为紧密，但这无法解释权利人和其他人（或者社会公众）之间的关系，毕竟权利并非"人—物的关系"而是"人—人的关系"。

工具主义理论从知识产权的效果和功能角度出发，立足于社会

---

1 崔国斌. 专利法:原理与案例(第二版)[M]. 北京:北京大学出版社, 2016:9-10.
2 崔国斌. 专利法:原理与案例(第二版)[M]. 北京:北京大学出版社, 2016:10-15.
3 崔国斌. 专利法:原理与案例(第二版)[M]. 北京:北京大学出版社, 2016:15.
4 崔国斌. 专利法:原理与案例(第二版)[M]. 北京:北京大学出版社, 2016:15.
5 Jeremy Bentham, A Critical Examination of the Declaration of Rights, The Works of Jeremy Bentham, vol.2 (1843).

整体利益和需求解释了设立权利的合理性。[1] 以较为主流的学说"鼓励说"为例，人们认为，通过法律对知识产权进行保护，能够鼓励人们实施特定的行为，从而有利于促进社会整体效益。[2] 比如，对于专利权进行保护，能够鼓励创造者进行更多的创新投入。又如，对商标权进行保护能够鼓励商标权人生产和销售具有高质量的产品。工具主义理论直接从效用的角度进行探讨，立足于知识产权的制度目的，能够有效地避免自然权利理论关于知识产权正当性解释中的问题，具有合理性。在这个理论之中，授予生产者知识产权能够确保使用者获得足够多以及足够好的智力产品，这一理论关注智力产品的使用者，而授予生产者以相应的财产性权利不过是实现这一目的的一种手段。[3] 在立法和司法实践中，各国目前普遍接纳了这种理论，如《美国宪法》规定："为促进科学和实用技术的进步，保障作者和发明者在一定期限内对其作品和发明享有独占权利"。[4] 美国联邦最高法院Clark法官在Graham v. John Deere CO.案中也指出，专利垄断权不是为了保障发明人对他发现的自然权利，而是一种回报和激励，用以催生新知识。[5] 我国的《商标法》也明确规定了其立法目的是加强商标管理，保护商标专用权，促使生产、经营者保证商品和服务质量，维护商标信誉，以保障消费者和生产、经营者的利

---

1 Robert P. Merges, Justifying Intellectual Property, Harvard University Press, 2011; 李琛. 著作权基本理论批判[M]. 北京:知识产权出版社, 2013: 12-13.

2 Hettinger E. C., Justifying Intellectual Property, Philosophy & Public Affairs, 1989, p.31.

3 Hettinger E. C., Justifying Intellectual Property, Philosophy & Public Affairs, 1989, pp.31-52.

4 《美国宪法》第1条第8款。

5 Graham v. John Deere Co., 383 U.S. 1(1966).

益，促进社会主义市场经济的发展。[1]

1.3.2 工具主义理论框架下知识产权权利的公共利益平衡问题

在各国知识产权的发展与改革中，一方面知识产权权利人一直主张加强知识产权的保护，另一方面知识产权权利人对"知识"的独占又带来了公共空间的压缩，使得社会公众的"自由"受到了影响，有的学者甚至将知识产权称作社会的肿瘤。[2] 在工具主义理论框架之下，其对创造者所给予的"激励"（即对知识成果的垄断而带来的物质奖励）可能超过他人对其智力成果加以利用的边际成本。[3] "设权"相当于赋予权利人对其创造的成果享有一定时间的垄断，而这种垄断可能阻碍社会公众对智力成果的进一步利用。[4] 如前所述，在各国的立法和司法实践中往往可以看到工具主义理论的影子。受到这一理论的影响，各国往往会在知识产权法规中体现"公共利益平衡"的考量，这是工具主义理论内在的要求，因为保护知识产权权利人的利益并不是工具主义理论的价值目标，而是社会整体利益。如何对知识产权施加合理的限制，进一步平衡权利人和社会公众之间的利益是工具主义理论框架下知识产权制度建设的一个重点。这一宗旨在国际知识产权条约以及世界各国知识产权法律法规中也多有体现，如在《与贸易有关的知识产权协定》序言中也确

---

1 《商标法》第1条。
2 M. Boldrin, D. Levine, Against Intellectual Property Monopoly (2005), available at http://www.dklevine.com/intellectual property/against.html.
3 威廉·M.兰德斯，理查德·A.波斯纳. 知识产权法的经济结构[M]. 金海军，译. 北京:北京大学出版社, 2005:374.
4 Fisher W., Theories of Intellectual Property, New Essays in the Legal and Political Theory of Property, Cambridge University Press, 2001, pp.9-10.

认了知识产权保护制度所奉行的公共利益目标，即承认保护知识产权的诸国内制度中被强调的保护公共利益的目的。

1.3.3 公共利益平衡问题的霍菲尔德理论体系分析——以著作权合理使用制度为例

如果仅仅泛泛地探讨知识产权的公共利益平衡问题，则无法厘清和明确权利的设定和分配问题，更无法讨论如何限定公权对私权的干涉问题、私权与公权的界限问题。因此，在单纯应用价值分析方法之外，也需要重视现代法律技术方案——分析实证主义方法的应用，把权利的概念放入具体的法律推理过程中去考察，明晰具体概念中不同要素的相互逻辑关系，只有这样才能深入理解权利作用的具体机制。这里，美国法学家霍菲尔德的基本法律概念分析框架就提供了强有力的分析工具。

最能体现知识产权公共利益平衡的例子之一莫过于著作权的合理使用问题，即他人可以在法律规定的范围内，不经著作权人的许可免费使用其作品。正如《伯尔尼公约》规定："1.从一部合法公之于众的作品中摘出引文，包括以报刊提要形式引用报纸期刊的文章，只要符合合理使用，在为达到目的的正当需要范围内，就属合法。2.本同盟成员国法律以及成员国之间现有或将要签订的特别协议规定，可以合法地通过出版物、无线电广播或录音录像使用文学艺术作品作为教学的解说的权利，只要是在为达到目的的正当需要范围内使用，并符合合理使用。"[1]

一般而言，有著作权成文法规的国家，都将出于教学目的使用作品视为合理使用的一种（同样见《伯尔尼公约》第10条第2款"作为教学的解说"）。例如，B出于教学目的，未经许可地无偿使用了

---

1 《伯尔尼公约》第10条。

A享有著作权的作品,在合理使用(法律)介入后,B的利用被视为是合理的,不构成侵权。那么,如何认识在合理使用情况下,双方当事人法律关系的变化,如何理解合理使用的实质性特点?笔者用霍菲尔德理论对此加以分析,试图阐明相关问题(见表1)。

表1 合理使用的法律介入前和介入后的霍菲尔德权利框架分析

知识产权权能	合理使用适用前	合理使用适用后
狭义权利（claim）	A对其作品享有狭义权利,即A可以要求B不使用其作品,或者就B的使用收取相关费用	在合理使用范围内,A无法要求B不使用其作品,也不得要求就B的使用收取相关费用,因此A对B不再就其作品享有狭义权利
	B就该作品不对A享有狭义权利	（无变化）
义务（duty）	A就该作品不向B承担义务	（无变化）
	B未经同意不能使用A的作品,或者应向A支付相应的费用,B就该作品向A承担义务	在合理使用范围内,B未经同意可以无偿使用A的作品,因此对A不再承担义务
特权（privilege）	A就其作品对B享有特权	（无变化）
	B就该作品对A不享有特权	在合理使用范围内,B就该作品对A享有特权
无权利（no-right）	A就该作品对B不是无权利	在合理使用范围内,A对B无权利

续表

知识产权权能	合理使用适用前	合理使用适用后
无权利（no-right）	B没有要求A不使用其作品或者向A收费的权利，B就该作品对A无权利	（无变化）
权力（power）	A就其作品对B具有权力，具有就其特定作品禁止B使用，或者向B收费的能力	在合理使用范围内，A不再具有就其作品向B收费，或者要求B不使用的能力，即A对B无权力
权力（power）	B就该作品对A不具有权力	（无变化）
责任（liability）	A就该作品对B不具有责任	（无变化）
责任（liability）	B就该作品对A具有责任	在合理使用范围内，B就该作品不再对A具有责任
豁免（immunity）	A就该作品对B具有豁免	（无变化）
豁免（immunity）	B就该作品对A不具有豁免	在合理使用范围内，A不能通过自己的行为禁止B使用该作品或者向B收取费用，B对A具有豁免
无能力（disability）	A就该作品对B不是无能力	在合理使用范围内，A不具有禁止B使用该作品或者向B收取费用的能力，A对B无能力
无能力（disability）	B就该作品对A无能力	（无变化）

由此可见，在上述法律关系中，由于合理使用的适用，A、B的部分权利状态发生了变化。就霍菲尔德四项权利而言，在合理使用范围内，A相对于B丧失了"狭义权利"和"权力"，而B相对于A获得了"特权"和"豁免"。相应地，在合理使用范围内，B相对于A不再承担"义务"和"责任"。此处需要注意的是，和普通物权不同，由于知识产权客体具有无形性，知识性财产具有可共享的特性。因此，在合理使用情况下，B对于作品的使用并不会影响A的"特权"，而对于有体物财产，这一情况显然相反。

从上述分析可以看出，合理使用实质上是在原权利人的权利空间之中为社会公众创设了"特权"和"豁免"。这种"特权"的设立使得社会公众在有限的权利范围内能够对作品加以自由利用。此外，通过赋予合理范围内的"豁免"以及免除相应的"义务"和"责任"，社会公众并不会因为权利人A的行为而丧失对作品的自由利用，平衡了社会公众和权利人的利益。但是，合理使用不是为社会公众针对权利人或者第三人创设"狭义权利"和"权力"，而是通过对知识产权权利人与社会公众权利关系的重新分配来间接调整二者之间的法律关系，这是因为合理使用（或者其他基于公共利益考量而对知识产权施加的限制措施）只是在私人权利和社会公共利益发生冲突的时候对私人权利权能施加的有限措施，这种有限措施主要的制度目的在于排除知识产权排他性权利（即"狭义权利"）带来的公共利益损害。因此，合理使用并不能也没必要拥有与权利人相同的"狭义权利"和"权力"，这是合理使用的实质。

对于其他公共利益对知识产权限制的情形，例如，不视为专利侵权的情形、知识产权滥用的反垄断规制等，一样可以沿着霍菲尔德权利框架进行类似的分析并得出相同的结论，不再赘言。

结语

自然科学家们在为寻找物质世界的最小单元而不断探索，而霍菲尔德在法律世界中找到了法律概念和法律关系的"最小公分母"，从而阐发了一套完整的权利体系，能够有效地帮助理解和分析在法律实务中出现的具体法律问题，具有深远的实践价值。霍菲尔德创建的法律关系理论已经历经百余年的历史，其影响力和生命力仍然绵延不绝。运用霍菲尔德权利分析理论来对知识产权进行分析，一方面，能够在概念上重构和明晰知识产权基本权能，将知识产权基本权能提取出"最小公分母"，通过类型化的方式了解和认识知识产权各项权能的本质性特征；另一方面，能够将分析的问题纳入法律关系之中进行动态考量，将法律关系，无论是"对物权"还是"对人权"，解构为具体的人与人的关系。全面考察在法律关系之中双方的各项权利分配，从而探寻具体的法律关系变化背后的实质特点。

然而，霍菲尔德的权利分析理论也存在自己的局限性。霍菲尔德的权利分析理论是一种实用主义的分析工具，在构建概念的基础上对相关法律问题进行有限的解释和分析。当涉及具体法律问题中的价值判断时，这套权利分析框架是乏力的。霍菲尔德的权利分析理论在用于分析"权利是什么"的时候，具有得天独厚的优势，但是一旦问题偏向"权利为什么是这样"的时候，这种解释分析工具便开始凸显出劣势与不足。

2 我国著作权审判机制的改革趋向研究

内容摘要

自《知识产权强国建设纲要（2021—2035年）》颁布实施以来，知识产权司法保护向纵深发展，著作权审判机制改革创新作为知识产权领域司法改革不可分割的有机组成部分，应当在国家大政方针下，根据著作权独特的权利属性与司法实务问题，寻找突破口、改革点。笔者结合国家大政方针，从顶层与基层、宏观与微观、发展与现实角度探究了著作权审判机制改革纲要，探索著作权审判机制创新实践；从著作权法律体系、审判机制方面详细介绍了著作权审判创新实践取得的有益成果，分析了改革中所面临的潜在挑战；介绍了著作权审判机制改革创新与发展规划，从多个方面分析了深化著作权审判改革的着力点。

关键词

著作权；司法审判机制；改革创新

2.1 问题的提出

知识产权是当今国家发展的核心竞争力和关键动因之一，是激励创新、推动原创的基本保障，是建设良好营商环境的重要影响因素。自《知识产权强国建设纲要（2021—2035年）》颁布实施以来，知识产权司法保护向纵深发展。知识产权审判机制革新作为完善知识产权保护体系的关键构成部分，既能加强知识产权保护战略在司法领域中的落实，亦会推动知识产权的创造和运用，促进形成良好的知识产权保护、管理、服务氛围。知识产权审判机制改革创新，既是落实执行党中央对深化司法体制改革的最新部署，也是建设知识产权强国、建设创新型国家、坚定不移贯彻新发展理念的必然要求。

著作权作为一项特殊而重要的知识产权，保护的是各类文学、艺术和科学作品作者及相关权利人所享有的一系列人身权利和财产权利。有效落实与保护著作权具有推动文化创作、鼓励文化传播的重要意义。著作权审判机制改革创新是知识产权领域司法改革不可分割的有机组成部分，应当在以新时代中国特色社会主义思想为指导核心，与知识产权保护战略、中央全面深化改革的纲要性政策保持协调统一的前提下，根据著作权独特的权利属性与司法实务问题，寻找突破口、改革点。

在践行《关于加强知识产权审判领域改革创新若干问题的意见》（以下简称《意见》）改革要求下，立足于国际化的视野，兼顾权利保护与市场经济，以满足信息技术、人工智能等新技术、新领域快速发展下对著作权审判的新要求，著作权审判机制不断创新实践，从法律修订、司法解释及司法政策的出台，到智慧法院、互联网法院、技术调查官等创新举措的落地，著作权审判机制改革创新卓有成效。但从现有情况来看，著作权案件较专利案件、商标案件等其他知识产权案件的审判改革力度较小，现有改革举措成效有限，无法全面有效解决著作权审判实践困境，无法全面满足文化主体的发展需求。持续深化推进著作权审判机制改革，采取多类型创新举措保证改革方案的贯彻落实，着力实现著作权审判机制发展目标在当下显得尤为重要。

2.2 我国著作权审判机制改革纲要的确立趋向

2.2.1 强化顶层设计，同时鼓励基层探索创新

加强顶层设计，注重改革整体的、自上而下的推进是中共中央全面深化改革的重要内容。习近平总书记强调，"这样考虑，是因为要解决我们面临的突出矛盾和问题，仅仅依靠单个领域、单个层次的改革难以奏效，必须加强顶层设计、整体谋划，增强各项改革的关联性、系统性、协同性"。[1] 根据国家整体战略部署，规划著作权审判机制革新轨迹，使其与国家全面深化改革工作协同一致。

同时要积极鼓励基层探索创新。习近平总书记强调，"要坚持从实际出发，结合不同地区、不同层级司法机关实际情况积极实践，推动制度创新"。[2] 把一个地区、一个机构、一个部门的智慧变成整个国家、整个组织机构、整个系统的智慧，从而为机制改革不断注入经过实践考验的、新鲜的想法和思路。著作权审判机制改革作为知识产权保护与司法体制改革重合的重要一环，需要从顶层设计与基层创新立体化落实。

---

1 姚奕. 解析"习近平执政风格"之三:遵循规律的科学谋划[EB/OL]. [2021-12-08]. http://cpc.people.com.cn/xuexi/n/2015/0105/c385474-26323812-2.html.

2 习近平. 习近平谈治国理政(第二卷)[M]. 北京:外文出版社, 2017:131.

2.2.2 宏观与微观，重视司法保护的主导地位

《知识产权强国建设纲要（2021—2035年）》为我国加快建设知识产权强国作出了全面部署。而《意见》进一步凸显了由司法主导保护知识产权的改革方向。由司法主导知识产权保护符合司法本质属性和知识产权保护规律的内在要求，具有普适性、操作性、国际性和现代性。

著作权相比商标权、专利权等其他知识产权，既具有知识产权的一般属性，也具有其独特的属性，即不依特定机关和特定程序的许可为前提。著作权的特殊属性使得著作权较少受到行政干预，更加依赖于司法保护。著作权审判机制改革具体而言，需落实到：实现每一项合法权利得到救济或者补偿，恶意侵权得到惩罚，权利人"举证难"的问题得到缓解，诉讼时间成本与物质成本"压力大"的负担得到减轻，知识产权特别是同质化案件审理周期缩短，最终实现著作权在司法环节得到全面及时的保护。这就要求司法人员提高思想认识和重视程度，具有全局观和战略观，克服单纯的业务观点；要从国家战略的要求，谋划和推进司法保护的机制改革和各项发展；要在审判各个环节中，着力解决具体问题，通过宏观和微观的有机结合，体现司法保护知识产权的主导地位；要妥善处理好司法与行政程序的关系，履行司法审查及司法监督职能。

2.2.3 紧跟业态发展，加快新兴领域制度探索

习近平总书记在中央财经领导小组第十六次会议上关于知识产权保护的纲要性讲话中明确提出"要加快新兴领域和业态知识产权保护制度建设"。新兴领域和业态著作权案件的特点体现在以下两个方面：第一个方面主要集中在原告"侧"，即新客体。例如，网络游戏及其画面、综艺节目及其视频、体育赛事视频等，这些新客体是伴随着互联网等新技术的发展而不断催生的，与社会公众的生

活已密不可分。第二个方面主要集中在被告"侧",即新行为。例如,信息网络传播行为中的定时播放行为、定时转播行为、破坏技术保护行为、分工合作共同侵权行为、合理使用行为等。

著作权审判机制改革必须基于保护这些新客体和规制新行为时的现实困境,平衡权利人与社会公众的利益,统筹考虑各要素,包括:新客体是否属于作品以及属于何种类型的作品,是否需要保护,怎样进行保护;新行为是否属于著作权专用权的控制范围以及属于著作权中何种专用权的控制范围;如何解决著作权法和反不正当竞争法交叉的问题;如何专业高效地查明审判中涉及云技术、区块链等互联网新技术的案件事实;同时还要考虑到裁判的社会效果与示范作用。综合来看,新兴领域和业态著作权案件呈现出类型新、技术难度高、社会和行业关注度高等特点,加快建设相关的司法保护制度具有现实紧迫性。

2.2.4 坚持问题导向,着力解决现实困难

习近平总书记指出:"改革是由问题倒逼而产生,又在不断解决问题中而深化。"《意见》也明确提出知识产权审判改革应坚持问题导向。目前在著作权审判中较突出的问题包括:①作品及主体判定方面,作品表现形式不断发展,作品类型呈现多元化,个体与集体、单个与混合等形式的作品创作组成层出不穷,如何界定作品类型、确定作品权利主体,划清权利范围,是著作权司法保护中的一道难题;②当事人举证困难方面,主要体现在以时间戳、区块链技术为例的互联网新技术专业性强、技术水平高,当事人在进行证据公证、鉴定、翻译时耗时较长、费用较高,且存在一些行业乱象,严重打击了权利人维权积极性;③查明专业技术问题方面,技术事实认定体系尚不完善,技术调查官、技术鉴定人员、技术咨询专家、专家陪审员等如何进行专业匹配、以何种方式参与、意见的

效力等尚不明确，实现技术事实客观、准确、高效的认定还需进一步完善相应规则体系；④统一裁判标准方面，部分法院裁判尺度不明确，案例指导制度发挥效用有限，类似案件与关联案件检索机制尚不完善，"同案不同判"的现象仍然较多。

2.3 我国著作权审判机制的实践创新与现实挑战

我国知识产权司法保护在新时代逐步走出了一条融合与创新、自主发展与自我完善的"中国道路"。知识产权审判机制日趋完善，知识产权民事、行政和刑事案件审判"三合一"在全国法院推行，技术事实查明多元化机制初步形成，司法解释、司法政策等不断完善。这一系列的司法改革举措大力推动了我国创新驱动发展战略的实施，促进了我国经济社会文化发展的大繁荣。著作权审判作为知识产权司法审判改革的重要部分，各项创新实践举措也成效显著。

2.3.1 著作权法律体系逐步整合完善

为适应经济与社会发展需要，满足国内文化发展及融入国际要求，我国对《著作权法》进行了体系化的第三次修改，此次修改过程中多次公开征求意见和定向征求意见，充分考虑并尊重了各方利益。从第三次修改的《著作权法》（以下简称《著作权法（2020）》）可以看出，此次修改不管是从体例结构还是从具体条文，都较《著作权法（2010）》进行了较大程度的调整。

从整体设置来看，《著作权法（2020）》吸收了我国现有著作权相关法规及司法解释中相对成熟的条款，如《著作权法实施条例》《信息网络传播权保护条例》《计算机软件保护条例》《广播电台电视台播放录音制品支付报酬暂行办法》以及《最高人民法院关于审理著作权民事纠纷案件适用法律若干问题的解释》的部分条款，有效地整合了著作权法律体系。从具体调整内容来看，《著作权法（2020）》删改了复制权、广播权和信息网络传播权等部分著作权权利内容，完善了合理使用、法定许可、集体管理等制度及网络著作权保护机制，有效衔接了财产保全、证据保全、行政调解、行政处罚、刑事制裁等其他相关法律规定，充分保障了著作权的权利救济依据。

2.3.2 著作权审判机制不断创新实践

与法律体系逐步修改完善的步调相一致，著作权等知识产权案件审判机构设置、审判模式创新、案例指导制度、技术事实认定体系等建设方面也取得了长足进展，通过试点区域的大胆探索，取得了有益经验。

（1）知识产权大保护格局已形成。

最高人民法院知识产权法庭成立，北京、上海、广州、海南四家知识产权法院均已运行，南京、苏州、合肥等27个知识产权法庭（截至2022年4月22日）也揭牌成立，我国知识产权法院体系已初步形成。《最高人民法院关于北京、上海、广州知识产权法院案件管辖的规定》提到：对国务院部门或者县级以上地方人民政府所作的涉及著作权的行政案件一审由知识产权法院管辖。这确保了著作权行政案件的审判质量，有利于统一著作权行政案件的审判标准。

（2）智慧法院、互联网法院创新著作权审判模式。

智慧法院建设体现了法院创新发展的新理念，借助科技、信息技术的发展，促进法院工作效率的提高，保证法院审判的公平公正，便捷当事人及律师参与诉讼，尤其是"法信——中国法律应用数字网络服务平台"的上线更是推动了法院审判向智能化方向的发展。另外，互联网法院的成立更是我国审判机制的一个创举，互联网法院可以受理互联网版权权属纠纷、版权侵权纠纷等案件，对于缩短著作权案件审判周期,提高当事人通过司法保护著作权的积极性具有重大意义。

(3)案例指导制度促进著作权裁判标准统一。

案例指导制度日渐完善。截至2021年12月,最高人民法院共发布21批指导案例、112件案件,其中知识产权案件23件。在23件知识产权案件中,著作权案件8件,包括5件涉及计算机软件著作权,1件涉及植物新品种权,1件涉及民间文学艺术衍生作品,1件涉及影视作品著作权问题。[1] 各级法院不断探索在先案例对在后审判的借鉴价值,最高人民法院、北京知识产权法院等各级法院每年都会整理公布多件知识产权典型案例。在诉讼活动中检索运用在先案例已经成为北京知识产权法院审理案件的司法习惯,截至2016年年底,北京知识产权法院有763件案件涉及在先案例,其中当事人提交在先案例的有657件,法官主动援引的有106件。[2] 案例指导制度对于统一司法裁判标准、约束法官自由裁量行为、保证司法公正起到了重大作用。

(4)著作权审判技术事实认定体系初步构建。

为补足我国知识产权案件审判在技术事实查明上的短板,不断探索实践技术调查官、技术鉴定人员、技术咨询专家、专家辅助人等人员加入技术事实认定体系。为规范技术人员参与诉讼案件,制定发布了《知识产权法院技术调查官选任工作指导意见(试行)》和《关于知识产权法院技术调查官参与诉讼活动若干问题的暂行规定》(以下简称《暂行规定》),对技术调查官参与知识产权案件

---

1 最高人民法院. 最高法指导案例[EB/OL]. [2021-12-08]. http://law.cnki.net/zgjnew/newzdal/page.html#a18.

2 杨静. 案例指导制度在知识产权领域的实践探索[N/OL]. 人民法院报. (2017-07-26)[2021-12-08]. http://rmfyb.chinacourt.org/paper/images/2017-07/26/08/2017072608_pdf.

类型、职责权限、参与方式等作了暂行规定，更好地实现了技术人员在知识产权案件包括著作权案件中的专业支持作用。

2.3.3 著作权审判改革实践中的挑战

（1）著作权民事纠纷与行政纠纷管辖法院不统一。

根据相关规定，著作权民事纠纷案件由中级人民法院管辖，知识产权法院仅管辖国务院部门或者县级以上地方人民政府所作的涉及著作权的一审行政案件及基层人民法院作出的著作权民事和行政判决、裁定的上诉案件。著作权民事案件、行政案件管辖法院的不一致并不符合知识产权"三审合一"的发展趋势，无法保障案件审判质量的同质性及裁判标准的统一性。对于复杂、技术难度大的著作权案件，一般的中级人民法院缺少专业人员，在适用技术事实查明机制时也受到限制，无法高效、专业地处理相关案件。

（2）著作权审判中对于技术查明的需求越来越高，现有体系无法满足。

《暂行规定》规定技术调查官制度仅适用于知识产权法院，列举的案件类型为专利、植物新品种、集成电路布图设计、技术秘密、计算机软件案件。著作权案件并未被明确列入《暂行规定》适用范围，虽然有"等"兜底，但需要证明是否为技术类案件，且著作权民事纠纷案件并不由知识产权法院管辖，适用技术调查官制度存在障碍，其他技术事实查明人员体系如技术咨询专家、专家陪审员等缺少规范的制度。然而随着云技术、区块链、人工智能等技术的发展，技术类著作权案件越来越多且越来越复杂，并不仅限于原来的计算机软件著作权，著作权审判中对于技术查明的需求越来越高，现有的技术事实认定体系并不能完全解决著作权审判中查明专业技术事实方面的问题。

（3）著作权指导案例数量、类型不能满足著作权审判需要。

根据最高人民法院发布的《中国法院知识产权司法保护状况（2020）》，

著作权纠纷案件在主要知识产权案件类型中占据比例达到70%左右[1]，而在最高人民法院公布的指导案例中，著作权案件仅占知识产权案件的34.78%，两个比例相差较大。而目前著作权的表现形式呈现多元化、复杂化，著作权案例指导制度在著作权审判实践中发挥统一裁判尺度的作用有限。

（4）"互联网+"带来案件事实认定的问题。

例如诉讼管辖地确定的问题[2]，虽然法律规定了被告住所地，实施侵权行为的网络服务器、计算机终端所在地，发现侵权内容的计算机终端设备所在地法院有管辖权，但如何判定网络主体的真实身份及住所地，如何确定服务器所在地，如何证明被告住所地和侵权行为地都是难题，这给著作权人维权带来了一定阻碍；又如电子数据证据采信的问题，电子数据在存储、传输与复制的过程中可以被删改、破坏，天生具有不稳定、易篡改的属性，在审判实践中认定该类证据还需谨慎；还有损害赔偿确定的问题，在网络著作权侵权损害赔偿中，由于网络传播付酬标准的缺失，实际损失和违法所得大多计算困难。除此之外，还存在互联网远程取证、互联网服务提供者的合理义务等信息网络技术带来的新问题。[3]

2.4 我国著作权审判机制的改革创新与发展规划

坚持实施创新驱动发展战略，强化知识产权创造、保护、运

---

1 最高人民法院. 中国法院知识产权司法保护状况(2020)[EB/OL]. [2021-4-23]. https://www.163.com/dy/article/G891V1A8051187VR.html.

2 商建刚. 网络法[M]. 上海:学林出版社, 2005:21.

3 邱永清, 李艳. "互联网+"冲击下的知识产权审判新问题——以广东法院审理的部分知识产权案件为主要研究范本[J]. 人民司法, 2016, (4):4-6.

用,[1] 目前我国知识产权司法审判革新已经取得了巨大成就。为解决著作权审判机制潜在挑战，为更好地迎接新一轮科技革命与产业变革，增强国际竞争力，对著作权审判机制改革还需提出更高的要求。

2.4.1 持续深化对于著作权审判改革的创新

深化知识产权审判改革，是实现知识产权强国建设的迫切需求，是实施创新驱动发展战略的迫切需求，是实现供给侧结构性改革的迫切需要。习近平总书记在党的十九大报告中强调："创新是引领发展的第一动力，是建设现代化经济体系的战略支撑。"创新是知识产权保护的基本要义，在著作权审判改革中更是要以创新的思路、创造性的手段，基于我国市场经济发展实际及知识产权审判现实需求，持续不断推进。著作权审判机制改革的创新，涉及国家各级司法机关的权力配置以及相关利益的调整分配，涉及面广、参与主体众多、推进工作复杂，要坚持统筹调配，协调各方，要汇聚各方力量推进改革方案落实，着力破解制约著作权审判改革中的瓶颈问题，"以创新的方式保护创新"，推进改革深入发展。

2.4.2 妥善运用著作权司法保护政策

在"加强保护、分门别类、宽严适度"的知识产权司法保护基本政策的要求下，进行著作权保护必须要根据著作权的特殊属性、功能和特点，进行量体裁衣。著作权的特殊性主要体现在权利产生的自动性、客体利用的广泛性、保护深度的浅层性、权利内容的复杂性和受限性、客体范围和权利内容的与时俱进性等几个方面。与专利权和商标权相比类似于无形财产中的"不动产"，著作权更加

---

1 陶凯元. 加强知识产权司法保护 服务驱动创新发展战略[J]. 人民法治, 2018, (5):7.

类似于无形财产中的"动产",这一特点导致了著作权司法政策运用的差异性。在涉及著作权保护的司法政策时要特殊把握,以便使著作权保护更好服务于我国的科技进步、知识创新和文化发展。如著作权司法政策需准确界定著作权与公共领域的界限,即要明确著作权的保护范围,过小则不利于鼓励创作,过大则挤占公共资源。著作权司法政策要坚持以独创性标准界定权利保护范围,但应机动平衡统一标准与特殊保护之间的关系,在确保作品具有一定独创性的条件下,综合考虑各要素,如作品种类、产品属性、创作空间、产业政策、公共利益等,合理确定适用标准的强度。司法政策可以灵活地、针对性地解决实际中各类法律问题,尤其是针对新类型案件或复杂案件,且可以更好地与社会发展相适应,及时作出调整和补充,这对于著作权保护具有重要作用。

2.4.3 优化著作权审判机制合理布局

根据著作权案件审判实际情况,遵循著作权司法规律,优化著作权审判机制,将著作权民事纠纷案件及刑事案件与行政案件合一,由知识产权法院及知识产权法庭统一管辖。逐步构建"三级联动、三审合一、三位一体"的集中型立体审判模式。高级人民法院要建立辖区内人民法院与检察机关、公安机关以及知识产权行政执法机关的沟通联络机制,协调公安、检察机关做好刑事案件的侦查和移送起诉工作。高级人民法院、中级人民法院成立相应的协调组织,负责指导监督辖区内的"三合一"工作。总结北京、上海、广州、海南知识产权法院及南京、合肥、天津、成都等知识产权法庭设立以来的工作情况和经验,探索建立试点机构的复制推广,根据需要增设知识产权法院及专门法庭,完善知识产权特别是著作权专门审判机构合理布局。

2.4.4 完善著作权审判配套制度规则

（1）制定合理可行的管辖规则及诉讼证据规则。

在遵循司法原则的基础上，便宜当事人参与诉讼，鼓励著作权人积极维权。对于网络著作权侵权管辖地的问题可考虑将财产保全地和证据保全地纳入网络著作权侵权案件的管辖。在证据方面可探索建立证据披露、证据妨碍排除等规则，充分发挥技术调查官、专家陪审员等专业人员作用，合理分配举证责任，鼓励当事人积极寻找和提交证据。

（2）探索完善著作权审判创新方式、辅助制度。

大胆创新审判方式，如利用现代日常通信手段联系当事人，有效降低沟通成本；将咨询专家意见纳入诉讼程序，让当事人有权利知晓并对专家观点发表意见，保障诉讼的中立与公平等；完善社会性技术鉴定、翻译机构管理制度等，适度扩展鉴定机构和翻译机构受认可名录。

（3）结合各地法院实践探索经验，完善著作权审判案例指导规则。

扩大指导性案例的范围，赋予高级人民法院认定和发布指导性案例的权利，弥补最高人民法院指导案例中著作权案件类型及数量上的不足；由高级人民法院发布指导案例，有利于统一辖区内的司法尺度，但应注意对指导性案例的效力层级和效力范围进行明确；注意指导性案例的引用情况，细化在先案例遵循、推翻等方面的具体规则。

2.4.5 强化著作权审判队伍能力建设

努力打造一批素质优良、技术过硬的著作权审判队伍，要注重著作权审判队伍的思想政治教育，坚持"从严教育、从严管理、从严监督"。著作权审判人员应坚定理想信念，以全心全意为人民服务为基本宗旨，应具有审判人员公正廉洁、勤勉尽责的基本职业道德。在著作权审判改革进程中，应具有全局观和大局观，克服单纯的业务观点，履行新形势下著作权司法保护的重要职责，对于领导干部还应从国家战略的方向考虑，谋划和推进司法保护的体制机制改革和各项发展。要注重著作权审判队伍的职业技能培养，要以"八个本领"的要求不断审视提高队伍建设水平。"八个本领"包括学习本领、政治领导本领、改革创新本领、科学发展本领、依法执政本领、群众工作本领、狠抓落实本领、驾驭风险本领。积极开展著作权审判实务问题的培训交流会，调动审判队伍自主学习积极性，不断提高队伍的专业水平和职业素养，保证著作权审判的司法公信力。适当选配具有相关信息技术背景的技术法官加入著作权审判队伍，以解决新一轮科技革命与产业变革发展带来的新问题，提高著作权审判队伍的专业化。

结语

著作权审判机制，在国家大政方针指引下，确定了如下改革纲要，即要强化顶层设计并鼓励基层创新，要重视司法主导保护，要紧跟业态发展，要坚持问题导向着力解决现实问题。[1] 伴随着著作权法的修改，著作权审判机制不断创新实践，取得了有益成果，如知识产权大保护格局已形成，智慧法院、互联网法院创新著作权审判模式，技术事实认定体系初步构建等，但同样也存在挑战。为迎接改革发展中的新挑战，要持续深化对于著作权审判改革的创新，妥善运用著作权司法保护政策，优化著作权审判机制合理布局，完善著作权审判配套制度规

---

1 最高人民法院. 中国知识产权司法保护纲要(2016—2020)[M]. 北京:法律出版社, 2017:1-18.

则，强化著作权审判队伍能力建设，不断推动我国著作权审判机制改革。

改革争在朝夕，发展时不我待。需在习近平新时代中国特色社会主义思想的指导下，坚定不移砥砺前行，以舍我其谁的担当精神、敢为人先的创新意识、愚公移山的实干作风，深化全面改革方案，注重改革系统性的协调，保证改革举措的落实，切实推进著作权审判各环节、多维度改革，确保革新取得突破性成果。

3 对于《著作权法（2020）》的意见与建议

内容摘要

　　随着媒体介质和传播路径的变革，著作权保护领域出现了许多新的问题，《著作权法（2020）》对此作出了相应的修改。然而《著作权法（2020）》中仍然存在一些问题，笔者从司法审判的角度就《著作权法（2020）》在合理使用制度、著作权登记的效力、集体管理的收费标准、著作权保护期、出版的适用范围、著作权委托创作合同等方面提出进一步修改建议，以期更好地鼓励作品的创作和传播，促进我国文化和科学事业的繁荣发展。

关键词

　　著作权；合理使用；著作权登记；集体管理；著作权保护期；出版；著作权委托创作合同

3.1 有限列举难以涵盖合理使用的全部情形

　　《著作权法（2020）》第24条关于著作权合理使用制度的规

定,将《著作权法实施条例》中"不得影响该作品的正常使用,也不得不合理地损害著作权人的合法权益"的内容上升至著作权法层面,但对于著作权合理使用的列举仍然是有限穷尽式的。

笔者认为,此种立法模式不能满足实践中出现的新情况。一方面,在涉及合理使用的认定的司法实践中,法院除了对案件情况是否符合《著作权法(2010)》第22条列举的12种情形进行直接判断之外,通常也会通过"三步检验法"或者"四要素法"进行检验。司法中突破《著作权法(2010)》列举的12种具体情形认定为合理使用的判例屡见不鲜。《最高人民法院关于充分发挥知识产权审判职能作用推动社会主义文化大发展大繁荣和促进经济自主协调发展若干问题的意见》(法发〔2011〕18号)中提出:在促进技术创新和商业发展确有必要的特殊情形下,考虑作品使用行为的性质和目的、被使用作品的性质、被使用部分的数量和质量、使用对作品潜在市场或价值的影响等因素,如果该使用行为既不与作品的正常使用相冲突,也不至于不合理地损害作者的正当利益,可以认定为合理使用。该司法政策即为突破《著作权法(2010)》对于合理使用进行有限穷尽式列举的总体性突破。另一方面,司法政策对于个别特殊情况也作出了突破性规定。根据《最高人民法院关于审理侵害信息网络传播权民事纠纷案件适用法律若干问题的规定》第5条,提供网页快照和缩略图的行为,在不影响相关作品的正常使用,且未不合理损害权利人对该作品的合法权益的情况下,可以构成合理使用。该行为即不属于《著作权法(2010)》第22条规定的情形。

笔者建议,著作权法对著作权合理使用作出构成要件加典型情况的规定,即第1款规定合理使用的构成要件,第2款规定合理使用的典型情形,第2款最后一项规定为"其他情形",从而为技术进步和行业发展预留一定的弹性空间。

3.2 随意登记难以保证海量作品的权属真实

关于登记的法律效力问题，知识产权各部门法的规定不同：《专利法》第10条第3款将登记规定为生效要件，《商标法》第43条第3款将登记规定为对抗要件，而《著作权法（2020）》对此未作出规定。

笔者认为，相比专利法，商标法关于登记效力的规定更为合理，但著作权法不宜将登记规定为对抗要件，理由是：①作品名称的任意性与专利号、商标号的确定性之间存在差异；②著作权登记机关的非唯一性与专利、商标登记机关的全国唯一性之间存在差异；③著作权登记内容的片段性（尤其是计算机软件）与专利、商标登记内容的完整性之间存在差异。

现实中已经出现了大量商标抢注的乱象，由于著作权登记信息存在不准确、不严谨的风险，著作权登记的随意性使其比商标注册更为容易，因此会大大增加"一权数授"或"一物数卖"的可能性，从而产生更大的负面影响。在旧著作权登记模式下，将登记规定为对抗要件不仅不能减少，反而可能会增大著作权权利归属乱象的风险。

3.3 司法审判难以确定集体管理的收费标准

《著作权法（2020）》第8条第2款规定，著作权集体管理组织根据授权向使用者收取使用费。使用费的收取标准由著作权集体管理组织和使用者代表协商确定，协商不成的，可以向国家著作权主管部门申请裁决，对裁决不服的，可以向人民法院提起诉讼；当事人也可以直接向人民法院提起诉讼。

笔者认为，仲裁机关处理此类纠纷的可能性不大。因为收费模式确定一般是在签订合同之前，在这种情况下，由于集体管理组织和使用人、意向使用人之间还没有合同，自然无法达成有效的仲裁条款。因此，大量纠纷必然需要通过诉讼的方式解决，而法院对此也很难处理。

笔者认为，收费模式的关键问题不在于法律逻辑，而在于市场逻辑，即真实市场中的利益归属、分配机制及争议解决制度设计。但这个问题具有复杂性，存在现实需要与法学理论之间的矛盾，权利人与使用者之间的矛盾，权利人与集体管理组织之间的矛盾，会员与非会员之间的矛盾，集体管理组织与著作权商业维权机构之间的矛盾，社会公众廉价获得作品与著作权人取得合理报酬之间的矛盾，作品使用单位经营压力与支付著作权使用费之间的矛盾，著作权人入会自由与作品使用者一揽子解决著作权许可费需求之间的矛盾，集体管理组织事实上的垄断性与著作权人选择的开放性之间的矛盾，集体管理组织的行政背景与社会公众合理质疑之间的矛盾，争议解决机制的行政性与司法性之间的矛盾，不同机关职责划分的可选择性与责任担当的确定性之间的矛盾，等等。上述矛盾不仅单独存在，而且相互交织，因此错综复杂。解决这一问题有两个层面的方法。一是在现有的著作权集体管理模式下，法院可以借鉴标准必要专利纠纷的处理模式；二是在著作权集体管理中引入竞争机制，可以参照其他国家或地区的做法，建立或者允许建立多家著作权集体管理组织，不同的著作权集体管理组织可以有各自侧重的服务内容，但又有一定的重合性，最终由市场竞争作出选择。

3.4 扩张保护难以产生合理恰当的社会效果

《著作权法（2020）》将摄影作品著作财产权的保护期延长到作者终生及去世后50年，从保护期上看，与国外通行立法模式更为相符，但就保护客体而言，仍有探讨的空间。

例如，《德国著作权法》区分了摄影作品和照片。摄影作品具有较高的艺术价值，一般是指摄影艺术家拍摄、展览使用的作品等。而照片一般指的是普通人拍摄的普通作品，不要求具有较高的艺术性。在《德国著作权法》中，照片只受到与著作权有关的权利保护，其保护期为照片出版后的25年。[1] 由于《著作权法（2020）》并没有区分摄影作品和照片，表面上看，摄影作品的保护期比德国短，但保护的客体范围却比德国更加广泛。这种情况是否合理，笔者认为可能需要进一步研究，以达到保护力度与作品类型、作品独创性高低的匹配，实现权利保护与促进作品传播之间的合理平衡。

3.5 过于保守难以体现作品利用的主流方式

笔者认为，《著作权法（2020）》仍然过分拘泥于作品利用中的"出版"，关于"出版"的规定较多。

（1）"出版"所处的篇章结构不够合理。

在《著作权法（2010）》和《著作权法（2020）》中，"出版"都规定于第四章"出版、表演、录音录像、播放"之中；此外还有"专有出版权"的概念，使很多人误认为专有出版权属于与著作权有关的权利。实际上，出版是基于著作权人的授权，以图书期刊的形式复制发行他人作品的权利，是著作权许可使用中的重要形式之一，将相关内容安排在第三章"著作权许可使用和转让合同"在逻辑上更为合理。

---

1 《德国著作权法》规定：摄影作品的著作财产权保护期为作者终生及死亡后70年；作为时代文献的照片的保护期为照片出版后50年；其他照片的保护期为照片出版后25年。

（2）关于"出版"的专门规定过于具体。

例如《著作权法（2020）》第34条中，就重印、再版、质量标准等问题都作出了规定，事实上这部分可以由合同双方自行约定，即便没有约定，也可以适用《民法典》合同编的规定进行调整。

（3）"出版"出现在部分一般性条款中，可能会导致一般性条款的适用范围被不合理地限制。

《著作权法（2020）》第2条第3款、第4款规定了外国人、无国籍人的作品保护问题，均以"出版"作为获得我国著作权法保护的前提条件。但如果没有采用"出版"的形式，而是以其他形式公之于众，应当如何认定呢？《著作权法（2020）》第4条规定了国家对作品的出版、传播依法进行监督管理。而传播和出版是什么关系，传播是否可以包括出版，以及很多条款仍然把"出版"进行了单独规定[1]，该规定是否可以延及其他传播行为？这些问题都值得进一步研究。

事实上，在20世纪80年代中期直至90年代初期的作品创作、传播条件下，对于作品最主要的利用方式就是出版。但是目前对于作品最主要的利用方式已经转变为信息网络传播，未来可能会产生更新的传播及使用媒介和方式。笔者认为，随着技术的发展和时代的进步，对于"出版"这类过去曾经十分重要，但目前已经不再那么重要，而且未来可能越来越不重要的内容，在立法中不必特别强调，也不宜使其对一般性规定的适用构成限制。

值得一提的是，《著作权法（2020）》第24条第（12）项将

---

[1] 《著作权法（2020）》第24条第（6）项规定：为学校课堂教学或者科学研究，翻译、改编、汇编、播放或者少量复制已经发表的作品，供教学或者科研人员使用，但不得出版发行。第24条第（11）项规定：将中国公民、法人或者非法人组织已经发表的以国家通用语言文字创作的作品翻译成少数民族语言文字作品在国内出版发行。

"盲文出版"改为"以阅读障碍者能够感知的无障碍方式提供"。笔者认为这一条款的改动通过对于适用范围的合理扩大,更好地体现了合理使用的立法目的;从立法技术的角度说,此条关于"出版"的修改也是成功的。

3.6 忽视委托难以保障作品创作的有效实现

作品来源于创作。创作大致分为两种情形:一是作者自发创作;二是作者接受委托进行创作。如前所述,随着著作权产业链条的不断延展,委托创作成为越来越重要的创作形式,其涉及的法律纠纷也越来越多,行业实际对法律规则提出了强烈的需求。

但《著作权法(2010)》及《著作权法(2020)》比较注重侵权方面的规则,而忽视合同方面的规则;在著作权合同法律关系方面,仅规定了著作权转让合同和著作权许可使用合同,即作品产生后著作权流转的合同规定,却没有规定作品创作方面的合同内容,即著作权委托创作合同(包括计算机软件委托开发合同)。司法实践中,著作权委托创作合同产生的争议更大,至少包括以下内容:①著作权委托创作合同的性质,如是否属于委托合同、能否任意解除,以及是否属于承揽合同、能否留置成果;②著作权委托创作合同成果质量的评价标准,如没有具体约定,也不存在国家标准、行业标准。这些内容都亟须研究,并尽快对其作出明确规定。

特殊客体的著作权保护问题

1 人工智能生成内容的法律保护路径初探

内容摘要

人工智能发展势头强劲，但由于传统著作权理论的限制，关于人工智能生成内容的著作权保护在主客体双重层面都存在障碍。然而溯源至知识产权制度的理论根基，无论是基于财产论和劳动价值论，还是知识产权激励论，都应充分肯定人工智能生成内容的可保护性。人工智能生成内容本质上仍然是人类利用技术设备创作完成的作品，在著作权法体系下实现对其法律保护是现有的最佳选择。

关键词

人工智能生成内容；财产论；劳动价值论；著作权

自21世纪第二个十年开始，人类社会已经迈入人工智能时代，技术创新带来巨大的社会经济革新和财富积累。随之而来的，还有人们对未来的憧憬以及由于未知而产生的惴惴不安，这些不安更多来自于对人工智能及其生成内容所带来的法律、伦理乃至哲学问题的思考。人工智能旨在通过不断学习和模仿达到高度的"拟人化",而人工智能的生成内容从表面看已经具备了人类创作作品的基本雏形。因此,厘清对于该种生成内容是否具有法律保护的必要性以及如何采取法律保护措施的问题,不仅关乎产业发展者和技术引领者的切身利益,更关乎法律制度以及产业技术的长足发展。笔者拟从人工智能的发展轨迹寻踪,从而引出对该问题进一步的关注与探讨。

1.1 人工智能发展现状及问题的提出

肇始于20世纪40年代阿西莫夫提出的"机器人三大定律"[1],经历了20世纪60—90年代的两次低谷,再得益于大数据、深度学习等技术的突破,人工智能终于在21世纪叩开了属于自己的时代大门。通过机器实现人的头脑思维,使其具备感知、决策和行动力,自始至终便是人工智能发展的第一要义。

如今,语音识别、图像识别、机器人、自动驾驶等人工智能技术成为投资和创新创业的新风口,人工智能迅速进入发展热潮期。人工智能技术必将不断深入发展并与其他技术深度融合,开拓更多应用场景,在金融、交通、医疗、工业等各个领域逐渐改变人类的生产生活方式。[2] 人工智能技术的日趋成熟,契合了当今社会各领域发展的自身需求,对于社会生活的方方面面将产生颠覆性的影响。

---

1 机器人三大定律概念最早源于美国科幻小说作家阿西莫夫的著作《我,机器人》,在该书中,阿西莫夫提出机器人三大定律:第一,机器人不得伤害人,也不得见人受到伤害而袖手旁观;第二,机器人应服从人的一切命令,但不得违反第一定律;第三,机器人应保护自身的安全,但不得违反第一、第二定律。

2 新智元. 中国人工智能产业发展报告[EB/OL]. (2016-10-18) [2018-05-15]. https://www.docin.com/p-2471798576.html.

人工智能基于自动化的语音图像的处理和学习来完成文学艺术等内容的输出，在输出的效率上已经大大超过人类。国外媒体智能写作帮手Wordsmith、Heliograf、BlossomBot等能够快速完成新闻稿的写作，且完成度、正确率可与人类媲美；腾讯智能机器人"梦笔"曾16天撰写36万字新闻。[1] 另外，人工智能生成内容在外部表现上已经难以与人类创作内容相区分，甚至有人工智能生成的小说通过了日本日经新闻社"星新一奖"的初审。[2]

与人工智能相伴而生的法律问题亦将随着技术的不断发展而不断显现，如果对这些庞杂的生成内容没有明确的客体定性和权利归属设置，将极大挫伤产业发展的积极性。

1.2 人工智能生成内容著作权保护否定论

人工智能生成内容面临的主要法律问题是其客体定性以及主体的权利归属，具体言之，即人工智能生成内容能否构成著作权法上规定的"作品"进而受到著作权法的保护。考虑到现行著作权法体系下的权利主体只能是人类主体，因此现有的关于生成内容法律保护探讨的多数文章要么忽视了该要点而直接从生成内容独创性入手分析，要么承认该要点而一味将其完全排除在著作权法保护框架之外。笔者认为上述两种分析路径都欠缺法律分析的全面性。

在这个问题上，王迁教授的分析极具代表性。王迁教授认为即使人工智能生成内容在外部表现形式上已经很难与人类创作作品

---

1 网眼大观君. 人工智能在编写审新闻稿件，你能分清么?[EB/OL]. (2017-06-29) [2018-05-15]. http://www.sohu.com/a/152984507_670895.

2 许禄艺. 日本人工智能系统还会写小说![EB/OL]. (2016-03-22) [2018-05-15]. http://www.zaobao.com/realtime/world/story20160322-595687.

相区分，也不能作为著作权法意义上的客体。[1] 首先，在具体论证上，王迁教授为避免陷入论证的逻辑循环中，排除了主体因素，仅从生成过程入手分析人工智能生成内容不符合作品的"独创性"要求。人工智能生成的内容是算法和规则的应用，结合计算机的深度学习而产生的结果，是寻找对应关系和规律的过程。无论算法如何精进，深度学习如何高深，本质上都是在不断的试错过程中寻找对应关系，进而得出最优解。在原始材料和方法一致的情况下，人工智能生成的内容具有唯一性，或者说人工智能生成的内容具有重复性。而人类的创作过程，即使在原始材料和方法固定的情况下，创作的作品也会有细微差别，这种差异性才是独创性的体现。因为本质上独创性是个体的内在审美和精神情感的表现。其次，从主体因素的角度分析，王迁教授指出，人工智能生成内容不构成作品符合著作权法的立法机制，因为著作权法本身旨在鼓励作品的创作，而能够被激励的显然只能是人而不是机器。因此，无论是从著作权法的主体还是客体关系中，都不能得出人工智能生成内容受法律保护的结论。

王迁教授的分析思路逻辑清晰，但对于其得出的上述观点，笔者不敢苟同，进而不揣谫陋，贸然提笔，以供方家一哂。

1.3 人工智能生成内容受法律保护的必要性

溯源至法律制度创设的根基，任何一门法律学科分析都离不开最朴素的劳动价值论和财产论的基本理论，因此从该种理论角度出发分析人工智能生成内容法律保护的必要性，避免纯粹法条分析的

---

[1] 王迁. 论人工智能生成的内容在著作权法中的定性[J]. 法律科学, 2017, (5):148-155.

僵化，是从历史及现实角度出发的较好分析方式。

1.3.1 人工智能生成内容具有价值

早在2015年美联社就利用人工智能撰写财报新闻，每季度能生产近4000篇财报新闻；微软小冰在创作诗集《阳光失了玻璃窗》之后，发布了单曲《我知我新》，其不仅参与词曲创作，还独立完成了歌曲演唱。除此之外，在小说、剧本创作、绘画等领域，都已经产生了大量高质量的人工智能生成物。[1] 这些人工智能生成内容在便利人类工作、丰富人类文娱生活乃至科研生产方面都发挥了巨大作用，具有不可忽视的价值。据市场机构Gartner预测，2022年全球人工智能软件收入总额预计将达625亿美元，相比2021年增长21.3%。[2] 随着科技的进步，人工智能生成内容越来越广泛，越来越普及，越来越重要，其价值也越来越大。

当然有价值与法律保护是两个问题，有价值并不必然推导出其必须受法律的保护——阳光、空气对人类的生产生活也具有价值，岂非更应设立专门的法律保护制度？从劳动价值论的观点出发，与自然界既有的物不同，人工智能生成内容的价值体现在其中的人类加工和劳动，本质上讲人工智能生成内容与自然界的空气、水的根本不同就在于其中凝结了人类的劳动和智慧，是人类创造而非自然创造的结果。肯定人工智能生成物的价值，并赋予其法律保护，符合马克思主义劳动价值论的观点，符合当代技术发展和进步的产业需求，更是知识产权领域鼓励投资创作的激励理论的重要体现。

---

[1] 陈桦. 盘点2016年人工智能的十大创意项目[EB/OL]. (2016-12-30) [2018-05-15]. http://tech.qq.com/a/20161230/030073.htm.

[2] 石飞月. 2022年全球人工智能软件市场规模将达625亿美元[EB/OL]. (2021-11-30) [2022-03-02]. https://baijiahao.baidu.com/s?id=1717843605361916026&wfr=spider&for=pc.

如果不给予人工智能生成内容法律上的保护，而任由其进入公共领域，将会打击产业界创新创造的积极性，损害投资人的经济利益，进而最终损害整个市场的经济效益。一方面，这些处于公共领域的人工智能生成物内容具有效益和价值，却没有排他性的限制，每一位市场上的使用者都可以无限制使用，但没有权利阻止其他人使用，最终会酿成资源过度使用乃至枯竭的公地悲剧。另一方面，由于获得和使用人工智能生成内容的成本为零，基于生成内容而产生的版权领域的交易、许可、转让必然也会因之而受损；而由于大量表面与人类创作作品别无二致的内容进入公共领域，人类作者失去了竞争优势和利益激励，其创作和表达的欲望也将大大削减，艺术领域将面临不可避免的颓败和凋敝。因为人工智能本质上是基于深度神经网络的模仿和学习，而人类的情感、灵性、审美永远是更高层次的描绘和追求。

1.3.2 人工智能生成内容属于法律意义上的财产

劳动财产权理论（或称自然权利理论）是法律保护的正当哲学理论基础之一。[1] 人工智能生成内容符合劳动财产权理论的基本要求。洛克在他的劳动财产学说中提出，一个人的身体和双手所从事的劳动，是正当地属于他的。劳动是一个人对处于自然状态的物品产生权力的基本要求。在马克思主义的劳动学说中也提及，生产资料和产品理所应当地归参加劳动创造的人所有。所谓所有权，只是劳动价值的另一称谓。劳动者才是获得财产的真正主体，通过劳动和创造取得的东西自然是属于这个人的。可见，财产天然地属于将其创造出来的主体——无论该主体是洛克所谓的"自然状态下的

---

1 墨杰斯，迈乃尔，莱姆利，等. 新技术时代的知识产权法[M]. 齐筠，张清，彭霞，等译. 北京:中国政法大学出版社, 2003:270-275.

人",还是马克思主义所说的"劳动者",抑或如今在作品创作领域几乎与自然人无异的人工智能——以上述理论为基础的法律也因之规定了相应的财产权属关系。法律之所以将财产权利赋予其创造者,主要原因是经过个人劳动创造的财产具有鲜明的个人属性,更进一步说,具有了排他性。创造财产时凝结在其中的劳动者的智慧与汗水可以抽象为劳动价值或价值,这种价值是共通的、抽象的,但是劳动者创造出来的财产却是具体而具象的。财产与价值在法律上的不同在于其排他性。法律赋予劳动者(权利人)对其创造的财产享有排他性的所有权,实际上起到了"定分止争"的作用,意味着其他人不能肆意侵犯权利人对其财产享有的物权,为他人设定了不能逾越的行为边界。因此,所有权、知识产权等权利一般被认为是对世权和绝对权。另外,根据科斯等制度经济学家的观点,对权利的不同安排会对经济效率产生巨大影响。法律在财产上设定排他性权利并加以明示,可以使经济活动的参与者提前知晓财产上的权利关系,合理规划自己的行为,避免侵犯他人专有权利,从总体上提高了经济效率。人工智能生成内容并不是自然领域天然存在的产物,它必定是人工智能软件经过一定的加工、操作生成的产物,它本质上是经过了"劳动"加工而生成的内容,因此赋予其法律上的权利符合"劳动创造财产"的基本理论。

此外,从传统民法意义上的财产发展趋势来看,最初始的财产分类主要有共有财产和私有财产、有形财产和无形财产、积极财产和消极财产等,不同的财产分类目的在于厘清其界限,明晰其法律适用规则。[1] 而随着财产范围的不断扩大以及财产具体形态的不断蔓延,传统的财产分类已经逐渐呈现出融合趋势,并难以适应现代社会的发展需要,一些新的财产类型也不断出现,如随着互联网游

---

[1] 徐祖林. 财产及财产权的概念与分类[J]. 经济与社会发展, 2005, 3(4):90-94.

戏、虚拟货币等的发展，虚拟装备、货币、形象等这种产生于特定空间下的财产形式已正式成为一种受法律保护的财产权客体。这也侧面印证了财产的法律保护并非天然固有，有益资源如能够对财富增长产生强大的推动作用，就有在法律上给予其独立形态保护的必要性。

因此，无论是从基础理论的支撑还是从历史发展规律的先验来看，人工智能生成内容都具有法律保护的必要性。讨论人工智能生成内容的法律问题，重点并非能不能、要不要受法律保护的问题，而是采取怎样的具体方案提供法律保护的问题，即法律保护的路径选择问题。

1.4 人工智能生成内容受法律保护的路径选择

1.4.1 人工智能生成内容法律保护的路径分析

首先可以明确的是人工智能生成内容的法律保护必然是在民法框架下寻求合适的保护路径，那么能否以《民法典》作为最佳保护路径呢？笔者认为，《民法典》作为一部私权领域的统领性法律，调整自然人、法人和非法人组织之间的人身关系和财产关系，规范每个人从摇篮到坟墓的各类民事活动，保护公民拥有的各类民事权利，但在落实到人工智能生成内容这一特定事物上时，其原则性的条款规定难以具体适用，在客体范围、权利归属、权利范围、抗辩事由、法律责任等方面都缺乏体系化的制度安排。另外，《民法典》仅在第123条规定民事主体依法享有知识产权，这更多的是一种宣示性条款，明确表示知识产权属于民事权利的范畴。

还有一种观点认为，能否设立一部专门法律，如《机器人法》，以谋求机器人主体及其创作内容的法律生存空间。笔者认为，在当前生成内容类人工智能方兴未艾的条件下，没有必要也没有可能为人工智能生成内容制定体系化的专门法律制度。如果将人工智能的发展阶段分为弱人工智能、人工智能和超人类智能阶段,[1]那么目前阶段的人工智能仍然处于从弱人工智能向人工智能发展的阶段。其操作方式仍然是通过算法分析完成的机械式输出,虽然深度神经网络的学习不断进步,技术也较为成熟,但本质上仍然是一系列复杂算法的演化,与真正意义上的自我思考智能尚存在一定差距。因此,很难给现阶段的人工智能赋予独立的法律人格地位。另外,考虑到人工智能发展方兴未艾,技术革新层出不穷,且法律需保持基本的稳定性和可预见性,因此不必急于创制专门的法律制度。虽然法律的滞后性是常态,但如果总是基于技术及效应的充分显现而创建新的社会规范,那么最终将导致法律对技术"匡正"的失效和无力。[2]

笔者认为,人工智能生成内容与著作权法具有密切关联,现阶段著作权法法律制度在整体上能够大致满足人工智能生成内容保护的要求。在所有的法律体系之中,作为智慧财产权之下的著作权法与技术和产业革新存在最紧密的关联。因此,在著作权法体系下寻求对人工智能生成内容的法律保护,能最大限度弱化法律修正可能带来的冲击和不适,符合时代和法律发展的双重规律。

此外,如果围绕着人工智能生成内容进行权利创设和规制,那么无论法律制度如何设立,都无法摆脱与既有著作权法的密切关系。因为著作权法关注的是作品的利用和传播,而人工智能生成内容的价值也体现在传播和利用的过程中,且鉴于人工智能生成内容在表现形式上与人类创作作品的不可分性,单独设立一部专门法律规定反而会导致与现有著作权法的混淆,甚至产生巨大的法律变革

---

1 梁志文. 论人工智能创造物的法律保护[J]. 法律科学, 2017, (5):156-165.
2 吴汉东. 人工智能时代的制度安排与法律规制[J]. 法律科学, 2017, (5):128-136.

经济成本和理论冲击。因此，以知识产权体系下的单行法律对人工智能生成内容进行法律保护或许是更可行的一条路径。笔者接下来试图从人工智能的内容生成机理及著作权法基本理论出发详述著作权法下保护的可行性。

1.4.2 著作权法保护的理论分析

从知识产权保护的哲学基础出发，人工智能生成内容不同于纯天然的自然物或自然状态，而是人类智能特意设计的人工智能生成的结果。劳动是人与自然的分化，人类对火种的支配和工具的发明第一次将人类从顺从自然的状态中解放出来。此后人类每一步的工具发明和技术变革，本质上都是在应对纯自然状态和自然物带来的挑战，从而达到解放生产力，最大化经济效益的目的。因此可以说，技术发展到人工智能的阶段，其中蕴含的仍然是人类"主观意图"的追求。

从人工智能生成内容的权利主体入手分析，有观点认为其不过是"猴子自拍照"的场景置换。猴子自拍照案，是指2011年英国摄影师大卫·斯莱特在印度尼西亚丛林中设置好拍摄设备准备拍摄时，一群黑冠猕猴跑到他的旁边并开始玩弄摄影器材，其中有一只猴子不小心按到了快门，并最终拍摄出了上百张照片，大卫·斯莱特将这些自拍照片冲洗出来并将其中一张完成度较高的上传到网站，后由于该照片被维基百科收录并免费提供给网友使用，大卫·斯莱特主张自己享有"猴子自拍照"的版权。美国版权局针对此案发布了一份1222页的报告，指出只有人创作的作品才可以拥有版权，任何动物完成的作品都不具备版权资格。

当前知识产权制度的核心是"人类智力"，著作权法上的创作主体必须是人类，作品必须是人类创作的作品。[1] 而"猴子自拍照"由于没有"人类智力"的体现，没有人类活动的参与，因此不能被认定为受版权保护的对象。事实上猴子不能对自拍照取得版权，本质在于私法体系下的主客体严格禁止互换。[2] 笔者认为，人工智能生成内容与猴子自拍照之间存在的显著不同在于，人工智能生成内容中体现了人类的劳动，人工智能本质上仍然是"人类智力"的外化，人类在人工智能生成内容的输出过程中仍然存在一定程度的选择和安排。只不过在人工智能生成内容的完成中，人类的参与同作品的独创性过程之间存在一定的间隔，但该生成物的权利主体仍属人类。

换言之，人工智能生成内容更类似于人类利用技术设备创作作品，与人类智能直接产生的成果相比仅是在技术实现步骤方面具有多层性、梯次性和间接性。自然人利用照相机、摄像机等技术设备创作作品，在技术层面上同样具有上述特征。区别仅仅在于前者的不确定性大于后者，但前者也绝不是任意的，仍然是在人工智能开发者预先设定的较大范围之内的。

回归著作权法，人类"主观意图"最显著的立法规定体现在凡是具有独创性的内容均可视为著作权法保护的对象。独创性事实上包含"独"和"创"两个构成要素。关于"独"的理解目前理论和实践中均无偏差，是指作者独立完成而非抄袭。而关于"创"的理解理论上存在主客观不同标准，这也是影响认定人工智能生成内容是否具有可版权性的判断因素。在主观标准下，"人的参与性"是使内在的思想、情感、表达外化为作品的必备因素，作品创作必须是"运用自己的构思、技巧，塑造出艺术形象或表述科学技术的创

---

1 梁志文. 论人工智能创造物的法律保护[J]. 法律科学, 2017, (5):156-165.
2 熊琦. 人工智能生成内容的著作权认定[J]. 知识产权, 2017, (3):3-8.

造性劳动"[1]；而在客观标准下，只要作品达到了最低限度的独创性，即可获得著作权法的保护。在独创性的客观标准认定模式下，人工智能毫无疑问已经获得了最低限度的独创性。[2]难点在于强调人的参与和个性体现的主观认定标准下，人工智能生成内容中人类的个性参与和贡献越来越弱化，甚至仅仅表现为"点击按钮"或语音指控等生成命令。[3]

从人工智能运行的技术原理分析，人工智能生成与传统计算机生成的不同在于，人工智能生成中人类预设的图像和语言仅为很少的一部分，更多的是依靠机器的自主学习和归纳，以完成最终的成果输出。由于在这一自主学习和归纳阶段缺少了人类活动的参与，因此否认人工智能生成内容可版权性的观点也主要是基于人工智能的"自主学习"特点，认为其内容的生成已经完全脱离了人类的掌控。

笔者认为，无论是基于最低创造性的客观认定标准，还是基于强调人类个性表达的主观认定标准，都不可否认人类在人工智能生成内容过程中的设计和选择。人工智能生成内容中体现的仍然是人类赋予机器的价值观的输出。[4]人工智能的生成内容无论多新颖，多有价值，本质上仍然离不开人类的预设观念，算法的背后是人的价值观的体现。[5]从这个角度讲，现阶段的人工智能生成内容只不过是人类智能特意设计的生成结果。即使是反对人工智能生成内容作品性质定性的王迁教授，也不得不承认"人工智能本质上是人的智能

---

1 胡康生. 中华人民共和国著作权法释义[M]. 北京:法律出版社, 2002:39-49.

2 熊琦. 人工智能生成内容的著作权认定[J]. 知识产权, 2017, (3):3-8.

3 陶乾. 论著作权法对人工智能生成成果的保护——作为邻接权的数据处理者权之证立[J]. 法学, 2018, (4):3-15.

4 熊琦. 人工智能生成内容的著作权认定[J]. 知识产权, 2017, (3):3-8.

5 韩维正. 算法也有价值观[EB/OL]. (2018-04-13) [2018-05-25]. http://media.people.com.cn/n1/2018/0413/c40606-29923224.html.

的应用"。科技的发展永远是以人的主体地位为前提的，而当真正的人工智能拥有了机器思维，生产出"超人类思维"的内容时，那时候面临挑战的则不仅仅是著作权制度了。[1]

1.4.3 人工智能生成内容的域外保护

在著作权法体系下实现对人工智能生成内容的法律保护并非独树一帜，事实上参考国际条约、外国法及判例的动态即可发现，多数域外国家将计算机生成物放在著作权法规制的范畴内。如英国的版权法修正委员会曾作出报告，认为计算机输出内容属于借助计算机工具来创作完成的作品，其著作权人应是操纵计算机发出指令以及创作数据的人。英国1988年《版权、外观设计和专利法案》第9条第3款中对于计算机生成内容做了专门规定："如果是计算机生成的文学、喜剧、音乐或艺术作品，那么应将为创作作品作出安排的人视为作者。"第178条规定："计算机生成内容是指在没有人类作者的情况下由计算机完成的内容。"[2]

在美国，版权作品新技术利用国家委员会（CONTU）1979年发布报告指出，计算机本身并不能成为美国版权法上的权利主体，计算机生成的创造物的作者应当是使用计算机进行创作的人。在此基础上，计算机生成内容能否受法律保护要根据生成内容的独创性来做具体判定。但在1986年，美国国会技术评价局发布报告对CONTU的观点提出质疑，认为由于计算机程序的交互式计算方式可能会产生计算机程序和计算机使用者同为作者的情况。但由于该份报告并不具有法律效力，因此关于计算机生成内容仍然缺乏一致的

---

[1] 王迁. 论人工智能生成的内容在著作权法中的定性[J]. 法律科学, 2017, (5):148-155.

[2] Copyright, Designs and Patents Act 1988[EB/OL]. [2018-05-25]. https://www.legislation.gov.uk/ukpga/1988/48/contents.

认定结论。[1]

澳大利亚关于计算机生成物的版权归属基本采取了与英国一致的认定思路。澳大利亚版权法修正委员会1993年发布了关于计算机软件保护的报告，并指出《澳大利亚版权法》中的作者必须是自然人，计算机生成物的版权应归属操作计算机软件的人。[2] 可见，域外在立法实践中基本都承认了计算机生成内容的可版权性，仅是在生成内容的版权归属认定上存在些许差异。

1.4.4 人工智能生成内容的比较法研究

从历史分析的角度综观整个法律演进和变更的轨迹，当新的技术或物质生产资料冲击现有的制度时，考虑到制度设计的成本和效益，最好的方法多是从现有制度中做灵活变革和延伸适用。

物权法的发展进程可谓是法律演进的典型代表之一。大陆法系中的物权法源于罗马法，罗马法中的物权最初始的核心为所有权，所有权被定义为"对物最一般的实际主宰或潜在主宰"，是一切权利中最完整的权利。但随着奴隶制经济的发展，仅有所有权的规制已经不能满足日益丰富多样的生活需要。在罗马法早期法典《十二铜表法》中已有关于土地和房屋相邻关系的规定，随后基于土地及土地上附着物所有权的传统理念及耕作文明的需求，人们开始形成将土地与土地上他人所建的附着物共有的概念，继而演化为借用他人土地为自己行通行饮水之便利的现象，地役权开始独立出现并成为一种新的物权类型，并与所有权、相邻权等综合形成物权的完整体系。综观罗马法中物权的发展演进历程，可窥探出法律的演进与

---

[1] 曹源. 人工智能创作物获得版权保护的合理性[J]. 科技与法律, 2016, (3):488-508.

[2] 曹源. 人工智能创作物获得版权保护的合理性[J]. 科技与法律, 2016, (3):488-508.

社会实践的发展密不可分。

回溯历史，著作权法中权利的演变和扩张也遵循了同样的思路。从印刷技术的出现推动版权法的立法，到有线传送技术的发明推动广播权的增设，再到互联网时代，世界知识产权组织通过的互联网条约[1]中的"向公众提供权"，以及我国著作权法首次修改中新增设的"信息网络传播权"，版权法的每次变更都是为适应技术发展而作出的自身调整。

因此，在面临人工智能生成内容带来的新问题时，参考如美国对计算机软件和集成电路布图设计著作权法保护的方式，以"准著作权法""类著作权法"或者"广义著作权法"的模式，对人工智能生成内容给予适当的法律保护，并将其权利归属为人类主体，能够在当前为人工智能生成内容提供现成的、有效的、比较适当的法律保护。这既是现实的选择，又是立法技术中立原则、包容性原则始终追求的目标，还是立法资源的节约与立法谦抑的冷静。

结语

现有的人工智能生成内容虽然从表面上看脱离了人类的参与和掌控，但本质上仍然是人类思维的过程赋予和结果输出，无论是考虑到生成内容的人类思想体现，还是人工智能发展的持续性与阶段性，抑或考虑到法律制度设计上人的主体性地位，对人工智能生成内容予以法律保护，并将其权属赋予相关人类参与者都是题中应有之义，而著作权法体系正是保护人工智能生成内容的最好归宿。同时从国际视角出发，借鉴国外的立法经验，目前也尚未发现单独立法的现象。至于未来更高

---

[1] 指《世界知识产权组织版权条约》和《世界知识产权组织表演和录音录像制品条约》。

端、更前沿甚至有机器独立思想的人工智能生成内容的出现，是否会对整个制度和社会伦理造成冲击，是否需要给予单独专门的法律保护，仍然需要考虑到未来的具体环境，法律毕竟不同于科幻小说，需具有稳定性和预见性，不可胡乱创设权利。在著作权法体系下讨论人工智能生成内容的法律保护路径仍然是现阶段最好的选择。

2 中文字库中单字的
著作权保护问题研究

内容摘要

中文字库字体单字可否享有著作权保护，在司法实务界和学术理论界争论由来已久。根据"思想—表达二分法"和有关著作权法方面的国际和国内相关法律规定，中文字库字体单字属于思想表达的智力成果，具有可版权性，在达到独创性的要求下应该作为美术作品得到著作权法的保护。对中文字库字体单字给予著作权保护符合我国国情和产业政策的需求，在实现公众利益和知识创新利益平衡的同时，不会对公众造成利益损害。

关键词

中文字库字体单字；独创性；美术作品；利益平衡

中文字库字体产业是伴随着20世纪90年代个人电脑等数字技术的兴起而发展起来的，其突破了以往的传统印刷技术，依托计算机软、硬件作为有效支持。作为一种因技术进步而产生的新兴数字化技术产物，随着其不断发展，相关知识产权争议随之产生并进入司法解决程序中。然而，中文字库字体属于一种新兴产物，法律上没有明确规定，由此导致了司法审判实践中的判定不一，同时也引发了理论界的激烈争议，特别是关于字库字体单字的知识产权保护问题，更是成为争议中的焦点问题。笔者从法律层面和社会产业政策层面这两个视角对中文字库这一新兴客体中的字库字体单字是否可享有著作权保护进行梳理和剖析，以期能对当前存在的争议起到一点借鉴作用。

2.1 问题的产生

2003年方正诉潍坊文星案是我国第一例涉及字库字体著作权保护的案件，由此使得中文字库字体单字的知识产权保护进入了人们的视野。随着其后的方正诉暴雪案、方正诉宝洁案以及汉仪公司诉昆山笑巴喜案中，各级法院对中文字库字体单字可否享有著作权保护的判定不一，更是将有关字体单字的知识产权保护推向了舆论争议的巅峰。将司法实务和学术理论方面的争议归纳起来，争论观点大致有以下两种：一种为否定中文字库字体单字受著作权保护；另一种则是肯定中文字库字体单字属于著作权保护的客体。

持否定观点的主流意见主要有：①印刷字库字体单字不是创造行为。如刘春田教授主张："方正字异于书法作品，方正字库和与字库互为规定的单个字形，其生成过程从始至终，都是劳动，没有创造行为，无法获得著作权法保护。"[1] ②印刷字库字体单字属于工业产品，不属于著作权法的作品范畴。如刘春田教授主张："如果仅从独创性角度考虑，字体字形具备构成作品的独创性要件。但从作品的构成要件看，在判断字体字形设计是否是著作权保护的作品时，其关键可能不在于独创性和可复制性，而是在其是否是文学、

---

1 刘春田. 论方正"倩体字"的非艺术性[J]. 知识产权, 2011, (5):7.

艺术和科学领域的作品，特别是是否是艺术作品。在艺术作品和工业产品之间，字体字形设计显然更属于后者。尽管字体字形设计也能表现一定的美学思想，但并不影响其工业产品的属性。"[1] 又如方正诉宝洁案一审判决中主张："无论达到何种审美意义的高度，字库字体始终带有工业产品的属性，是执行既定设计规则的结果，受到保护的应当是其整体性的独特风格和数字化表现形式。对于字库字体，受到约束的使用方式应当是整体性的使用和相同的数据描述，其中的单字无法上升到美术作品的高度。"[2] ③印刷字库字体单字由相关控制指令及相关数据构成，不属于著作权法意义上的美术作品。如方正诉暴雪案二审法院判决中主张："字体（字库）使用相关特定的数字函数，描述……字体轮廓外形，并用相应的控制指令及对相关字体字型进行相应的精细调整，因此每款字体（字库）均由上述指令及相关数据构成，并非由线条、色彩或其他方式构成的有审美意义的平面或者立体的造型艺术作品，因此其不属于著作权法意义上的美术作品。"[3] ④从文字实用性和社会公众利益角度否定印刷字库字体单字属于著作权法保护的客体。如方正诉宝洁案一审判决中主张："从社会对于汉字使用的效果来讲，如果认定字库中的每一个单字构成美术作品，使用的单字与某个稍有特点的字库中的单字相近，就可能因为实质性相似构成侵权，必然影响汉字作为语言符号的功能性，使社会公众无从选择，难以判断和承受自己行为的后果，也对汉字这一文化符号的正常使用和发展构成障碍，不符合著作权法保护作品独创性的初衷。"[4] 如果一旦认可汉字字体

---

1 刘春田. 论方正"倩体字"的非艺术性[J]. 知识产权, 2011, (5):7.
2 参见（2008）海民初字第27047号民事判决书。
3 参见（2010）民三终字第6号民事判决书。
4 参见（2008）海民初字第27047号民事判决书。

单字享有著作权，就会出现"字字要付钱，人人得缴费"的垄断汉字的形式。[1]⑤字库字体单字是适于工业应用的新设计，可用外观设计来进行保护。[2]

持肯定观点的主流意见则主要从字库字体单字满足受著作权保护客体要件、产业政策等方面肯定印刷字库字体单字属于著作权法意义上的美术作品。如方正诉潍坊文星案一审判决中主张："印刷字库中的字型是方正公司独立创作完成的文字的数字化表现形式，是由线条构成的具有审美意义的平面造型艺术作品，属于我国著作权法规定的美术作品。"[3] 方正诉暴雪案一审判决中主张："字库中每个字型的制作体现出作者的独创性……字型是由线条构成的具有一定审美意义的书法艺术，符合著作权法规定的美术作品的条件，属于受著作权法及其实施条例保护的美术作品。"[4] 汉仪诉笑巴喜案一审判决中主张："字库中的每个单字都是用经过设计者设计的线条和结构，体现设计者创意思想的具体表达方式，这个过程凝聚着设计者的智慧和创造性劳动。虽然美术字的创作难度和高度均无法与书法家用毛笔书写的书法作品相比，但不能因此就否定美术字的独创性，关键是看美术字整体的线条（笔画）和间架结构是否具独创性。特别是其与公知领域美术字相比所具有的不同特点，即表达的新颖性或表达的创新性，其受保护的要素体现为构成'表达'的符号和结构本身。"[5] "字体的

---

1 张玉瑞. 计算机字体"商业用字收费"很荒唐[EB/OL]. (2011-05-04) [2018-05-15]. http://views.ce.cn/main/qy/201105/04/t20110504_22398725.shtml.

2 宁小军，吴猛. 字体的著作权法与专利法保护之我见 浅谈利用专利法外观设计保护字体的必要性[J]. 电子知识产权，2012, (10):45-46.

3 参见（2003）一中民初字第04414号民事判决书。

4 参见（2007）高民初字第1108号民事判决书。

5 参见（2011）宁知民初字第60号民事判决书。

创作需要投入大量的劳动、智力与资金，如果字体单字不能给予著作权保护，由于字库软件盗版的严重泛滥，字库公司的成本常常难以收回……由此导致整个字库产业的惨淡经营。"[1]

综合上述意见可以看出，目前有关印刷字体单字的知识产权保护之所以在司法实务界和学术理论界产生如此大争议，其根源主要在于每一种意见的着眼点、侧重点不同，从而呈现出"横看成岭侧成峰"的局面。如果侧重于字体单字的数字表现形式、实用功能属性或者社会公众利益，则字体单字似乎不应属于著作权法保护的客体；如果侧重字体单字本身、创作的过程、创作投入或字库行业利益，则字体单字应受著作权法保护。

笔者认为，判断字库字体单字是否具有可版权性，即是否属于受著作权法保护的作品，不应着眼于某一点，侧重片面，而应从法律规定、产业政策等方面结合我国目前的基本国情进行统筹考量。

2.2 各国对字库字体单字的知识产权保护

1973年签订的《保护字型及其国际注册维也纳协定》第3条规定，成员国应该就著作权法或外观设计保护印刷字体，或另行制定各专门的注册法。

英国对字库字体单字实行著作权和外观设计双重保护。英国在

---

1 汉仪公司的发展历程是我国字体及字库在知识产权保护方面经验的缩影之一。1995年汉仪公司一举推出56款字库，1999年汉仪公司字库款数达到86款，2000年达到100款，2002年达到130款。然而，2002年到2011年有九年时间，没有一款新字库上市。这个时期，正是我国个人电脑大规模普及、市场接受互联网浪潮汹涌而来的时期，正是这种技术带来的免费的便利，使得汉仪公司陷入前所未有的困境，几乎没有客户主动向汉仪字库支付字库的使用费，汉仪公司完全拥有自主知识产权的产品，竟然成为全社会免费分享的产品。参见陈际. 计算机字库产业的发展和保护[J]. 电子知识产权, 2011, (4):58-64.

1986年发布白皮书承认单字字体的著作权保护，英国1988年《版权、外观设计和专利法案》规定个别字群或个别字母可以获得著作权保护，该法第178条实际上将印刷字体的个别字群或个别字母归类于"印刷时适用的装饰性图案"，同时该法第54条对附有印刷字体设计的艺术作品的侵权例外进行规定，包括（a）在通常打字、制作文档、排版或者打印的过程中使用该字体；（b）为该种目的的使用而拥有物品，或者（c）对该种使用所产生的材料从事任何行为；尽管所使用的某物品属于侵犯该艺术作品的著作权的复制品，使用该物品亦不属于侵犯该艺术作品的著作权。意大利在工业设计立法中给予字体知识产权保护。德国《1986年字体法》中规定，对于独创性的字体，可由著作权法依图案和外观设计法按照模型进行法律保护。加拿大通过工业设计法案对字体提供类似著作权的保护。

美国版权法在一开始排除了对字体的著作权保护，其主要是基于字体设计不能独立于实用部分而存在，无法纳入实用艺术作品保护范畴，如美国1976年版权法和美国1978的Eltra v. Ringer案。不过在进入数字化时代后，美国也意识到，将字体明确排除在版权法保护范围之外，无法遏制盗版对字库行业的冲击，因此，1991年众议院Richard Gephardt提交了设计创新与技术法案，该法案旨在应对美国字库产业面临的出口销售下滑以及从业者人数锐减的困境，主张保护用于工业设计的字体。在法案中提出可受保护的字库字体要具备显著性和原创性两个要件。同时，在Feist案后，美国比较典型的字体案[1]中逐渐改变对字体是实用艺术作品的认定，开始将其纳入"图画、图像和雕刻作品"解释行列，并个案分析其原创性。由此

---

1 以Yu Zhang v. Heineken N.V. et al案和Sadhu Singh Hamdad Trust v. Ajit Newspaper Advertising, Marketing and Communications,Inc.,et al案为典型，详见后文。

可见，美国法院在对具有独特风格的字体的保护上已经逐渐摒弃功能原则，转而从"原创性"本身来看待字体的可著作权性问题。

在中文字体的保护上，我国台湾地区著作权相关规定将字体称为"字型绘画"，纳入美术作品保护范畴。所谓字型绘画是指"就常用字整体文字之字群作一致性的绘画设计，如具有美学上的鉴赏价值，则属美术作品之范围，常使用为电脑字型或印刷、印刻之特别字型。""至于一般性之活字字体，如仿宋等，欠缺思想、感情之原创性，未具美学上之鉴赏价值，应不认为美术著作"。[1] 另外，我国台湾地区著作权主管机关认为，著作权相关规定关于"著作"之定义并未限定著作人所使用之创作工具及其著作完成时所附着之媒体，创作者凭其经验与灵感、利用电脑绘图系统程式，表达思想或感情，仍可为创作行为。

从上述法律规定来看，各国和地区就字库字体单字的保护采取灵活多样的多元化法律保护模式，各种保护模式之间也并不相互排斥，同时随着每一时期的不同情况，对具体保护模式和设置条件进行灵活地改变和调整。因此，对字库字体单字是否给予著作权保护，实质上是一个国家或地区从其立法宗旨在特定时期对该行业发展的政策考虑以及公众利益平衡的角度等多方考量的结果。

2.3 中文字库字体单字的可版权性

2.3.1 从法律层面看字库字体单字的可版权性

"版权只保护思想的表现形式不保护思想本身"[2]，这一原则

---

1 罗明通. 著作权法论(第七版)[M]. 台北:台英国际商务法律事务所, 2009:206.
2 W. R. Cornish, Intellectual Property: Patent, Copyright, Trademarks and Allied Rights, Sweet & Maxwell, 1981, p.319.

被称为"思想—表达二分原则",是版权理论界遵循的基本公理之一,根据这一原则,一切属于智力活动且没有外在形式的智力活动结果都被排除在版权保护范围之外,而任何发展到具有外在形式的智力活动结果的外在形式都有可能成为版权客体。如果一个智力活动结果符合"思想—表达二分法"条件,则此智力活动结果即被定义为"可版权作品",具有"可版权性"。[1]

各国在版权立法过程中,考虑到本国政治、经济、文化和科学技术发展、宗教信仰、历史发展背景以及长期以来已经形成的道德准则等诸多因素,在"可版权作品"的基础上附加一定的约束性条件,"可版权作品"如果同时满足了一国版权法设定的约束性条件,便被称作"版权作品",即本国版权法意义上的"作品"。[2] 各国版权法为界定作品概念所设立的约束性条件包括肯定性条件和否定性条件。肯定性条件是作品构成的必要条件,通常也被称为"作品构成要件",包括作品"独创性"和"可固定性",即"可被固定在有形媒介"上,但是各国在法律上对"独创性"的要求存在差异性,而"可固定性"条件不是所有国家的版权法都采用的,如大陆法系国家不把"可固定性"作为版权作品的肯定性条件。而否定性条件是作品构成的充分条件,它通过法律的形式从可版权作品中排除了那些在一国范围内不受版权保护的作品,否定性条件一般是根据一国的具体国情设置的,因而各国版权法规定的否定性条件也不相同。由此可见,一国的可版权作品只要同时具备该国版权法规定的作品构成的肯定性条件和否定性条件,就成为受该国版权法保护的版权作品。

---

1 金渝林. 论版权理论中的作品的概念[J]. 中国人民大学学报, 1994, 8(3):95-102.

2 金渝林. 论版权理论中的作品的概念[J]. 中国人民大学学报, 1994, 8(3):95-102.

2.3.1.1 我国著作权法律法规的相关规定

我国《著作权法》第3条规定:"本法所称的作品,是指文学、艺术和科学领域内具有独创性并能以一定形式表现的智力成果,包括:(一)文字作品;(二)口述作品;(三)音乐、戏剧、曲艺、舞蹈、杂技艺术作品;(四)美术、建筑作品;(五)摄影作品;(六)视听作品;(七)工程设计图、产品设计图、地图、示意图等图形作品和模型作品;(八)计算机软件;(九)符合作品特征的其他智力成果。"可见,我国著作权相关法律法规对可版权作品类型采取的是一种开放式列举形式而非穷尽式的规定,其可版权作品类型并不局限于所列举的作品类型,因此,不能以某一作品类型不属于所列举的作品类型即认为不应该给予著作权保护,我国有学者通过分析认为中文字库字体单字由于不属于书法艺术和书法作品便不属于著作权法所保护的客体的观点是站不住脚的。[1] 同时,我国《著作权法实施条例》第2条规定:"著作权法所称作品,是指文学、艺术和科学领域内具有独创性并能以某种有形形式复制的智力成果。"《著作权法》第5条规定:"本法不适用于:(一)法律、法规,国家机关的决议、决定、命令和其他具有立法、行政、司法性质的文件,及其官方正式译文;(二)单纯事实消息;(三)历法、通用数表、通用表格和公式。"由上可知,我国著作权法也从肯定方面和否定方面对著作权法的作品这一客体进行了规定。从肯定方面来说,作品的构成要件为:属于文学、艺术或科学领域;具有独创性;能以某种有形形式复制;属于一种智力成果。而不同于前面作品类型的非穷尽式列举,我国著作权法以穷尽列举的方式对不能给予著作权保护的客体进行了一一排除。由此可见,如果某一客体符合法律规定的作品构成要件且不属于排除的内容时,即应属

---

1 李琛. 计算机字库中单字著作权之证伪[J]. 知识产权, 2011, (5):28-31.

于我国著作权法意义上的作品，除此之外不应该再增加任何人为的附加条件。

根据我国著作权法律法规的相关规定，中文字库字体单字并不在我国著作权法规定的可版权作品的排除范围内，而无论从中文字库字体单字的创作过程还是从创作结果来看，中文字库字体单字是字体企业创作的具有外在表现形式的智力活动成果，是其思想的表达，因此，中文字库字体单字属于著作权法规定的一般意义上的可版权客体无可厚非，并不存在法律上的任何障碍。而对于中文字库字体单字是否具有著作权，则需要按照著作权法关于作品构成要件的相关规定进一步分析和判断，尤其是独创性要求。

有些学者主张中文字库字体单字具有工业属性或者实用性，或者以美学和艺术价值过低等否定中文字库字体单字的可版权性。笔者认为，这些主张均是人为地为中文字库字体单字的可版权性设置了更多的门槛，是不合适的。毋庸讳言，从中文字库字体产品最终目的的角度可以认为其是一种规范化和实用性的工业产物，但并不能因此认为中文字库字体单字只是工业产品而非可版权作品。事实上，就自然人手工书写的汉字而言，同样存在这一问题，并不能由于其书写过程的人工性就当然认为所有人工书写的汉字均属于著作权法意义上的作品，而只能认为其具有一般意义上的可版权性，同样需要在特定意义上按照著作权法关于作品构成要件的相关规定进行分析和判断。与此相应，也不能由于中文字库字体单字产生过程中可能采用了计算机辅助设计工具就当然地认为所有汉字计算机字库字体单字均不属于著作权法意义上的作品。

著作权法的立法宗旨之一就是通过保护文学、艺术等领域的创新而鼓励创作出更多的作品。虽然从字库企业开发字库字体产品的创作过程来说，字库字体在整体上具有规范性，需要符合国家标准GB 2312—1980《信息交换用汉字编码字符集 基本集》和统一的整体设计风格，字体开发的最终目的也是满足社会公众印刷、打字的实用需求，但字库字体产品具有的这一规范性和实用性并不能排除和否定字库字体单字艺术上的造型。事实上，随着字库企业开发出越来越多的具有独特艺术造型风格的字库字体，越来越多的设计公司和商业企业等放弃选择那些公有领域的字体，转而选择使用字库企业开发的具有独特艺术造型风格的字库字体产品。这一事实也恰恰体现了字库字体产品的造型价值，从这一角度来说，字库字体单字以其艺术上的造型理应属于著作权法规定的艺术领域的作品而获得保护，而不能因其具有规范性和实用性就将其作为工业产品排除在著作权法保护范围之外，这与著作权法的立法宗旨也是相违背的。

因此，不能因为中文字库字体单字具有工业用途而否认其可以受到著作权法保护的可能性。也就是说，中文字库字体单字具有一般意义上的可版权性，但对于特定单字是否具有著作权，应当按照著作权法关于作品构成要件的相关规定进一步分析和判断。

2.3.1.2 中文字库字体单字具有独创性

对于中文字库字体单字是否属于著作权法规定的美术作品，司法实务界和学术理论界争议的最大分歧在于独创性要件。

由于各国的国情不同，各国版权法对独创性的要求也不一样，甚至在同一国家，对不同作品也适用不同的独创性标准。

在大陆法系，德国在理论及实务中依客体的不同采取不同的独创性要求，对于一般的文学、科学作品，要求较高的"创作高度"，称之为"特别个性"。而对于电脑程式、商品说明书、表格、目录等则依"小铜币"理论，或称"单纯的个性"，只要求适度的创作水准，即单纯但刚好仍然具有保护能力之创作。[1] 英美法系

---

1 李伟文. 论著作权客体之独创性[J]. 法学评论, 2000, (1):85.

相对于大陆法系，对独创性要求更低一些，如美国Bleistein案[1]中，法院认为独创性是指作品由作者独立完成而不是抄袭的，不要求作品存在什么创作高度；而在Feist案[2]中，法院认为独创性包括"独立"和"创作"两层含义。法院在判决中指出，独创性是指作品由作者独立创作，具有最低程度的创造性。创造性的量是相当低的，即使微小的量就可以满足。绝大多数的作品能够很容易地达到这个程度，因为它们闪烁着某种创造性的火花，而不在于它们是多么不成熟、层次多么低。

我国《著作权法实施条例》第2条规定作品必须具备独创性；第3条进一步规定，创作是指直接产生文学、艺术和科学作品的智力活动。《最高人民法院关于审理著作权民事纠纷案件适用法律若干问题的解释》第15条规定，由不同作者就同一题材创作的作品，作品的表达系独立完成并且有创作性的，应当认定作者各自享有独立著作权。由此可知，根据我国著作权的相关法律规定，作品的独创性体现在由作者独立创作完成，而非剽窃、抄袭他人，同时属于一种智力活动的创作成果。因此，在判断字库字体单字是否符合独创性要求时，也应遵循这一原则。

汉字作为中华民族的瑰宝，其演变经历了几千年的历程，作为一种表意文字，汉字在笔画和结构上逐步形成了固定书写结构，但由于汉字表意文字的特性，汉字在字形上的创作空间很大，除固定书写结构不能变动之外，汉字在其基本笔画间架结构的搭配、笔画的粗细及弯直等方面都可以进行形态上的设计，从而表现出不同的造型样式。不同的书写者根据设计思路的不同可以产生不同的书法

---

[1] Bleistein v. Donaldson Lithographing Co., 188 U. S. 239, 23 S. Ct. 298, 47L. Ed. 460(1903).

[2] Feist Publication, Inc. v. Rural Telephone Service Company, Inc. 111 Sup. Ct. 1282(1991).

作品。据此,书法作品作为具有审美意义的平面造型艺术,即美术作品受到著作权法的保护。

与传统书法作品类似,中文字库字体单字也是在汉字的基础上发展起来的。目前中文字库字体的创作一般由字库企业完成,其创作过程基本为:字库企业对市场进行调查,根据市场调查情况确定拟开发的字体风格;一款新的字体,一般由主创设计师或书法家负责设计或书写原稿,然后由多位字体设计人员组成设计小组,完成所有汉字的精细设计。

原稿的创作方式分为两种:一种是由主创设计师或书法家创作或书写具有该风格样式的全部或部分字型的纸质原稿,并将其扫描到计算机形成电子原稿;另一种设计方式是由熟悉电脑操作的字体设计师直接通过计算机辅助设计工具在计算机上直接进行原稿的创作,形成电子原稿。具体如图1至图3所示。

图1 方正倩体的设计草图

在原稿设计完成之后,字体设计师在把握整体设计风格的基础上通过计算机辅助设计工具进行每一单字字形精细设计、调整、修改,最终形成整体设计风格统一的一整套字库字体(在我国,实用的字库产品最少要涵盖国家标准GB 2312—1980包含的6763个常用汉字)。字体设计人员以自己的美学审美为基础,对于原稿中有的字,需要进一步做精细设计和修改;对于原稿中没有的字,需要在主创设计师或书法家的指导下,根据原稿风格设计出来,遵循整体设计风格,在不改变单字固有书写结构基础上,需要对每一单字

图2 中国书法院院长、书法家管峻书写的管峻楷体原稿

图3 演员徐静蕾书写的静蕾体原稿

的笔画间架结构进行布置以及对笔画粗细、曲直、长短等进行形态变化，从而设计出与现有字体完全不同、呈现独特艺术风格的字库字体。最后，打印出纸样（字体设计师称之为"大样"），由主创设计师或书法家对每个单字的字形结构、笔形、粗细提出修改意见，包括检查字形结构是否合理、粗细是否均匀、灰度是否和谐、整体是否美观，甚至轮廓是否光滑等，反复修改，每次修改完成，还要再次打印出"大样"，进行下一次的调整完善，直到满意为止。一般来说，每一个单字都要至少通过三次这样的"大样修改"，才能达到这一款字库字体的审美意义上的艺术水准。

因此，无论是从创作过程还是从创作结果来看，字库字体单字从设计字型原稿到最终形成字体单字，都离不开字库企业的投入和字体设计者对字体美感的把握、设计形态的取舍等，无论是从设计风格的创意、字库字体的设计完成，还是从最终计算机呈现出的字体单字来看，每一款字库字体单字的创作都已经不是一种简单的劳动投入，而是融入了设计者的聪明才智、经验技巧等，体现了设计者主观个性化的创意活动，属于设计者智力活动的创作成果，因此，字库字体单字可以满足著作权法规定的作品独创性要求。当然，不可否认，对于一些笔画单一的汉字，如一、二、三等字，由于受自身固有字形的限制，字体的创作设计空间有限，与现有公知的其他字体相比，难以体现出在笔法、结构上的变化差异，不具备独创性的余地，因此，对于这类单字，可以因其有限的表达形式，无法满足独创性要求而不给予著作权保护。

2.3.2 从产业政策看中文字库字体单字的可版权性

从产业政策考量中文字库字体单字的可版权性，实质上是对社会公众利益和字体企业利益平衡的考量，其往往与一个国家的国情和立法宗旨密切相关。目前的担心主要在于"如果给予中文字库字体单字以著作权保护，是否会侵害社会公众的利益"。

笔者认为，这一担心完全是多余的。首先，纵观目前发生的字库字体侵权主要在于未获得授权而进行商业方面的使用，对于个人使用的目的方面则基本不涉及。其次，中文字库字体单字以汉字字形为基础，不可否认，汉字具有传播信息的功能，具有实用性，但这种实用性是依靠汉字的固有书写结构发挥的，汉字作为表意文字，在固有书写结构的基础上，其字形外形依然具有较大的设计空间。而中文字库字体与传统书法作品类似，其体现的是汉字的不同书写风格和艺术表现，在汉字固有书写结构的前提下，字体每一单字的笔画间架结构的搭配、笔画的粗细、弯度等外观形态依然具有无限的想象和创作的空间，可以有丰富多样的表达形式。因此，如果给予字库字体单字著作权保护，其受保护的也仅是字体单字外形形态，不会阻碍汉字的表情达意。对某一设计风格的字库字体单字给予著作权保护，不会使得字库字体设计受到限制，字体设计者依然可以进行多形式的字体设计。同时，由于目前的字库字体及单字大部分属于公有领域，如楷体、宋体、黑体等，使用者完全可以自由选择，既可以选择使用公有领域无需付费的字库字体，也可以选择使用需付费的字库字体。因此，从这一角度来说，给予字库字体单字著作权保护，不会造成对汉字的垄断，更不会妨碍人们对汉字的自由使用。

从另一个角度来说，在社会生活中，一般情况下被广泛使用的往往是宋体、楷体和仿宋体等传统字体。但随着现代社会的发展，人们对于文化艺术的追求日益个性化、多元化。由于计算机技术在社会生活全方位的普及和深入利用，上述追求的实现具备了广阔而坚实的技术基础。而这一趋势在市场经济条件下，与商业利益相结合，更加凸显了各具特色的字体在商业利用中体现出来的不同文化追求和艺术品位。现代社会物质丰富，不仅能够在传统意义上实现商品的使用价值，而且能够赋予商品以文化内涵，进而能够更好地满足人民对于商品所能带给消费者或使用者以差异化特征的需求。应当指出，这种需求在传统计划经济时代可能被认为完全没有必要，甚至是浪费行为，而在市场经济条件下，如果这部分消费者或使用者是用自身合法收入换取上述需求，则是完全正当的，而且是推动经济、文化和社会发展的因素之一，乃至成为促进市场经济形成和发展的动力之一。正当的市场需求必然产生与之相应的市场供给。因此，社会上出现的不同于传统字体的创意字体正是对应上述市场需求而产生的市场供给。在市场经济条件下，市场供给的提供者当然应当实现回收成本以及赚取利润的经济目的，法律对此不仅不应阻止，还应当提供保障。否则，这一市场供给将难以为继，进而逐步衰败乃至完全消失。

《著作权法》第1条开宗明义地规定了该法的立法目的：保护文学、艺术和科学作品作者的著作权，以及与著作权有关的权益，鼓励有益于社会主义精神文明、物质文明建设的作品的创作和传播，促进社会主义文化和科学事业的发展与繁荣。对具有独创性的中文字库字体中的单字提供著作权保护完全符合著作权法的立法目的，同时具有促进社会主义市场经济发展的作用，完全符合社会公共利益。

笔者注意到，与传统美术作品不同，中文字库字体除具有可供欣赏的艺术性功能外，还具有较明显的工具性功能，特别是由于计算机技术的发展和应用，中文字库字体在市场中的使用范围极为广泛，出现了大大超过传统美术作品以复制、发行、展览等方式进行传播所及范围的情况。因此，中文字库字体的许可使用费金额的确定对于实现上述目标具有直接的影响。如果定价过高，则可能在现实中少数企业控制相关市场的情况下不适当地加重使用者的负担；如果定价过低，则可能造成对侵权行为的公开纵容，上述两种情况都不利于使用者群体与开发者之间达成符合市场经济规律的协议，进而达到良性互动的双赢效果。令人欣喜的是，字体开发企业已经针对市场使用的实际情况提供了多种可选择的许可模式，但面对不同市场使用者的个性化需求，仍显不足，笔者热切地期待计算机字库开发企业能够顺应市场，进一步提供更加多种多样的许可模式，以更好地满足市场中的不同需求。

结语

中文字库字体以汉字为基础，中文字库字体可以看成是书法艺术在数字技术环境下的一种新发展和新变化，从法律层面来看，中文字库字体单字的可版权性并不存在法律障碍，而结合我国目前的国情，给予中文字库字体单字以著作权保护符合我国目前产业政策的发展需求，并不会损害社会公众的利益，因此，给予中文字库字体单字著作权保护在当前阶段具有必要性和可能性。

需要特别强调的是，笔者的结论仅是中文字库字体单字具有可版权性,也就是说,不应在抽象的层面否认中文字库字体单字具有版权的可能性。但必须指出,在个案意义上,仍应对于特定的中文字库字体单字是否具有版权的现实性进行判断。而判断的方法其实并不复杂,主要是依靠证据规则。一般来说,应当由被告举证证明原告在个案中主张著作权的特定中文字库字体单字在原告创造完成之前就已经存在相同或者实质相似的单字了,从而否定原告对于该单字享有著作权;否则,则应当认定原告对于该单字享有著作权。在现实中,对于那些具有前所未有表现形式的中文字库字体单字,其独特的风格往往具有特定的文化内涵或价值导向,从而符合某些特定商品或服务的特质,进而在吸引相关消费群体中发挥一定的积极作用,在利益的实现中产生了价值,相应也就应当得到回报。试想,如果上述具有特定文化内涵或价值导向的商品或服务只是采用常见的通用字体,则其吸引力必然降低,其利益实现的程度也就会相应地减少。这个道理类似于商场等商业场所中未经权利人许可播放音乐,当著作权人或录音制作者提起侵权诉讼时,商场往往主张其播放行为没有对其商品价格作出贡献,从而认为其上述行为不构成侵权或者不应当向权利人作出赔偿。这种主张显然是没有道理的。同时必须指出的是,在确定赔偿数额的标准时,必须充分考虑到:①作品许可给第三方商业使用的许可使用费费率,并综合考虑被告侵权的方式、范围和主观过错程度以及其提供的涉案侵权产品的销售情况等因素;②实现引导行业健康发展的目标,经济损失的确定既要达到促进字体使用者与字库开发者实现交易的目标,又要避免给字体使用者造成不合理的负担。这样才能有效地达到权利平衡的目标,实现相关利益方合作共赢的目标。

3 自动拍摄视频中截图的作品性质认定

内容摘要

　　随着自媒体的发展，短视频、文字、图片等不同的表达形式给版权纠纷的判定带来了新的挑战，其中学界对于自动拍摄视频中截图的作品性质认定存在不同观点。笔者结合高某、邓某欢与优酷公司、陌陌公司、土豆公司、金色视族公司等侵害著作权纠纷案，从自动拍摄视频在类别上是否属于摄影作品、视频截图是否属于摄影作品两个角度探讨自动拍摄视频中截图的作品性质。

关键词

　　自动拍摄；视频截图；摄影作品；独创性

3.1 《追气球的熊孩子》著作权纠纷案

　　原告策划实施了放飞搭载相机的气球拍摄地球的活动并发表了《追气球的熊孩子》一文及配图。原告在该案中主张权利的图片是其从相机自动录制的视频中截取一帧画面后又进行了一定的加工所形成的。优酷网发布了《追气球的熊孩子》广告视频。该广告视频中使用了多张图片，其中一张图片与原告主张权利的图片基本一致。原告主张该图片为摄影作品，请求被告公开致歉并赔偿损失。

一审法院认为涉案图片不是摄影作品，判决驳回了原告的诉讼请求。二审法院改判：撤销原判；被告公开致歉并赔偿经济损失。

二审法院裁判要旨：①作品构成的多种要素属性导致作品类型的差异性。将利用多种不同类型作品的某一局部抽取出来单独使用时，应当依据被抽取的局部内容自身的性质确定其作品类型。②作品局部单独利用的方式产生作品类型的变异性。从视频中抽取出一帧截图单独使用，不同于对视频的整体使用，一帧静态画面本身不是视听作品或录像制品。③作品形成的控制实现方式不同与作品内容具有独创性并不矛盾。自动拍摄过程中仍然体现了人工干预和选择，如拍摄意图、拍摄对象、拍摄手法、拍摄器材、拍摄角度、拍摄参数设置等；对该截图进行抠图、裁剪等美化操作的后期处理。因此，图片从拍摄过程到后期处理的过程中，均体现了智力选择和人为安排，符合摄影作品中关于独创性的要求。

3.2 学理分析

该案的核心争议焦点为：涉案图片是否属于摄影作品。

3.2.1 视频截图是否在类别上不属于摄影作品

涉案图片来源于上诉人高某录制视频中的一帧画面截图。对于该帧截图的属性认定，即该截图是构成摄影作品还是构成不受我国著作权法保护的普通图片，应当以法律法规的相关规定作为判断标准。

《著作权法实施条例》第2条规定：著作权法所称作品，是指文学、艺术和科学领域内具有独创性并能以某种有形形式复制的智力成果。第4条第（2）项规定：摄影作品，是指借助器械在感光材料或者其他介质上记录客观物体形象的艺术作品。

由此可见，不应基于视频截图的产生背景、原始环境等原因而否认其成为摄影作品的可能性。具体理由如下：

3.2.1.1 作品取材的多样性与作品元素的差异性并不矛盾

著作权法规定的不同类型作品，可以由单一性质的元素构成（例如，文字作品），称之为单一型作品；也可以由不同性质的元素构成（例如，带词的歌曲、有音乐伴奏的舞蹈、附文档的计算机软件等），称之为复合型作品。以电影为代表的综合艺术形式则更为典型，电影取材的具体内容可以是多种多样的，其中可能包括图画、书法和照片等，在作品类型层面分别属于美术作品和摄影作品。上述客体在著作权法意义上的作品类别，并不会因其被利用于其他作品类型中而改变自身的作品类型。

在新作品被整体使用时，一般无需特别强调作为新作品组成部分的不同作品类型。但在特殊使用情况下，即在利用多种不同类型作品形成新作品中将某一局部抽取出来单独使用时，就应当依据被抽取的局部内容自身的性质确定其作品类型。例如，将歌曲中的歌词抽取出来作为诗歌，进行诗歌朗诵，应当将歌词作为文字作品进行保护；将电影中的主题歌抽取出来，进行歌唱表演，应当将主题歌作为音乐作品进行保护。

《著作权法》第17条第3款规定，视听作品中的剧本、音乐等可以单独使用的作品的作者有权单独行使其著作权。这一规定也意味着，视听作品中构成独立作品的组成部分被单独使用时，应当依据该独立作品的性质确定作品类型。

以上说明的是某一特定类型作品被利用于复合型作品中的情况。法院充分认识到，该案情况更为特殊，涉案视频并非由事先存在的照片组合而成，而是直接拍摄形成的，上诉人高某主张权利的客体系涉案视频的截图。因此，进一步的问题是视频截图是否可以成为摄影作品。

3.2.1.2 作品利用的特殊性与作品类型的变异性并不矛盾

从技术层面说，电影来源于摄影技术的发展、摄像技术的产生。当时，为了一个马奔跑时蹄子是否都着地的打赌，一个摄影师将24架照相机的快门连上24根线，在极短的时间里，使照相机依次拍下24张照片，再将这些照片一张一张地按次序看下去，以便观察马儿是怎么跃进的，又是怎么着地的。摄影师发现，随着照片的连贯牵动，照片中的马也"动"了起来，由此产生了摄像技术。人眼的视觉暂留原理导致这一帧一帧连贯的照片形成会"动"的画面。究其本质，电影作品和录像制品均是由一帧一帧的照片连贯组成的。换言之，组成电影的一帧帧画面与截图没有差异。

从法律层面说，在视频中抽取出一帧截图单独使用，不同于对视频的整体使用，这个被抽取出来的截图当然属于视频的组成部分，但单独的一帧静态画面不是由一系列的画面组成，不具有一定时长，不会让人产生画面在动的感觉，因此，这个单独的截图本身不是视听作品或录像制品。

从现实层面说，从视频中抽取一帧截图单独使用具有独立的社会价值和经济价值。例如，将电影截图单独作为剧照、海报使用，或者将动画电影主人公形象截图单独作为卡通形象使用，均不是对电影作品本身的使用。体育赛事视频中的一帧画面作为照片被单独使用。

从司法层面说，已有一些判例将视频中一帧截图认定为摄影作品。例如，广州知识产权法院在（2018）粤73民终2169号判决中认为，"至于该案所涉的该电视剧中画面截图的性质应如何认定，首先，电视剧作为一种以类似摄制电影的方法创作的作品，其独创性固然体现在动态图像上，但动态图像在本质上是由逐帧静态图像构成，也就是说，各帧静态图像虽不是静态拍摄完成，但也体现出摄录者对构图、光线等创作要素的选择与安排，当其特定帧图像所体现出的独创性达到著作权法所要求的高度时，该图像便符合著作权法及其实施条例中关于作品和摄影作品构成要件的规定，构成摄影作品"。

国外的司法实践中也存在类似的案例。在Time Incorporated v. Bernard Geis Associates案中，拍摄者偶然地拍摄到了肯尼迪遇刺的视频。被诉侵权人未经许可从该视频中截取了画面作为图片插图使用在其书籍中。但实际上，在拍摄过程中，拍摄者只是将摄像机放置于特定的位置，打开了广角镜头进行自动拍摄。拍摄者除了准备摄像机之外，没有再做任何艺术上的安排，不过，当地法院还是认为该截取的图片满足版权法的要求，并且认为拍摄者对于摄像机的选择、镜头和胶片的选择、拍摄地点和时间的选择均是有独创性的，由此认定其具有可版权性。

3.2.1.3 正确确定作品类型具有重要的法律意义

《著作权法》第3条规定："本法所称的作品，是指文学、艺术和科学领域内具有独创性并能以一定形式表现的智力成果，包括：（一）文字作品；（二）口述作品；（三）音乐、戏剧、曲艺、舞蹈、杂技艺术作品；（四）美术、建筑作品；（五）摄影作品；（六）视听作品；（七）工程设计图、产品设计图、地图、示意图等图形作品和模型作品；（八）计算机软件；（九）符合作品特征的其他智力成果。"依据著作权法律法规的相关规定可知，区分作品类型至少具有以下法律意义：①著作权归属的规则不同；②著作财产权的内容不同；③著作财产权的保护期限不同；④著作权限制的规则不同。因此，在单独使用作品组成部分时，正确确定作品类型具有重要的法律意义。

3.2.2 涉案截图是否属于摄影作品

该案中,虽然涉案视频的拍摄为自动拍摄,但在拍摄的过程中,仍然体现了人工干预和选择,所以拍摄结果仍然具有一定的独创性。对于那些体现了人工干预、选择并带有明确目的的拍摄,即使主要由机器自动完成,但只要满足了一定的艺术性,就不能否认其可以构成作品。例如,在野外拍摄野生动物或特定天气气象,摄影师往往并不是选取某一角度后就一动不动地等待野生动物或者特定天气条件的出现,更常见的做法是将摄像机架设好后选择自动拍摄或自动摄录模式,对于该角度可能出现的景象进行长时间的自动拍摄。等过了一段时间之后摄影师再取回摄像机,对其中拍摄的影像进行筛选。如果拍摄影像中清晰地捕捉到了野生动物或特定天气的画面,那么该画面的截图虽然由自动拍摄完成,但是仍然不能否认其可以作为摄影作品。因为该照片或视频体现了最低限度的人类智力性劳动,即拍摄者的选择、干预和判断。在拍摄前,摄影师要调查了解野生动物触摸的时间、地段,在架设相机的位置上要进行判断,在拍摄参数上要预先设定;在拍摄后,要在冗长的视频素材中进行筛选,并对目标照片或视频进行后期编辑处理。此外,这样的拍摄也带有很大的随机性,需要拍摄者的毅力和多次尝试。可见,即使是自动拍摄的照片,如果明显体现了人工干预、选择和判断的,也可以构成摄影作品。因此,在照片拍摄、形成的过程中,只要有人为因素的参与,使得人以独创性的方式在拍摄过程中发挥了作用,就满足了摄影作品所需的独创性要求,构成摄影作品。该案中,在涉案图片的拍摄、形成过程中,均有充分的人工干预,体现了上诉人高某的智力选择和编排,具有独创性,符合摄影作品的要求。

涉案视频拍摄过程中的人为因素主要体现在:①拍摄目的或拍摄意图:通过高空气球升空对地球的外太空表面进行拍摄。②拍摄对象：以地球或高空的地球为拍摄对象。③拍摄手法：采用高空气球携带相机升空对地球进行拍摄。考虑到高空气球上升至一定高度后会自行破裂，上诉人高某还选择了特定时间进行拍摄计划，并依据当时气球升空的天气、风速等因素，可以使得相机回收而获取照片，在这过程中需要充分的人为安排、计算和规划。④拍摄器材：选择了GoPro HERO 2相机作为拍摄地球的相机，该相机作为运动相机，比一般相机拍摄效果好，因为一般相机的体积较大或者防抖功能较差。⑤拍摄角度：倒置拍摄，因拍摄对象为地球表面而不是外太空或云彩，所以采用倒置拍摄，并且通过器材使其固定在高空气球的装置上，使其不会因为气球升空而产生剧烈抖动影响到拍摄结果。⑥拍摄设置：视频录制模式，1080P视频显示格式，25帧每秒，广角效果，感光度800。

特别需要指出的是，截取之后，上诉人高某对该截图还进行了美化操作的后期处理，将截图中不具有美观的飘带部分截除，保留了截图中对于地球表面景象的拍摄，从而使得涉案图片更充分地体现出地球表面波澜壮阔的美感。在此美化处理的过程中，上诉人高某通过抠图、裁剪等办法，使得涉案图片与原视频截图有了不一样的变化，使得涉案图片更加具有美感。经过上述处理后的涉案图片已经不是简单的视频截图了。在处理过程中充分体现了人为因素的选择和编排，体现了上诉人高某的智力创作和审美。涉案图片从拍摄过程到最后美化处理的形成过程中，均有人为因素的参与，体现了上诉人高某的智力选择和安排，符合摄影作品中关于独创性的要求，故涉案图片构成摄影作品。

4 新著作权法视域下短视频问题研究

内容摘要

　　随着数字网络技术和移动终端技术的迅猛发展以及人们接收信息的方式逐渐碎片化，"抢占注意力"成为多方主体瓜分市场红利的主题，短视频应运而生。由于短视频创作的准入门槛较低，短视频质量的参差不齐，这类新的表达形式再次引发人们对于其可版权性的争论。由此可以看出，著作权框架下的独创性、思想表达二分法等基础理论在技术催生新事物的冲击下反而成了新的论战阵地。同时，随着短视频行业的不断发展和短视频类型的不断细化，短视频相关的版权问题也越发复杂，在新著作权法框架下，短视频的可版权性以及符合作品要件的短视频应当适用何种权利归属规则成为备受关注的问题，基于此，笔者选择对短视频可版权性及其权利归属规则等相关问题加以探讨，以求教大方。

关键词

　　著作权；短视频；可版权性；权利归属规则；独创性判断标准

4.1 短视频的定义及类型

《2021年中国短视频版权保护白皮书》指出，短视频即短片视频，通常由连续画面、背景音乐及字幕等组成，是区别于传统长视频（影视剧、综艺等）的内容载体，包括60秒以下的小视频（竖屏为主）和20分钟以下的短视频（横屏为主）。[1] 上述定义从短视频与传统长视频区分的角度明确短视频的客体范围，并总结了目前存在"60秒以下"和"20分钟以下"两个时间维度的短视频类型。但实践中，大部分的短视频是5分钟以下的以连续视听画面为特点的视频形式，且随着短视频行业的垂直细分，短视频出现了不同时长的版本，甚至有的视频只有几秒或者几十秒的时长，因此有的定义不局限于总时长多少，而是将"秒"作为计时单位，指出短视频是"视频长度以秒计数，主要依托于移动智能终端实现快速拍摄和美化编辑，可在社交媒体平台上实时分享和无缝对接的一种新型视频形式"[2]。基于上述定义，短视频是指区别于传统长视频，以秒计数，主要依托于移动智能终端进行拍摄和编辑所形成的包含连续画面、背景音乐及字幕等组成元素的内容载体。

笔者认为，短视频产生的技术基础是：①移动终端（手机）的普及；②网络速度提升及网络流量降价。产生后果是：①生产过程的简易化；②受众观看的便利化。短视频发展的社会背景是：①受众时间的碎片化；②受众偏好的差异化。产生后果是：①传播内容

---

[1] 12426版权监测中心. 2021年中国短视频版权保护白皮书[EB/OL]. (2021-05-18) [2022-01-10]. https://mp.weixin.qq.com/s/OaQ8E4QkUB9ALa3r-rOfvLQ.

[2] 中商产业研究院. 2018年中国短视频行业市场前景研究报告[EB/OL]. (2018-03-01) [2022-01-10]. https://www.askci.com/news/chanye/20180301/160524118867.shtml.

的个性化；②传播方式的互动化。

根据短视频内容是否原创，可分为原创短视频和二次加工短视频，原创短视频是制作者根据自己的创意构思制作而成的短视频，二次加工短视频则是制作者在现有作品的基础上，通过剪辑、拼接等方式制作而成的区别于原作品的短视频。根据短视频内容的不同，短视频主要可分为以下几类：一是微电影、微纪录片类短视频。此种短视频通常有鲜明的主题，并有专业的视频制作团队，制作门槛和成本相对其他短视频而言较高。二是生活分享类短视频。这类短视频又可细分为有一定摄制和编排技巧的短视频、简单剪辑类以及单纯记录类短视频，目前大部分短视频属于生活分享类短视频，制作门槛和成本根据摄制方法的不同而有所差异。三是剪辑类短视频。此类短视频表现为以现有作品为对象，对其中的主要情节或片段进行剪辑而成，而根据剪辑方式、对原作品内容使用情况的不同，此类短视频还可分为片段类短视频、预告片类短视频、混剪类短视频、评论解说类短视频、盘点类短视频等。四是新类型短视频。这类短视频是在短视频制作技术不断发展背景下出现的，丰富了原有的短视频类型，如近期引发热议的短视频模板案[1]和短视频特效案[2]，法院均认可了涉案短视频模板和短视频特效构成视听作品，受到著作权保护。

---

[1] 杭州互联网法院. 短视频模板也受法律保护！首例短视频模板著作权侵权案今日宣判[EB/OL]. (2021-04-16) [2022-01-10]. https://mp.weixin.qq.com/s/FQ1u_ujOK6QtVGag89yp0w.

[2] 杭州互联网法院. "模仿"窗花剪剪特效道具，构成对视听作品的侵害[EB/OL]. (2021-11-30) [2022-01-10]. https://mp.weixin.qq.com/s/Vdp1o1EfD-k6y5Fq6Mpi8lQ.

4.2 类型化视角下短视频的可版权性分析

短视频受到著作权法保护的前提是满足著作权法对于作品的要件要求，根据我国著作权法的规定，作品构成要件包括：一是属于"文学、艺术和科学领域"；二是具有独创性；三是能够以一定形式表现；四是属于智力成果。[1] 在认定短视频是否属于著作权法所保护的作品方面，第一、第三、第四要件很少成为短视频可版权性的阻碍，分析短视频是否属于作品的难点在于其是否具有符合著作权法要求的独创性，基于此，在短视频可版权性问题上，笔者主要探讨短视频的独创性问题。

4.2.1 视频长短与独创性的有无并无必然联系

对于短视频独创性的判断，曾有观点认为短视频因其视频长度"短"，限制了作者的表达空间，难以达到作品的独创性要求，而著作权法的本意在于激励优秀作品的创作，短视频时长不够长、品味不够高，因此不属于著作权法所激励的优秀作品。[2] 但随着短视频质量的不断提高，仅凭短视频"时长短"这一理由已经难以否认短视频的独创性，主流观点均认为短视频并不因为"时长短"而不受著作权法保护。如北京微播视界公司与百度在线公司著作权权属、侵权纠纷案（以下简称"我想对你说"短视频案）中，法院指出，"视频的长短与创作性的判定没有必然联系。客观而言，视频时间过短，有可能很难形成独创性表达，但有些视频虽然不长，却能较为完整地表达制作者的思想感情，则具备成为作品的可能性。

---

1 《著作权法》第3条第1款规定：本法所称的作品，是指文学、艺术和科学领域内具有独创性并能以一定形式表现的智力成果。
2 卢海君. 短视频的《著作权法》地位[J]. 中国出版, 2019, (5):10.

在此情形下，视频越短，其创作难度越高，具备创作性的可能性越大"。[1] 又如北京快手公司与广州华多公司侵害著作权纠纷案（以下简称"PPAP"短视频案）中，法院指出，"虽然时长短的确可能限制作者的表达空间，但表达空间受限并不等于表达形式非常有限而成为思想范畴的产物；相反地，在数十秒的时间内亦可以创作出体现一定主题，且结合文字、音乐、场景、特效等多种元素的内容表达"。[2] 由此可以看出，视频的长短与独创性的有无并无必然联系。因此，有观点指出独创性判断的关键在于新表达与现有表达相比，有多少增量要素，尽管对于短视频而言，"时长"代表了短视频的"篇幅"，但对于文字作品而言，"篇幅"从来不是文字作品独创性判断的决定性因素，而仅仅是考量因素，同理，"时长"也不应当作为短视频独创性判断的决定性因素。[3]

4.2.2 短视频的独创性判断标准

在著作权法中，"独创性"通常被解释为"独立完成"和"具有创造性"。在作品独创性判断标准这一问题上，版权体系国家和作者权体系国家在独创性要求作品由作者本人"独立完成"这一问题上少有争论，但在"创造性"的认知上则差异较大。具体而言，版权体系国家看重作品的经济价值，因此，只要表达具有较低限度的独创性，就可以受到版权保护，而作者权体系国家则看重作品中所蕴含的人格精神，强调在判断表达是否具备独创性时，应当考虑表达是否具有一定的"创作高度"，是否属于体现了作者的个性化

---

[1] 参见北京互联网法院（2018）京0491民初1号民事判决书。
[2] 参见北京市海淀区人民法院（2017）京0108民初49079号民事判决书。
[3] 孙山. 短视频的独创性与著作权法保护的路径[J]. 知识产权, 2019, (4):45-46.

表达。[1]

通常认为，我国著作权体系受作者权体系影响较深，在作品独创性判断标准上也要求"具有一定的创作高度"，因此，传统观点在解释作品独创性标准时，强调作品应当有作者的人格精神，体现了作者的个性化表达，作品即为作者的人格体现。这种观点坚持了较高的独创性标准，在一定程度上提高了著作权法的准入门槛。

尽管版权体系国家和作者权体系国家在"独创性"的认知上存在较大差异，但随着国际交流的加深以及新型作品的不断涌现等原因，版权法体系和作者权法体系国家在"独创性"的判断标准方面一直在不断调适，以至于两种体系国家所适用的"独创性"判断标准差异逐渐缩小，甚至呈现出融合趋势。[2] 简而言之，独创性的判断标准会随着历史的发展而逐渐发生变化。[3] 基于此，我国在作品独创性判断标准上，也应当根据实际需要进行相应的调适。

在短视频独创性的判断标准上，固守较高标准的独创性判断标准将会将大部分短视频排除出作品范畴，从而导致大部分短视频只能求助于与著作权有关的权利的保护，这样的保护模式并不利于短视频产业的蓬勃发展。因此，有观点指出在短视频独创性标准界定方面，应当遵循利益平衡原则，结合我国短视频自身特性和产业发展的实际情况，尽量实现作者利益与产业发展的兼顾和统一，为了实现这一目的，传统的作者权体系国家的独创性判断标准对于短视频而言太过苛刻，相比之下，版权体系国家相对"宽松"的独创性判断标准更贴近当下短视频的发展需要，但同时也不应当过分拉低

---

1 孙山. 短视频的独创性与著作权法保护的路径[J]. 知识产权, 2019, (4):46.

2 刘铁光. 作品独创性判定标准调适的准则及其遵守的路径——以体育赛事直播画面独创性的判定为例[J]. 苏州大学学报(法学版), 2019, 6(4):15.

3 Lionel Bently, Brad Sherman, Intellectual Property Law (4th Edition), Oxford University Press, 2014, p.94.

独创性的判断门槛，而应当确定一个满足实际需要的、合理的独创性判断标准。[1] 审理"我想对你说"短视频案的法官也曾撰文道：对短视频予以著作权保护是符合当下司法政策要求的，产业的革新的确会给现有的理论和实践带来一定的冲击，我们唯有面向未来的思考，而非固守历史的标准，才能选好当下的路径，因此，尽管"我想对你说"短视频因为时长较短导致创作空间有限，但我们认为只要有"一点火花"就可以认定为作品，如果标准过高，可能短视频行业中就没有作品只有制品了，这里的"一点火花"指的是可识别的差异性或称之为"个性化"。[2] 因此，在短视频独创性判断方面，只要短视频所呈现的表达与现有表达不同，具有一定的增量，这些增量表达了作者的个性或思想情感，则可以肯定其具有独创性。实际上，对独创性判断标准界定过低的担忧，主要是担心资源被合法垄断得过多从而影响到社会公共利益，阻碍社会文化事业繁荣发展，但根据版权体系国家的实践经验来看，选择较低的独创性判断标准并不会产生我们所担忧的问题，且若某类表达缺少智力创作的选择空间，将会导致表达与思想难以分离，借助"思想表达二分法"理论中的"合并原则"或"场景原则"，也能够将有限的表达留给公共领域，并不会产生表达被垄断，侵害公共利益的问题。[3] 因

---

[1] 马治国, 徐济宽, 刘桢. 用户原创短视频的独创性[J]. 大连理工大学学报（社会科学版），2020, 41(5):73.

[2] 张雯, 朱阁. 侵害短视频著作权案件的审理思路和主要问题——以"抖音短视频"诉"伙拍小视频"侵害作品信息网络传播权纠纷一案为例[J]. 法律适用, 2019, (6):5-7.

[3] "合并原则"又称"混同原则"，是指如果某一种"思想"实际上只有一种或非常有限的表达，那么这些表达也被视为"思想"而不受保护；"场景原则"是指在表达某一主题时，必须描述某些场景，使用某些场景的安排和设计，即使这些场景是在先作品描述的，在后作品对该场景的使用也不构成侵权。参见王迁. 知识产权法教程（第七版）[J], 北京:中国人民大学出版社, 2021:91-92.

此，有学者指出，著作权法应当采用"宽进宽出"结构，应避免对作品构成要件作过于严格的解释，因为从社会成本角度来看，社会生产的海量信息大多数是小概率成果，更加适合遵循著作权事后界权模式，若对作品构成要件进行严格解释，将会使得本该适用事后界权的大量信息成果无法适用著作权分析框架，只能被迫求助于其他不恰当的界权工具甚至无法获得应有保护，著作权法的门槛应当足够开放，独创性的判断标准不应被过度拔高，应允许将大量成果收容至著作权适用范围内。[1]

综上所述，对短视频独创性的判断标准不宜过于严格，而应当立足于短视频产业的发展需要，对其独创性判断标准进行适当的调适，避免因为独创性标准的过度拔高，导致本应受到著作权法保护的短视频被排除在作品范畴外。简而言之，只要短视频具有一定的智力创作空间，能够体现作者的个性化选择和安排，相比于现有表达存在一定的增量因素，就应当认可其独创性。同时，对独创性应采用"有无"还是"高低"标准，笔者赞同独创性是定性而非定量的问题，即独创性的判断应当是"有无"而非"高低"。正如有学者指出"独创性只能定性，无法定量，即只能判定独创性之有无，无法判定独创性之高低，如果引入量的判断，必然导致裁判者的主观任意"。[2]

4.2.3 类型化视角下短视频的独创性

根据短视频内容的不同，短视频可主要分为微电影、微纪录片短视频，生活分享类短视频，剪辑类短视频以及新类型短视频四类，在明确短视频独创性判断标准不宜过高的基础上，可分别探讨

---

[1] 蒋舸. 论著作权法的"宽进宽出"结构[J]. 中外法学, 2021, 33(2):328-338.
[2] 李琛. 短视频产业著作权问题的制度回应[J]. 出版发行研究, 2019, (4):7.

不同类型短视频的独创性。

关于微电影、微纪录片类短视频，由于这类短视频的制作门槛相对较高，制作方式和传统的电影和纪录片方式类似，具有主题鲜明的故事情节，而非单纯的录制行为，因此，这类短视频在独创性判断方面通常并无较大争议。

关于生活分享类短视频，这类短视频是较为常见的短视频类型，根据内容制作方式的不同，可细分为有一定摄制和编排技巧的短视频、简单剪辑的短视频及单纯录制的短视频。其中，有一定摄制和编排技巧的短视频往往表现出制作者对拍摄内容的选择和编排设计或巧思，因此，较大可能符合作品的独创性要求。如抖音博主"张同学"，其以农村生活为主题，拍摄了大量农村生活的短视频，其制作成的短视频展现出农村生活原貌，尽管呈现的视觉效果比不上制作精美的电影或电视剧，但从其短视频的运镜方法和剪辑技巧来看，"张同学"的短视频强调"第一视角"，让观众有代入感，增强了视频的叙事感，应当认可其创作的短视频具有独创性。不仅如此，有网友通过分析其制作的短视频指出，"张同学"制作的短视频通常对视频中的一个动作选取多个拍摄角度，7分钟左右的短视频包含分镜头200多个。[1] 对于简单剪辑或者单纯录制的短视频，通常因为这类短视频相比于现有表达并无多少增量要素，无法体现作者的个性化选择和安排，因此，难以认定其具备独创性，只能纳入与著作权有关的权利的保护范畴甚至不保护。

关于剪辑类短视频，这类短视频通常是对现有视频进行二次加工创作而成的。其中，单纯切条类短视频，由于其并未产生区别

---

1 袁秀月. 拍乡村生活流水账的"张同学"，为啥火了?[EB/OL]. (2021-11-30) [2022-01-10]. https://ent.chinadaily.com.cn/a/202111/30/WS61a-5c321a3107be4979fa9bf.html.

于原有作品的新表达，因此不符合独创性要求；而混剪类短视频、评论解说类短视频以及盘点类短视频，则需要根据个案进行具体判断，如果这类短视频的表达具有一定的选择空间，产生了区别于原作品的具有一定个性化表达的增量因素，则具备独创性，可以作为作品加以保护，但如果这类短视频的表达并未产生前述增量因素，则只能利用与著作权有关的权利加以保护。

对于新类型短视频，这类短视频是相对于传统短视频而言的，如近期引发争议的短视频模板和短视频特效纠纷案，表明短视频类型在短视频制作技术不断呈现出扩展趋势，今后仍可能出现更多新类型短视频。在判断新类型短视频是否具备独创性构成著作权法所保护的作品时，需要判断短视频创作过程中是否存在可以选择的智力创作空间，是否体现了创作者个性化的选择和安排，是否能够产生区别于现有作品的增量因素等。如首例短视频模板侵权纠纷案中，一名用户用剪映软件上传了名为"为爱充电"的短视频模板，法院认为该短视频模板的创作过程存在智力创造空间，具有独特的选择、安排与设计，体现了制作者的个性化表达，属于以类似摄制电影方式创作的作品（现为视听作品）。[1] 又如"窗花剪剪"短视频特效案中，法院认为在判断连续画面的独创性时，应当将其画面呈现与内容反映相分离，而对连续画面的呈现状态、上下衔接、体现的画面感的独创性进行分析，而从涉案"窗花剪剪"特效连续画面的呈现状态、上下衔接、体现的画面感等维度进行分析可知，涉案"窗花剪剪"特效体现了作者选择和安排，具有创造性，符合视听

---

[1] 杭州互联网法院. 短视频模板也受法律保护! 首例短视频模板著作权侵权案今日宣判[EB/OL]. (2021-04-16) [2022-01-10]. https://mp.weixin.qq.com/s/FQ1u_ujOK6QtVGag89yp0w.

作品连续画面独创性的要求。[1] 上述案件表明即使是短视频制作过程中的视觉画面类创作元素，只要该创作元素本身能够体现作者的个性化选择和安排，也可以承认其视听作品地位。

4.3 短视频的作品类型及权利归属规则

当短视频具备独创性，可以作为作品受到著作权保护时，下一步需要解决的问题是短视频属于哪种类型的作品。

4.3.1 短视频的作品类型及其在视听作品项下进一步归类的必要性

在《著作权法（2010）》条件下，对于视听画面类作品，通常属于"电影作品和以类似摄制电影方法创作的作品"的范畴，短视频若构成作品则主要被认为属于"以类似摄制电影方法创作的作品"（以下简称类电作品）。如前面提及的"我想对你说"短视频案和"PPAP"短视频案，法院均认为具有独创性的短视频属于类电作品范畴。但在《著作权法（2020）》施行前，将短视频认定为电影作品或者是类电作品，在权利归属问题上并无差别，因为修改前的著作权法统一规定电影作品和类电作品的著作权归制片者享有。因此，将短视频纳入电影作品范畴抑或是类电作品范畴在法律适用方面并无实质性差别。

《著作权法（2020）》第17条规定："视听作品中的电影作品、电视剧作品的著作权由制作者享有，但编剧、导演、摄影、作词、作曲等作者享有署名权，并有权按照与制作者签订的合同获得

---

1 杭州互联网法院."模仿"窗花剪剪特效道具，构成对视听作品的侵害[EB/OL].(2021-11-30) [2022-01-10]. https://mp.weixin.qq.com/s/Vdp1o1EfD-k6y5Fq6Mpi8lQ.

报酬。前款规定以外的视听作品的著作权归属由当事人约定；没有约定或者约定不明确的，由制作者享有，但作者享有署名权和获得报酬的权利。"

由此可见，在新著作权法条件下，"电影作品和以类似摄制电影方法创作的作品"被修改为"视听作品"，视听作品包括：电影作品、电视剧作品和其他作品。更为重要的是，新著作权法对于视听作品规定了两种不同的著作权归属规则：针对电影作品和电视剧作品规定的著作权归属规则与旧著作权法相同，仍由制片者享有，实质上就是署名推定规则；针对电影作品和电视剧作品以外的其他视听作品，规定的著作权归属规则分为两个顺位：第一顺位是约定规则，实质上就是协商一致规则；第二顺位是由制片者享有，但作者拥有保留的权利。[1] 因此，从功利主义的立场出发，在旧著作权法条件下，对于短视频进一步归类并无必要或者归于电影作品抑或类电作品并无差别，但在新著作权法条件下，对于短视频在视听作品项下的进一步归类则具有实质意义。

4.3.2 短视频的进一步归类：逐项考察

4.3.2.1 行政管理视角下的电影作品、电视剧作品、视听作品

《电影管理条例》以列举的方式规定了电影的类型。[2]《电影产业促进法》以定义的方式规定了该法中电影的概念。[3] 对于电视剧及

---

[1] 这一规则类似于继承顺位。第一顺位存在则排除第二顺位的适用。

[2] 《电影管理条例》第2条规定：本条例适用于中华人民共和国境内的故事片、纪录片、科教片、美术片、专题片等电影片的制片、进口、出口、发行和放映等活动。

[3] 《电影产业促进法》第2条第2款规定：本法所称电影，是指运用视听技术和艺术手段摄制、以胶片或者数字载体记录、由表达一定内容的有声或者无声的连续画面组成、符合国家规定的技术标准、用于电影院等固定放映场所或者流动放映设备公开放映的作品。

视听作品,行政管理规范性文件虽多有涉及,但均未作出列举式或者定义式规定,只是规范电视剧播放主体限于广播电台和电视台。

可见,行政管理视角下的电影、电视剧传播渠道主要限于传统电影院及广播电视节目,不包括用于网络传播的网络电影和网剧。

4.3.2.2 短视频的归类:方法论——结果导向

在侵害短视频著作权案件中很可能出现以下情况:

原告(既可能是自称的原始著作权人,也可能是自称的继受著作权人)为减少麻烦,往往主张短视频是电影作品,应当认定短视频的著作权人是署名的制片者。

被告出于自身利益考虑,可能在程序上给原告设置障碍,即提出短视频属于其他视听作品的主张,要求原告提交约定;当原告系自称的继受著作权人时,原告提交上述约定存在很大的困难。

由于目前没有明确的司法解释及司法政策,法院将面临两难:为简便审理而依据署名确定著作权归属,会导致被告上诉,主张法院漏审;要求原告提交约定将导致审理烦琐,有时难以确定相关主体的范围及准确身份且难以复现当时的约定情况。

因此,笔者认为,应将符合作品条件的短视频归类为电影作品。理由是:第一,对于任何类型的作品均不因内容多少导致作品类型的改变。例如,一部长篇小说可能长达百万字,而一首五言绝句《江雪》加上标题仅有20余字[1],但二者均为文字作品;一部交响乐可能长达两个小时,而一首歌曲仅有五分钟,但二者均为音乐作品;《清明上河图》描绘了815人,而肖像画往往只有一人,但二者均为美术作品中的图画;如此等等,不一而足。第二,《最高人民法院关于加强著作权和与著作权有关的权利保护的意见》[2]规定:

---

[1] 唐代柳宗元《江雪》:千山鸟飞绝,万径人踪灭。孤舟蓑笠翁,独钓寒江雪。
[2] 该意见于2020年11月16日印发。

"4. 适用署名推定规则确定著作权或者与著作权有关的权利归属且被告未提交相反证据的，原告可以不再另行提交权利转让协议或其他书面证据。在诉讼程序中，被告主张其不承担侵权责任的，应当提供证据证明已经取得权利人的许可，或者具有著作权法规定的不经权利人许可而可以使用的情形。"

因此，笔者认为，将满足作品要件的短视频纳入电影作品范畴，直接适用电影作品相关的权利归属规定更易实现定分止争。退一步讲，若认为短视频作品和电影作品仍有差别，在对于视听作品不同类型问题尚无明确法律规定或司法解释的情况下，法院不宜主动审查视听作品不同类型的问题并在判决中弱化这一问题。可以直接适用《著作权法》第12条的规定，即若无相反证据，在作品上署名的主体是作者，享有相应的著作权。其中"相反证据"主要是当事人之间的约定，且如果一方（通常情况下是被告）主张在作品上署名的主体并非作者，则应由主张方承担相应的举证责任。

结语

短视频可版权性问题和其他大多数作品一样，难点在于适用何种独创性判断标准。从短视频行业的发展需求来看，固守高标准，将会使得短视频领域的作品所剩无几，不利于新兴产业的保护。因此，有必要对独创性判断标准进行适当调适，确定一个满足短视频发展需求又不至于过分拉低著作权门槛的判断标准，这是当下及今后仍需要不断努力的方向。此外，在新著作权法条件下，符合独创性等作品要件的短视频纳入视听作品范畴并无争议，但其权利归属应如何确定仍有讨论空间。尽管笔者认为可以将短视频作品纳入电影作品范畴，但为了契合短视频行业的实际发展需要，仍有必要根据短视频的行业需求选择合适的权利归属规定。具体而言，可以深入视听行业了解实际情况，考察行业惯例认定某类视听作品的著作权不属于制作者而应当由利益相关方通过约定方式确定权利归属的情况，在此基础上，判断短视频作品是否更适合由利益相关方通过约定方式确定著作权归属，从行业实际需求出发，完善短视频的著作权法保护。

信息网络传播权热点问题

1 侵害信息网络传播权纠纷案件审理问题研究

内容摘要

由于对涉及信息网络传播权侵权的案件如何适用《最高人民法院关于审理侵害信息网络传播权民事纠纷案件适用法律若干问题的规定》（以下简称《信息网络传播权司法解释》）的见解不一，审判实践中出现很多争议问题，影响了权利人、网络服务提供者与社会公众之间的利益平衡，也影响了上述利益相关方对司法政策的合理预期。笔者从分析相关判决出发，对涉及侵害信息网络传播权纠纷案件进行审判思路的总结，以期促进司法标准的统一。

关键词

信息网络传播权；利益平衡；审判思路

自北京知识产权法院建院至2019年10月底，该院共受理著作权纠纷案件15297件，结案13054件，其中数量最多的是侵害作品信息网络传播权纠纷等。[1] 从北京市法院审理的信息网络传播权侵权案件的判决来看，此类案件的审判中存在一些问题，影响了案件裁判标准的统一，笔者认为有必要通过分析这些问题，对审理的思路进行纠正和总结，以促进对《信息网络传播权司法解释》的适用。

1.1 程序问题：案件审理范围与当事人诉求不一致

在民事诉讼程序上，当事人的诉讼请求是人民法院确定案件审理范围的依据。人民法院在民事审判中应尊重当事人的选择确定案件的审理范围，这是民事诉讼法中当事人意思自治的体现，也为民事案件中的法院权力运行确定了边界。但是在侵害信息网络传播权纠纷案件中，个别法院超越了案件审理范围，对与当事人诉讼请求之外的事实进行了主动审查并判决，存在明显的程序瑕疵。比如，在某权利人起诉某网站的案件中，原告起诉认为被告构成直接侵权行为，并提供了涉案作品在被告网站上播放的公证书作为证据。而依据被告提供的证据材料，该涉案作品为被告链接至第三方软件，通过第三方软件进行播放的，属于间接侵权。一审法院在未要求原告变更诉讼请求的前提下，径直认定被告提供链接构成侵权，应承担侵权赔偿责任。虽然从实体角度来看，这种审理模式强调对权利人的利益给予一定程度上的保护，但是这种做法违反了民事审判的基本程序，判非所请，在程序上未保证被告平等的诉讼权利。

依据《最高人民法院关于民事诉讼证据的若干规定》第53条的规定，人民法院在诉讼中可以根据审理情况对法律关系性质或者民事行为效力作为焦点问题进行审理。笔者认为，前述程序瑕疵的出现与法

---

1 杨静，赵书博. 北京知识产权法院：五年结案近六万件 有力保障创新发展[EB/OL]. [2019-11-07]. https://m.thepaper.cn/baijiahao_4888774.

院未能充分审理法律关系性质或者民事行为效力存在很大关系。随着网络传播技术的发展，在信息网络传播权侵权案件中，当事人有时难以在起诉时即确定侵权行为是直接侵权还是间接侵权，以及采用了何种侵权方法。如果该情况出现，人民法院的正确做法是根据案件的具体情况将法律关系性质或者民事行为效力作为焦点问题进行审理。如果当事人变更其具体诉求，则法院可在其变更的诉讼请求范围进行审理，如果当事人坚决不予变更，法院宜在查明的事实基础上判决驳回当事人诉讼请求，而不应超越当事人诉讼请求范围进行裁判。

但是该方法仅能在具体个案中起到作用，不能从制度上解决该类案件在审理中遇到的问题。针对信息网络传播权侵权案件的特点，笔者建议，人民法院应当在程序上允许当事人提起预备合并诉讼。预备合并诉讼，是指原告在提起主位诉讼的同时，于同一诉讼程序中提起预备诉讼，以备主位诉讼无理由时，可以就其预备诉讼请求法院审判的诉讼合并形态。[1] 这就意味着原告在提起主位诉讼时，如预计到主位诉讼请求可能无法获得法院支持，可以在起诉时同时提出预备诉讼，对于主位诉讼起到补充作用。比如在买卖合同纠纷中，原告能够以合同无效作为主位诉讼，如果该诉讼请求无法得到支持，则同时提起赔偿违约金的诉讼请求作为预备诉讼请求。在信息网络传播权案件中，对被告侵权行为的性质并不确定的原告可以以直接侵权为主位诉讼，以间接侵权为预备诉讼。

在信息网络传播权案件中采取预备合并诉讼有以下三个方面的优点：

第一，采用预备合并制度符合当前信息网络传播权的特点，也具有必要性。诉的预备合并主要适用于事实不明、举证责任困难及

---

1 张永泉. 民事之诉合并研究[M]. 北京:北京大学出版社, 2009:29.

法律效果判断不明等几种情形。[1] 在涉及信息网络传播权侵权的案件中，从涉案作品的播放等情形来看，当事人可能难以准确判断该作品是否由网络服务商上传或链接，采取预备合并能够减少当事人进行诉讼的制度障碍，最大限度上保障其实体利益。

第二，我国民事诉讼法上虽无预备合并之诉的制度设计，但提出预备合并之诉并不违反法律的禁止性规定，且民事诉讼中的庭前会议制度也为诉的合并提供了法律支持[2]，承认预备合并之诉完全符合当事人的处分权要求和纠纷一次性解决的价值追求。当前是信息网络传播纠纷多发时期，许多基层法院每年受理的案件数以千计，通过预备合并诉讼能够减少司法资源的浪费，也符合当事人的利益追求。目前司法实践中已经有一些允许带有"或"字样的诉讼请求出现在起诉状当中。[3]

第三，采取预备合并诉讼能够保证裁判的结果统一。预备诉讼的几个诉讼请求具有相互独立的情形，如果能够在同一案件进程中进行审理，可以保证案件的事实查明清楚，保证裁判结果的统一。

因此，在此类案件的审判中，法院不宜在当事人的诉讼请求之外越权裁判，而需充分利用其释明权，在尊重当事人处分权的前提下保证案件审理的程序合法，同时应鼓励当事人提起预备合并诉讼，以期实现案件裁判的公正及效率。

另外，笔者注意到有观点认为在侵害信息网络传播权纠纷中，无论原告主张被告直接侵权还是间接侵权，法院都应当全面审理。

---

1 李龙. 民事诉讼诉的合并问题探讨[J]. 现代法学, 2005, 27(2):81.

2 王亚新. 新民事诉讼法关于庭前准备之若干程序规定的解释适用[J]. 当代法学, 2013, (6):20-21.

3 常中彦. 诉讼请求列置及变更中的疑难问题[N/OL]. 人民法院报. (2013-08-14) [2021-12-29]. http://rmfyb.chinacourt.org/paper/images/2013-08/14/07/2013081407_pdf.pdf.

对此观点，笔者不敢苟同。笔者认为，如果出现以下两种情况：一是原告在起诉时没有明确被告行为的性质；二是原告在起诉时仅仅主张被告构成直接侵权，被告抗辩主张其不构成直接侵权，则法院均应当通过审理法律关系性质或者民事行为效力的方式使原告进一步明确其诉讼请求。也就是说，法院应当告知原告，被告的行为可能并不构成直接侵权，而是构成间接侵权，要求原告明确采取前述预备合并的诉讼制度提出主张，而不宜在原告主张不尽明确甚至仅仅提出直接侵权主张而没有提出间接侵权主张的情况下，径行审理间接侵权问题。司法实践中还存在极端情况，原告仅主张被告构成直接侵权，被告抗辩认为其不构成直接侵权并主张其并无过错从而应当免除侵权损害赔偿责任，法院在没有要求原告明确主张被告间接侵权，也没有就被告的间接侵权行为是否具有过错进行事实查明和法庭辩论的情况下，径行在判决中认定被告构成间接侵权、具有过错，应当承担侵权损害赔偿责任。笔者认为，这种情况超越了正常的审理范围，损害了当事人的诉讼权利和实体权利。

特别应当指出的是，即使按照上述观点进行所谓"全面审理"，法院判决对于被告行为性质的认定也应当是确定的，而不能由于原告主张具有层次上的预备性而对于被诉行为的性质作出不确定的认定。

1.2 事实查明问题：未能准确认定被告的被诉行为性质

信息网络传播的直接侵权与间接侵权在行为构成上和责任承担上存在明显的差别，《信息网络传播权司法解释》对提供被控侵权内容的直接侵权与构成教唆、帮助侵权的间接侵权进行了区分，实际上也是对内容提供行为和技术服务行为的区分。因此，被诉行为的性质的确定是信息网络传播权侵权案件审理的先决问题，决定着案件审理的方向。被诉行为性质的认定是一个事实问题，取决于双方提交的证据,但在目前司法实践中,在被诉行为认定方面,举证及认定的标准并不统一,导致法院判决被告承担的法律责任的认定标准和法律适用较为混乱,损害了司法裁判的权威性。笔者认为,以下几个问题相对比较突出,值得分别探讨:

首先,对被告的证据采取了过高的认定标准。因互联网信息的多变性及易删除、易修改性,涉及有关侵犯信息网络传播权等行为时,双方当事人为证明自己的主张,一般均采取公证形式保存网络实时内容。但是由于原告和被告参加诉讼程序的时间存在明显间隔,原告起诉时已经完成诉讼准备工作,而被告只有等到收到法院送达的起诉状后才开始应对诉讼,包括准备证据。因此被告采取公证时的软件版本、网络内容等会与原告公证时存在很多差别。原告质证时一般均会提出被告公证时的软件版本不同、链接内容发生变化等。有观点表现为因此对被告的证据以不具有关联性为由不予认可。以前面提到的某权利人起诉某网站的案件为例,一审法院对于被告提供的证据并未进一步审查,便以不具有关联性不予采信。因为原告和被告进入诉讼的时间差,被告在起诉后的公证内容均存在此种缺陷,如因此不采信被告证据,这实质上导致了被告在此类案件中几乎不可能有效举证。

其次,在进行被诉行为的性质认定时,有个别观点在名义上以服务器标准(客观标准)进行判断,实际上却用用户感知标准(主观标准)进行判断。[1,2]《信息网络传播权司法解释》第3条第2款规

---

1 崔国斌.加框链接的著作权法规制[J].政治与法律,2014,(5):75.
2 关于区分ICP与ISP性质的判断标准问题存在不同学说,比较典型的是:服务器标准与用户感知标准;主观标准与客观标准。上述标准均存在着技术意义与法律意义上的差异;举证责任分配与转移方面的问题;"传统"网络技术与以云计算为代表的新兴网络技术方面的困难,甚至需要专门撰写一篇文章。为简便计,笔者在本书中仍沿用服务器标准与用户感知标准的概念进行论述。

定,"通过上传到网络服务器、设置共享文件或者利用文件分享软件等方式,将作品、表演、录音录像制品置于信息网络中,使公众能够在个人选定的时间和地点以下载、浏览或者其他方式获得的"为提供行为,其并未对链接行为进行区分,因此在信息网络传播权侵权的案例中,应依据该司法解释以服务器标准进行判断,但是一些法院在形式上尊重"服务器标准",而在程序上却以用户为判定主体,采用用户感知标准进行判断,只要网络服务商提供的网络技术行为使用户感觉到是该网络服务商提供的上传行为,就推定该服务商具有侵权行为,然后要求服务商举证反驳。[1] "服务器标准"是一种客观标准,以是否具有直接的上传行为的事实为依据,可以通过双方证据证明。而"用户感知标准"是一种主观标准,以用户的感知的信息来源为依据。网络服务商有没有提供信息内容是一个事实问题,若以用户识别为依据,将主观标准引入对客观事实的认定,容易造成司法认定上的混乱。正如有的学者所言"用户感知标准将极大地阻碍搜索技术的发展,利益平衡荡然无存。""只有采用服务器标准,才可能维系利益平衡。"[2]

在司法实践中曾经出现一种观点,该观点认为,《信息网络传播权保护条例》中规定的搜索链接等技术服务的立法本意是针对整个网络的"全网搜索"服务,而某些搜索链接服务仅仅针对特定的一个或者特定的三五个网络来源进行搜索,实质上并不符合前述立法原意,该搜索链接服务就应当被认定为法律意义上的提供行为,从而认定被告构成直接侵权。笔者对此不敢苟同,理由是该观点缺乏法律依据;但笔者同时认为,这种情况虽应被认定为间接侵权,

---

1 对此,曹丽萍法官的观点比较有代表性,参见曹丽萍. 审理视频网站侵权案认定被告主观明知、应知的情况[Z]. 网络著作权审判实务研讨会发言材料, 2009.
2 王迁. 网络环境中版权直接侵权的认定[J]. 东方法学, 2009, (2):13-16.

但由于被告搜索链接来源的特定有限性，从而不同于"避风港"规则的技术基础——网络技术服务提供商面对不断变化的海量信息缺乏审查能力，并且足以产生"从量变到质变"的效应，因此被告应负有更高的注意义务，从而更有可能被认定具有过错，进而需要承担侵权损害赔偿责任。

最后，个别观点在部分案件的举证责任分配上对被告的举证能力提出了过高要求。如上文所述，在实质性采用用户感知标准时，要求被告承担反驳涉案作品并非位于其服务器内的举证责任。此时，对于被告来说存在困难：第一，在接到原告起诉通知时，被告可能将其视为避风港通知，并因此将涉嫌侵权的作品链接断开，此时无法对其最终存储服务器进行举证。第二，即使被告通过司法鉴定等技术手段最终确定涉案作品的存储服务器位置，但是，除非第三方配合并出具证明，被告靠一己之力，较难证明该位置为第三方服务器，该证据也很难被法院采信。第三，司法实践中，当被告向法院申请调查取证，要求法院调查侵权作品是否在被告服务器上或在第三方服务器上时，有些法院不予准许，并要求被告负责自行举证并承担举证不能的责任。

因此，在此类案件中，被告在举证责任及证据认定方面均处于不利地位，这导致了原被告之间诉讼地位不平等，有必要对证据的认定思路进行明确。一般而言，在此类案件中原告会提交授权文件、侵权行为的公证书作为证据。而被告提交的证据材料一般包括被告陈述、诉讼开始后的后台数据、诉讼开始后进行的公证等。在质证环节，被告的证据更容易成为法庭质证的焦点。笔者认为，在该类案件审理中，法庭应遵循下列认证思路：

第一，应当综合考虑被告证据材料的可采性。在进行证据认证时应通过被告提供的证据进行整体判断，而不应只是从单独证据角度认证。因为此类案件中，被告提供的网页公证证据所证明的时点通常晚于原告的同类证据的证明时点，故在证据的可采性方面不宜对被告提出过分严格的要求，不宜单纯以被告后台数据发生变化或者软件版本发生变化，以其不具有关联性为由不予采信。审理法院有必要在考虑到被告证据的证明事实的基础上，将被告提交的证据材料进行整体判断，审查其是否能够证明其诉讼主张。

第二，认定被告的证据材料过程中宜灵活运用司法认知。司法认知，是审判上的对案件事实的认知，指法官以其生活经验、一般人的知识，对人类行为与动机的了解，依据经验法则和伦理法则，合乎理性断定事实可能存在或不存在，从而使有举证责任的当事人完成其举证责任的一种证明方法。[1] 我国《最高人民法院关于适用〈中华人民共和国民事诉讼法〉的解释》（以下简称《民事诉讼法司法解释》）第93条对于司法认识有明确规定："下列事实，当事人无须举证证明：……（三）根据法律规定推定的事实；（四）根据已知的事实和日常生活经验法则推定出的另一事实"。然而，司法认知作为一项特殊的查明原则，在司法实践中却并未发挥其应有的作用，很大程度上是因为一些法官机械地适用证明责任，凡是当事人在诉讼中提出的主张，均一概要求其提供证据证明。

在网络著作权侵权的案例中，由于被告提供的许多证据与涉案作品并不存在特别直接的因果关系，在进行认证的过程中需要法官主动运用司法认知，从社会生活的一般经验出发判断涉案作品的播放和储存状况。比如，在涉案作品需要进行播放时进行了页面切换，被告亦证明涉案作品并非存放在其服务器内，此时可以推定该作品为链接至第三方网站。比如，涉案作品是通过第三方视频网站的移动应用软件（APP）播放，如不安装该APP则无法播放，也可以推定该作品并非由被告服务器储存。在法官运用司法认知原则进行

---

1 阎朝秀. 司法认知:证明责任的新视角[J]. 河北法学, 2006, 24(12):153-154.

事实查明时，该项事实无需被告承担更高的举证责任，如果原告对此持有异议，可以由原告进行反证。

第三，是否与原告证据材料相冲突。在涉及信息网络传播权侵权的案件中，原告提交的证据材料一般只包括提交授权文件及证明被告侵权行为的公证书，这些证据材料有时并不能完整地证明被诉行为的具体性质。但是原告的公证书等证据材料是与案件事实最相关的证据，能够还原公证时的相关作品播放状况，案件审理过程中需要多次结合原告的证据对案件整体事实进行判断。因此审查过被告的证据材料后，法院需要再次回溯原告提供的证据材料，判断被告欲证明事实的准确性。在运用司法认知之后，如不与原告的证据材料存在冲突，则被告的证据材料具备相当的可采性。如果被告提供的证据材料与原告的证据材料并不符合，则应进一步分析辨别，包括要求当事人补充说明或补充举证。

上述规则为认证时应坚持的主要认证规则，在具体案件中可能还存在一些细节问题，需要把握此类案件的特点进行认定。

（1）不同播放终端的页面跳转的方式并不相同。

是否具有页面跳转是判断链接行为的一个主要标志，随着网络技术的发展，法院在判断是否具有页面跳转时不应只局限于电脑端页面跳转方式。实际上，移动端页面跳转与电脑端页面跳转基于不同的技术基础，在跳转方式上存在明显差别。在移动互联网领域，上网终端都是小型设备（如手机），屏幕相对较小导致操作不便，移动互联网的网速相对较慢，只有节省操作步骤才能使用户获得更好体验。所以，传统互联网那种通过输入网址、在网页间一步步跳转的方式在移动互联网时代就显得冗余不便。同时，移动互联网主要采用APP代替网站提供更为单纯、专业的服务功能，展现的内容更为直接。当用户通过一个APP搜索链接进入内容提供商的APP时，如果用户已经安装了内容提供商的APP，则移动客户端往往并不像传统电脑端一样显示明显的跳转，而更类似于调取手机中的某一软件程序，并没有明确的文字提示或跳转过程。因此若公证视频中，用户在APP搜索链接中搜索到的结果跳转到第三方APP进行播放，这符合移动互联网的特点，其效果和传统互联网中的网站跳转是一样的，不能因其未展现类似电脑端的跳转方式而认为没有跳转行为。

（2）需下载第三方播放软件可证明涉案作品并非由链接服务提供商储存。

目前在移动端，许多影音作品均是通过手机APP实现播放的，各大视频网站均为用户提供了APP，这些APP适应了手机端的播放特点，使得用户无需登录浏览器，可以直接调取APP实现播放。在涉及信息网络传播权侵权的案件中，有些案件用户点击链接服务提供商提供的链接时，该链接会自动调取手机内第三方的APP，如果手机内未安装该APP，则需要先行下载该APP并安装后才能播放。这一过程体现了手机端影音作品的播放特点，也能够证明链接服务提供商仅提供了作品的链接，其最终播放是在第三方软件内实现的。如果原告对此过程不予认可，应由原告承担举证责任证明该过程伪造或不真实。

（3）数字水印在认定播放来源时不应单独采信。

数字水印是一种在数字载体当中（包括多媒体、文档、软件等）的嵌入标识信息的技术手段，其标识信息能够起到区分内容创建者、购买者或者判断载体是否被篡改等目的。但是数字水印是在相关作品上传至服务器之前制作的，该作品的存储位置无法从数字水印中获知。实践中，一些个人用户或者小型网站在上传相关作品时可能并未除去原有水印，因此很多储存于其他服务器的侵权作品依然带有原网站或出品方的水印。总之，数字水印无法起到判断涉案行为性质的作用，不应单独予以采信。

1.3 内容提供商具有合法授权时，服务提供商侵权责任的认定

按照《信息网络传播权司法解释》，内容提供商与其他服务提供者之间的责任存在明显差别，在查明相关案件的基本事实后，可以认定网络服务提供者为内容服务还是技术服务，是否具备依据避风港规则要求免责的基本条件，进而在此基础上区分其承担的责任形式，这是区分直接侵权与间接侵权必要性的体现。作为链接服务提供商，其承担的责任根据内容提供商是否具有合法授权等存在明显差别，需要根据具体情况一一进行区分。

1.3.1 网络服务商角色并非固定不变，应依据其具体行为进行确认

网络服务提供者通常分为内容提供商与链接服务提供商。值得注意的是，内容提供商与链接服务提供商的身份不是固定的，在现实中，许多网络服务提供者往往既自行上传信息，又提供他人上传的信息，对于前者其身份是内容提供商，对于后者则是链接服务提供商。因此，严格来说，只有在针对特定行为的情况下，才能够确定内容提供商与链接服务提供商的身份，而且这种区分才是有意义的。还应当指出，内容提供商和链接服务提供商未必是公司，也可能是个人。特别就内容提供商而言，理论上说，任何一位网民都可能成为内容提供商。因此，在认定网络服务商种类时应基于其具体行为进行确认，而不是基于其提供服务的整体种类。

1.3.2 在内容提供商具有合法授权时，链接服务提供商承担的责任分情形而定

链接服务提供商提供链接服务时，其承担的责任根据内容提供商是否具有授权，内容提供商是否采取技术保护措施等存在明显差

别，链接服务提供商是否构成侵权主要应依据以下几点决定：

第一，内容提供商是否对相关授权作品采取技术保护措施。

商业实践中，为了保障权利人对授权作品的传播途径控制，许多权利人会在合同中约定内容提供商对相关作品的使用范围，比如应对相关作品采取技术保护措施等。内容提供商根据合同约定应采取一定技术保护措施以确保其他服务商无法获取该视频播放来源，比如只面向该网站付费会员播放，不允许其他网站搜索并链接该播放地址等。内容提供商有时也会自主作出商业决策对其网站内作品采取技术保护措施，以免其他链接服务提供商进行搜索或链接。

在内容提供商未采取技术保护措施的时候，作为提供搜索、服务的链接服务提供商，自然具有对相关链接进行搜索链接的可能，此时其无论提供普通链接还是深度链接，均不构成侵权。值得注意的是，实践中很多学者认为在内容提供商具有合法授权的条件下，深度链接行为构成著作权法上的直接侵权。[1] 这种观点无疑是值得商榷的，虽然从行为结果来看，链接服务提供商向公众提供深度链接的影视作品等确实会对内容提供商的利益造成影响。但是这并不导致其行为性质的改变，始终为链接行为。无论按照何种解释，普通链接和深度链接都是一种链接的形式，是互联网搜索服务提供者根据不同商业模式采取的链接形式。其本质均是根据统一资源定位符（URL），运用超文本标记语言（HTML），将网站内部网页之间、系统内部之间或不同系统之间的超文本和超媒体进行链接。因此严格按照《信息网络传播权司法解释》来看，是否属于深度链接均不影响其链接服务提供商

---

[1] 比如崔国斌在其论文《加框链接的著作权法规制》中认为应按照直接侵权处理。石必胜则提出"链接不替代原则"，认为深度链接构成直接侵权，参见石必胜. 论链接不替代原则——以下载链接的经济分析为进路[J]. 政治与法律，2008,(5):62-67.

责任的认定，在内容提供商具有合法授权时，链接服务提供商的深度链接行为并不应该承担侵权责任。

第二，链接服务提供商是否破解内容提供商的技术保护措施。

但是如果内容提供商依据合同的约定或商业决策采取技术保护措施，链接服务提供商依然能够获取相关作品的储存位置并提供链接，则表明在此种情况下，链接服务提供商采取了一定技术手段破解了内容提供商的保护措施。此时，可以按照《著作权法》第53条第1款第（6）项规定，认定内容提供商构成直接侵权。

第三，链接服务提供商与内容提供商是否进行分工合作构成共同侵权。

在某些情况下内容提供商出于商业考虑，会在采取技术保护措施之后向某些链接服务提供商提供内部接口，以获取商业利益。此时，链接服务提供商与内容提供商均可能构成侵权，但是其法律责任并不相同。对于内容提供商来说，其行为构成侵权行为与合同违约行为的竞合。对于链接服务提供商来说，因其知晓内容提供商并不具有在其网站外传播的权利，故其对于内容提供商的侵权行为和违约行为是明知的，构成间接侵权，应承担侵权责任。

实践中，信息网络传播权侵权的案例中有部分案例属于内容提供商具有合法授权的情况，但是司法实践中在审理该类案件时的审判标准却并不相同。有观点认定内容提供商与链接服务提供商均不承担任何责任，有观点认定内容提供商不承担侵权或违约责任，而链接服务提供商则被认定承担侵权损害赔偿责任。造成这些差异的结果有现实层面的原因，比如出于商业合作的考虑，权利人不愿起诉内容提供商；也有法律层面的原因，比如法院未能查明链接服务提供商通过何种技术手段提供链接，或者对于链接服务提供商的法律责任目前认识不一。现实层面的原因并非法院所直接关注的。在法律层面，法院在审理中正确的做法应该是查明链接服务提供商提供链接的技术手段和方法，必要的时候可以主动追加内容提供商作为第三人，在区别其提供链接的不同的情形下明确链接服务提供商的法律责任。

1.4 内容提供商不具有合法授权时，服务提供商侵权责任的认定

如果认定被告是提供技术服务的网络服务提供者且内容提供商并不具有合法授权时，则需要认定链接服务提供商是否有过错。此时应参照《民法典》第1197条的规定，以网络服务提供者是否知道或者应当知道侵权事实来判断其是否构成过错。在司法实践中存在以下突出的问题，需要引起注意。

1.4.1 明知或应知的范围

按照《信息网络传播权司法解释》，网络服务商是否知道侵权事实表述为"明知或应知"，而对于明知或应知的内容，应结合避风港规则的规定进行判断。在避风港规则下，互联网信息服务提供者获得免除赔偿的条件之一是，其难以知晓其传播的信息的存在及其上传行为是否合法。避风港规则在我国民事责任立法中虽然属于免责要件，但是从其规定可以推知间接侵权的条件[1]，因此根据其规定，笔者认为，"明知或应知"的内容主要有二：一是互联网信息服务提供者是否知晓该传播信息的存在，二是互联网信息服务提供者是否知晓其传播的信息的合法性。对于这两项内容的认定，需要法官进行自由裁量。在行使裁量权时应当遵循两项基本原则，第一是利益平衡原则，这是《信息网络传播权司法解释》的基本原则，在进行认定时要兼顾

---

1 王迁. 网络环境中的著作权保护研究[M]. 北京:法律出版社, 2011:224.

著作权人、网络服务提供者及社会公众的利益；第二是合理预防原则，网络服务提供者出于合理的注意义务应当承担必要的合理的预防成本，但该预防成本不应过高，否则将阻碍技术创新。[1]

1.4.2 推荐的认定标准——差异化介绍

在司法实践中，明知与否可以通过举证认定，较少存在争议。而应知与否为法官自由裁量的问题，裁量时依据的标准并不统一。《信息网络传播权司法解释》第9条列举了构成应知的各种情况，其中第3款"网络服务提供者是否主动对作品、表演、录音录像制品进行了选择、编辑、修改、推荐等"成为信息网络传播权侵权纠纷中"应知"认定中使用最频繁的一条。但是实践中对于何种行为属于"选择、编辑、修改、推荐等"见解不一，特别对于"推荐行为"的认定，一些法院对此理解存在偏差。

从立法本意及体系解释的思路上，对于"推荐行为"的理解不应过于机械。本条规定的推荐方式是指网络服务提供者认识到相关作品存在于其网站内且对其作品进行差异化的介绍，使得该作品获得用户的主要关注。这从《信息网络传播权司法解释》第10条能够得到印证，第10条规定"以设置榜单、目录、索引、描述性段落、内容简介等方式进行推荐"可以理解为第9条下的"选择、编辑、修改、推荐等"行为的具体表现形式，其主要的判断标准为涉案作品是否与其他作品存在差异化的介绍。因此笔者认为，此处的"推荐行为"应以涉案行为是否对相关作品进行差异化的介绍为准，可以从以下几个方面进行把握。

第一，被诉侵权内容在链接服务提供商提供的服务中是否被差

---

[1] 石必胜. 认定网络服务提供者侵害知识产权的基本思路[J]. 科技与法律, 2013, (5):80.

异化地进行介绍。

链接服务提供商服务可能在其站点内提供许多作品的链接，其中可能对某些作品作出特定性的介绍，比如在网站内设置热播榜单，设置推荐目录等方式，使得部分作品相比于其他作品而言，处于主要页面或页面显著位置，能够吸引用户的主要关注。因此，如果当编排、推介的具体内容中包含了涉案作品时，那么应认为链接服务提供商对于该部分作品是应知的。另外，在此应注意不能以相关网站设置了电影、音乐频道或者在具体作品页面中设置了名称、主演、内容简介等便认定为该网站进行了"推荐行为"。随着搜索技术的发展，目前包括优酷、搜狐、爱奇艺等在内的许多视频网站均会在其搜索功能中提供此类频道或内容介绍，此类设置或介绍已经成为行业提供视频内容专门搜索的基本设置，并逐渐演变为行业惯例，不能据此认定链接服务提供商构成应知。

第二，链接服务提供商提供的某类服务内容是否在其整体内容中以差异化的方式进行介绍。

链接服务提供商提供的内容包含不同类型，比如现在很多网站均会设置新闻资讯、音乐、电影等栏目。但如果其中某一栏目下的内容明显区别于其他栏目下内容，网站服务商在该栏目下内容设置目录、排行榜、索引等，且该栏目下的大多数作品来源均无合法授权，那么即使涉案作品并未被链接服务提供商进行个别推荐，也应该认为该链接服务提供商构成应知。

第三，"推荐行为"认定的标准应随着司法保护状况的发展不断调整。

"推荐行为"的认定取决于法官的司法认知，其标准并非严格不变，而是随着著作权司法保护的客观状况进行调整，技术水平越高、商业越发达，对于著作权的保护水平也应当越高，网络服务提供者相应地也应在著作权保护中付出更高的成本或代价。[1]而从目前的技术发展水平来看，要求网络服务提供者超出社会公众的一般认知承担更高的注意义务可能使其负担过高的成本，阻碍技术创新。因此，应采取与目前技术发展水平相适应的判断方式，在间接侵权案中对"推荐行为"的认定标准不宜太过严格。

1.5 一审法院在审判工作中的困难成因

在类似前面提到的某权利人起诉某网站的案例中，一审判决在认定案件事实时往往采取了一种独特的表达方式，其一方面认为不能排除被告是内容提供商的可能性，另一方面也不能排除被告是链接服务提供商的可能性，因此均需承担侵权责任。[2]笔者认为，这种模棱两可的表述方式未能查明案件事实，不符合法院在审判时事实清楚、责任分明的裁判标准。但是这种表达方式的出现并非法官的能力不足或者工作失误，而恰恰是在撰写判决时法官字斟句酌的结果，是一审法院"利益最大化"的理性选择。[3]这种表达方式从一个侧面反映出一审法院在审理网络传播权侵权时的苦衷和困惑。这主要体现为以下几点：

第一，个别法官对网络著作权司法解释理解不深，把握不准。《信息网络传播权司法解释》中明确规定了提供行为的构成，而搜

---

1 孔祥俊.网络著作权保护法律理念与裁判方法[M].北京:中国法制出版社，2015:20.

2 笔者与多家基层法院知识产权法官沟通时得知，这种情况已经成为一种普遍现象，甚至作为一种"先进"工作方法被学习和推广。

3 必须声明，笔者绝对无意暗示一审法院在此类案件的审理中具有自身的特殊利益，而是说一审法院对于案件是否被二审维持具有利益。笔者认为，这种利益是正当的利益，也是二审终审制度设置所要达到的正常目的之一。

索、链接的行为不属于其规定范围之内。虽然学界对于深度链接行为是否属于著作权侵权还有争论，对于应用何种标准判断也难以达成一致，但是在司法解释已经有明确规定时，法院应遵从司法解释中体现的利益平衡原则，不能为了片面追求社会效果而牺牲法律效果。

第二，基层法院案多人少，审理案件的时间紧迫，不愿意因调查取证或追加当事人而拖延审理期限。在信息网络传播权侵权案件中，法院依职权调查取证或追加内容提供商为第三方当事人能够有效查明涉案作品的提供储存情况，确保案件事实查明无误。但依据相关统计，从2016年至2020年上半年北京市各级人民法院审结著作权案件141303件，占知识产权案件的62.6%。[1] 各基层法院均面临着很大的工作压力。如果在此类案件中大量增加调查取证程序，或追加第三人，将大大减缓审判效率，造成大量案件堆积。为了保证处理此类案件的效率，很多法院不得已在程序上作出牺牲。

第三，司法保护政策和结案率的影响。随着我国知识产权事业的发展，对于知识产权的司法保护政策也在进一步加强，逐渐向保护权利人的方向倾斜。[2] 受到司法保护政策的影响，个别法官为了实现判决结果正确的客观效果，采取了"理由错误、结论正确"的现实处理方法，因此即使当事人上诉，该程序瑕疵也会因为并未本质上影响案件的裁判结果而被二审法院予以维持，一审法院采取此种表述方式最大可能地增加了判决的被维持率，作出了程序和实体上的妥协。

第四，知识产权案件级别管辖调整给基层法院网络著作权案件

---

[1] 张雪松. 关注！北京全市法院知识产权审判工作情况报告[EB/OL]. (2020-09-28) [2022-03-18]. https://www.sohu.com/a/421625156_120054912.

[2] 这种司法保护政策倾向，可以从最高人民法院《关于充分发挥审判职能作用为深化科技体制改革和加快国家创新体系建设提供司法保障的意见》等文件中看出。

审理工作带来更大的压力和困难。知识产权案件级别管辖调整带来了巨大的变化：一是案件类型的变化，涉外及涉港澳台案件下沉，大诉讼标的案件下沉，侵害计算机软件著作权案件数量上升；二是案件数量及比例的变化，在既有侵害著作权案件数量大、比例高的基础上进一步提升；三是案件难度及影响的变化，下沉案件与原来由基层法院审理的侵害著作权纠纷案件相比，从整体上看，在程序、实体法律问题的难度及社会影响力等方面均有所提升。

第五，新民事诉讼法对于网络侵权案件管辖规定的客观效果必然会大大增加中心城市或地区案件的数量。《民事诉讼法司法解释》第25条规定，信息网络侵权行为实施地包括实施被诉侵权行为的计算机等信息设备所在地，侵权结果发生地包括被侵权人住所地。[1] 由于客观上存在中心城市以及中心城市的中心地区法院审判经验较丰富，审判业务水平较高，地方保护的可能性较低的现实情况，因此原告在统计学意义上会更加倾向于在这些法院提起诉讼；当然，也会存在部分原告尽量选择对于被告不便利的法院提起诉讼的可能性。

---

[1] 关于该条司法解释与《信息网络传播权司法解释》第1条之间的关系，学界和实务界存在不同意见。一是认为特别法优于一般法，后者是针对信息网络传播权问题的特别规定，从而优于前者的适用；二是认为上位法优于下位法，前者是针对全国人大制定的基本法律《民事诉讼法》作出的司法解释，后者是针对全国人大常委会制定的非基本法律《著作权法》作出的司法解释，故前者优于后者；三是认为新法优于旧法，故前者优于后者。笔者认为，只有在两个法律文件处于同一法律位阶时，才能适用特别法优于普通法、特别法优于一般法或新法优于旧法的规定。这两个文件均为司法解释，不能由于解释对象存在法律位阶上的差异就认为这两个司法解释也存在法律位阶上的差异。但无论如何，由于《民事诉讼法司法解释》第552条后半段明确规定，"最高人民法院以前发布的司法解释与本解释不一致的，不再适用"。因此，笔者认为侵害信息网络传播权纠纷案件管辖问题应当适用《民事诉讼法司法解释》而非《信息网络传播权司法解释》的有关规定。

结语

利益平衡原则是网络著作权保护的基本出发点,在审理网络著作权侵权案件时,法院应把握住平衡权利人、网络服务提供者与社会公众三者之间的利益的核心。正如有的学者所说,"我们需要均衡和协调感的法律。用亚里士多德的话说,法律的目标应该是中道的,不能太过(夸张)或不足(简约),也就是说,要避免太强或太弱的保护"。[1]无论是深度链接还是内容聚合,都只是网络服务提供者新的服务模式,它们依然是特定的中立技术产物,对其法律性质判断时不宜盖棺定论式宣布其合法或违法。法律真正应苛责的不是服务模式或者其背后的技术手段,而是提供服务模式时网络服务商体现出来的对侵权事实的认知。人民法院在审理相关案件时,不仅应着眼于个案案情,更应从整体层面出发,把握《信息网络传播权司法解释》的立法本意,均衡考虑各方利益之间的平衡,根据被诉行为的不同性质进行审理,从而达到事实清楚、责任明晰,真正地在网络著作权侵权案件的审判活动中树立司法的权威。

---

1 斯皮内洛. 铁笼,还是乌托邦:网络空间的道德与法律(第二版)[M]. 李伦,等译. 北京:北京大学出版社,2007:123.

2 侵害信息网络传播权行为构成要件问题研究

内容摘要

笔者通过一起典型案例分析了侵害信息网络传播权行为构成要件的具体内容，归纳了举证责任分配的具体规则，提出了大量取证公证步骤的简化依然应当满足证明责任标准的观点，并结合实际剖析了维权困难与举证责任分配及证明责任标准之间的关系；在此基础上，进一步研究了信息网络传播权与复制权之间的关系，探究了二者差异化的适用条件。

关键词

信息网络传播权；构成要件；举证责任；复制权

2.1 步升大风公司诉豆网科技公司侵犯信息网络传播权纠纷案

步升大风公司享有涉案歌曲——许巍演唱的《在路上》专辑中12首歌曲的录音制作者权。步升大风公司向一审法院主张：豆网科技公司未经许可，在其经营的豆瓣网上向公众提供涉案歌曲的在线播放服务，侵害了步升大风公司享有的信息网络传播权。

在公证取证环节，步升大风公司登陆豆瓣网站，使用名为"视频广告拦截+嗅探+下载（3合1）超强绿色纯净版"的浏览器插件对涉案歌曲进行了下载和播放。

一审法院认为：首先，嗅探软件作为第三方软件，既非步升大风公司仅针对豆网科技公司研发提供，也非仅能运行于豆瓣网环境下，故该软件本身有一定的客观性；其次，步升大风公司所称豆网科技公司存在的侵权行为是歌曲的在线播放行为，步升大风公司公证过程中对于嗅探软件的使用所反映的是通过下载方式固定豆瓣网相关频道在线播放相关歌曲的事实，而非下载功能本身；最后，通过嗅探软件下载相关音源文件的过程中，下载页面网址包含有"…douban.com…"的字段，同时豆网科技公司亦未举证证明嗅探软件所下载的歌曲来源于豆瓣服务器之外，故可知相关音源文件存在于豆瓣服务器之中。故依据民事证据高度盖然性的原则，在无相反证据情况下，一审法院认定公证过程中通过嗅探软件自豆瓣网所下载的歌曲即豆瓣网在线播放的歌曲。

豆网科技公司向二审法院提起上诉。豆网科技公司举证证明，在豆瓣网中的歌曲存在两种情形，第一种情形是歌曲能够正常在线播放但不能下载，第二种情形是歌曲不能正常在线播放也不能下载，涉案歌曲就属于第二种情形。豆网科技公司称，存在第二种情形的原因在于网民上传给豆瓣网站的歌曲需要经过审查程序，在没有完成审查前，就会出现网站上只有歌曲名称，但不能正常在线播放也不能下载，待审查合格后方能正常在线播放但仍然不能下载。豆网科技公司还举证证明，除豆瓣网之外，其他网站也存在第二种情形。

二审法院经审理认为，由于上诉人步升大风公司对涉案歌曲取证的过度简化，导致其未能举证证明豆网科技公司的涉案行为符合侵害信息网络传播权行为的全部构成要件，故关于豆网科技公司侵害信息网络传播权的诉讼主张，缺乏证据支持，原审判决查明事实错误，故改判驳回步升大风公司的诉讼请求。

2.2 学理分析

该案是一起新型且具有代表性的信息网络传播权纠纷案件。由于网络具有传播主体任意性及自由互联的特点，网络成为信息传播的主要平台。与此同时，网络上也出现了大量的侵权内容。与其他类型的侵权纠纷一样，对于网络侵权行为的认定同样需要查明被诉行为满足相应的构成要件和证明标准。

在实践中，权利人为了证明被告侵犯其信息网络传播权，往往通过公证的方式保全证据。在面对大量侵权时，部分公证步骤的简化确实能够起到节约公证时间、降低公证成本的作用。但值得注意的是，这种简化可能产生举证责任方面的风险，如果简化不得当，导致公证内容未能完整、全面地证明权利人负有举证责任的侵权行为要件事实，则会被认为未能完成证明义务，进而承担举证不能的不利后果。因此，权利人通过公证方式保全大量网络证据时如同保全单一网络证据一样，必须满足侵权行为的全部构成要件以及最低证明标准。

2.2.1 侵害信息网络传播权行为构成要件的具体内容

《著作权法》第10条第1款第（12）项规定：信息网络传播权，即以有线或者无线方式向公众提供，使公众可以在其选定的时间和地点获得作品的权利。《信息网络传播权司法解释》第3条规定："网络用户、网络服务提供者未经许可，通过信息网络提供权利人享有信息网络传播权的作品、表演、录音录像制品，除法律、行政法规另有规定外，人民法院应当认定其构成侵害信息网络传播权行为。通过上传到网络服务器、设置共享文件或者利用文件分享软件等方式，将作品、表演、录音录像制品置于信息网络中，使公众能够在个人选定的时间和地点以下载、浏览或者其他方式获得的，人民法院应当认定其实施了前款规定的提供行为。"

依据上述规定可知，构成信息网络传播行为应符合以下条件：①将作品置于计算机硬盘等存储设备之中；②使前述存储设备处于信息网络中可被网络用户访问的状态；③网络用户可以在其个人选定的时间和地点以下载、浏览或者其他方式访问和接触（即获得）该作品。而未经著作权人许可实现上述三个条件的行为，在不符合合理使用及法定许可等权利限制的情况下，则构成侵害信息网络传播权的行为。相反，如果某个行为并未同时满足上述三个条件，而只是满足其中部分条件，例如仅将他人享有著作权的作品置于计算机硬盘等存储设备，但并未使该存储设备处于信息网络中达到可供网络用户访问的状态，则该行为因不符合信息网络传播行为的构成要件，而不应被认定为侵害信息网络传播权的行为。

目前，在涉及信息网络传播权的著作权侵权纠纷案件中，主要的争议点之一就在于网络服务提供者所提供服务的性质，即其是直接提供内容的网络内容服务商（ICP），还是仅提供信息存储空间、搜索、链接等技术支持的互联网服务提供商（ISP），换句话说，网络服务提供者是否实施了信息网络传播权构成要件中将作品"上传"至网络的行为。对该问题认定的不同将直接影响到网络服务提供者需要承担的侵权责任。为了维持著作权人、网络服务提供者及社会公众的利益平衡，并促进我国网络行业的健康发展，应当合理分配在网络著作权侵权案件中的举证责任，既不能对权利人（原告）的举证责任规定过严，使权利人难以维护自身合法权益，也不能对网络服务提供者（被告）苛以过严的标准，抑制网络行业的发展。既应当坚持网络服务提供者一般不负有事先进行主动审查义务的原则，也应当在个案中综合考虑各种因素，避免网络服务提供者打着用户上传的旗号逃避承担直接侵权责任。

对原告来说，其承担着证明被告满足信息网络传播权全部构成要件的举证责任，最重要的即是证明涉案作品系由被告直接上传至网络的。一般来说，原告只要证明能够其在被告的网站上获取了其作品，即完成了其初步举证责任，法院就推定该网络服务商实施了信息网络传播行为；此时举证责任即转移至被告，其应当举证证明自己仅为作品、表演、录音录像制品等提供了信息存储空间、搜索、链接、点对点（P2P）等服务，而相关作品系由第三方提供并置于向公众公开的信息网络的。

但是，在涉及被告在自己的网站中通过设置深度链接指向第三方网站的版权作品，用户在访问被告的网站时并不知晓其所获得的作品实际来源于第三方网站的情形下，如何正确分配原被告的举证责任成为法院面临的一道难题。目前我国司法实践中对信息网络传播权采纳的是"服务器标准"，即只有实际上传作品至公开网络的行为人才是实施了信息网络传播行为的主体，才应当承担直接侵权责任。[1] 此时，应当如何规定举证责任呢？

最高人民法院在北京慈文公司诉中国网通公司海南分公司案[2] 中认为："此种行为与仅提供指向第三方网站的普通链接不同，海南网通公司对该频道上的内容亦有一定程度的审核义务，其至少应对该网站的实际所有者或经营者的主体资质进行一定的审核。"

---

[1] 孔祥俊. 论信息网络传播行为[J]. 人民司法, 2012, (7):59-69; 付国华, 雷艳珍. 深度链接提供者版权侵权认定[J]. 湖北经济学院学报(人文社会科学版), 2012, 9(2):86-87; 王迁. 发达国家网络版权司法保护的现状与趋势[J]. 法律适用, 2009, (12):58-62.

[2] 参见最高人民法院民事判决书（2009）民提字第17号。

在母某芳诉南京迪文公司案[1]中，法院亦认为"被告未提交用户'benniao'及审核者系网友的实际身份根据，故其主张的涉诉侵权作品系网友上传、高级网友审核事实依据不足"。这意味着，作为被告的网络服务提供者除了需要提供相应的证据证明其网站仅提供了信息存储空间、搜索、链接、P2P等服务外，还对深度链接的内容的实际提供者负有一定审查义务。

诚然，我国目前网络盗版情况还比较严重，甚至存在着网络服务提供者冒充网络用户上传侵权作品以避免承担侵害信息网络传播权直接责任的情况，但是如果如上述案件中法院对网络服务提供者的举证责任提出如此高的要求，很可能使得很多网络服务提供者根本无法完成举证责任，被迫承担直接侵权责任，这也意味着信息网络传播权的认定实际上采用的是"用户感知标准"。

例如，作为被告的网络服务提供者一般不会在侵权纠纷发生前对其网站进行公证，而是在相关侵权案件立案后才会举证，而法院可能会认为被告所提交的证据是对自己的网站内容进行修改后进行的公证，因此对这些证据不予认可。但是这不仅与网络服务提供者一般不承担主动审查义务的原则相违背，也属于对原被告举证责任分配不公。

首先，要求网络服务提供者在纠纷发生前对其网站进行公证以保留相关证据不仅会增加其经营成本，而且是不现实的，因为网络变化迅速的特点，某一时间节点的公证也只能证明当时网站的服务性质，无法证明此后，或者纠纷发生时网站实际服务类型。

其次，在深度链接情况下，即使被告网站或者提供的软件中标注了提供作品的第三方网站名称及URL，原告也仅需举证证明其在被告网站能够获得作品即完成起初步举证责任，进而举证责任转移

---

[1] 参见南京市中级人民法院民事判决书（2006）宁民初字第77号。

至被告。在这种情况下，要求作为被告的网络服务提供者承担如此严格的举证责任，属于对原被告举证责任的严重不公平。而且由于网络匿名性等特点，在作品的实际上传者是个人时，网络服务提供者很多时候不可能提供上传者的真实身份。

因此，笔者认为，在网络服务提供者以深度链接的方式提供作品的情况下，网络服务提供者一般只要能够举证证明其提供的是搜索链接等技术服务即完成其举证责任。[1] 当然，法院在个案中还需要对网络服务提供者的商业模式、是否对作品进行了选择编排等因素进行综合考量，如果在被告的商业模式下，如对作品按照不同标准进行分类并附有简评，应当认为其对内容负有一定的审核义务，如果没有尽到最低程度的注意义务也未举证证明实际提供者的真实身份，则应承担侵犯信息网络传播权的直接责任。

2.2.2 侵害信息网络传播权举证责任分配的具体应用

具体到该案中，根据双方当事人的主张及法院查明的事实可以认定，豆网科技公司将涉案作品置于其计算机硬盘之中，故该案的焦点问题就在于豆网科技公司是否将存储于计算机硬盘中的涉案作品处于信息网络中达到可供网络用户访问的状态。鉴于该焦点问题是关于豆网科技公司是否实施被诉侵权行为的事实依据，在没有举证责任倒置及举证责任转移的情况下，应当由步升大风公司承担上述事实问题的举证责任。

而该案的特殊之处在于，步升大风公司是通过使用嗅探软件取证的方法来证明豆网科技公司将存储于计算机硬盘中的涉案作品处

---

[1] 被告仅举证其网站或软件上标注有被链接网站的名称或URL地址，不足以证明其仅提供了搜索链接等服务。参见北京市石景山区人民法院民事判决书（2010）石民初字第03753号；上海市第一中级人民法院民事判决书（2011）沪一中民五（知）终字第138号。

于信息网络中达到可供网络用户访问的状态这一问题的。因此，正如豆网科技公司在上诉中所主张的，"嗅探"软件使用的正当合理性问题也是该案应当解决的争议焦点之一。

2.2.3 "嗅探"软件的使用行为具有合法性

该案中步升大风公司在公证环节使用的"视频广告拦截+嗅探+下载（3合1）超强绿色纯净版"软件是一种增强浏览器功能的插件，该插件具有视频广告拦截、嗅探、下载和播放的功能。

关于能否使用该软件进行取证的问题，尽管目前实践中仍有争论，但在目前没有权威依据证明嗅探软件是非法软件并禁止使用的情况下，笔者认为不应在抽象的层面否认通过嗅探软件取证的合法性，而应当针对该案中步升大风公司使用该软件具体功能的行为作出特定的法律评价。因此，豆网科技公司关于步升大风公司使用的嗅探软件属于非法软件、利用此软件取得的证据不具有合法性的主张缺乏依据。

2.2.4 大量取证公证步骤的简化依然应当满足证明责任的标准

在二审中，豆网科技公司举证证明了豆瓣网和其他网站均存在部分歌曲不能在线播放但在嗅探软件中却能够播放和下载的情形，而被上诉人步升大风公司仅以相关证据系在诉讼期间而非其通过嗅探软件取证期间产生，因此具有通过改变技术手段改变取证期间的事实的可能性，但未能就此反驳主张提出证据予以证明。对此，笔者认为，在信息网络环境中，要求网站经营者面对海量信息在没有产生纠纷的情况下采取有效的手段保存证据以证明其服务器中的信息是否向网络用户开放，是难以操作和难以想象的。当然，在信息网络环境中，著作权人同样面对大量侵权行为，通常情况下需要通过公证的方式取证，在取证过程中，需要付出大量的时间和资金。在这一背景下，著作权人通过采取科学合理的技术手段简化取证步骤、降低取证成本是完全可以理解的。但是，这种简化处理方式必须满足相关法律规定关于特定侵权行为全部构成要件的要求，即使著作权人能够举证证明行为人的行为符合特定侵权行为的部分构成要件，也不能就此推定该行为人的行为也符合特定侵权行为的其他构成要件，从而认定行为人实施了特定的侵权行为。

2.2.5 维权困难与举证责任分配及证明责任标准之间的关系

毋庸讳言，当前著作权侵权行为普遍存在，由于网络具有主体任意性且具有隐身性，客体种类繁多，传播方便以及受众广泛的特点，因此在网络环境中存在着更加严重的著作权侵权现象。现实中，一个网站常常传播海量作品，指向不同的权利人。但由于歌曲的产生往往集中于少数唱片公司，相应权利的流传也往往集中于少数音乐公司，故实践中经常出现一家音乐公司针对一个侵权网站就几十首乃至几百首歌曲主张权利的诉讼。同时，由于被诉侵权网站掌握在被告之手，如果权利人在诉讼之前没有进行公证，被告完全可以在了解到起诉内容后改变其网站中涉案作品的内容和传播方式，因此，权利人通常会在诉前采取公证的方法进行取证。而在面对大量歌曲被侵权的情况下，通过逐一在线播放涉案歌曲的方法确实耗时很久，以一首歌曲耗时5分钟计算，100首歌曲至少需要8个多小时，再加上操作时间，肯定会更长。如果被诉网站提供涉案歌曲的下载，则可以简便处理，即将全部涉案歌曲进行下载，保存在光盘或其他存储设备之中，如果被告提出音源不一致的问题，再进行对比。但该案中由于被告网站并不提供涉案歌曲的下载，故无法适用上述简化方法。笔者承认，这确实会造成维权上的困难。

但笔者同时认为，这一困难并不能成为转移举证责任及降低证明责任标准的充分理由。否则，不仅在此类案件中，而且会在著作权侵权的其他案件乃至知识产权侵权的其他案件中产生类似的影响，进而改变举证责任分配的原则以及证明责任的标准。

　　在这一点上，一审法院认为通过嗅探软件下载相关音源文件的过程中，下载页面网址包含有"…douban.com…"的字段，同时豆网科技公司亦未举证证明嗅探软件所下载的歌曲来源于豆瓣网服务器之外，由此依据民事证据高度盖然性的原则，认定在无相反证据情况下，相关音源文件存在于豆瓣网服务器中，公证过程中通过嗅探软件自豆瓣网所下载的歌曲即豆瓣网在线播放的歌曲。这里就涉及高度盖然性原则在司法实践中的运用，笔者认为，高度盖然性原则是依据日常生活经验可以达到的能够排除合理怀疑，并产生近似确然的可能。高度盖然性所要求的程度虽然不需要达到确然的程度，但是比优势证据要求更接近确然，而优势证据的标准是要求本证的证明力高于反证即可。由此可以得出，高度盖然性的适用需要满足一方证明力明显大于另一方，同时排除合理怀疑的条件。该案中，步升大风公司通过使用嗅探软件对豆网科技公司服务器中存储的歌曲下载进行公证，以此作为涉案歌曲可以在豆瓣网在线播放进而侵犯其信息网络传播权的证据。对此，豆网科技公司没有提出相反证据证明所下载的歌曲来源于豆瓣网服务器之外，从这一点上看，步升大风公司的证据证明力大于豆网科技公司；但是否达到明显大于的程度，笔者认为无法下定论。另外，提供歌曲的下载和提供歌曲的在线播放是两个不同的行为，不排除有的歌曲仅提供下载而不提供在线播放的可能性，因此仅提供该歌曲下载的公证证据是否就能够证明豆网科技公司实施了提供歌曲在线播放的行为，笔者认为这一事实没能够达到排除合理怀疑的程度，无法近似确然的认定豆网科技公司提供了歌曲的在线播放，因此不能适用高度盖然性原则对该事实进行确定。

　　综观该案的诉讼，笔者认为，步升大风公司仅证明豆瓣网就涉案作品存在处于信息网络中达到可供网络用户访问的状态的可能性，而未能举证证明上述事实的确定存在性，特别是在豆网科技公司举证证明豆瓣网和其他网站均存在部分歌曲不能在线播放但在嗅探软件中却能够播放和下载的情况下，步升大风公司也未能提出证据予以反驳。因此，步升大风公司未能举证证明豆网科技公司的行为完全符合侵害信息网络传播权行为的构成要件，因此其关于豆网科技公司侵害信息网络传播权的主张不能得到支持。

2.2.6 进一步的探讨

以上是从解决案件争议层面进行的探讨，从学术研究的层面来说，这一问题还可以进一步探讨。

2.2.6.1 与其他类型的知识产权相比，著作权更具特色

知识产权包括多种类型的具体内容，最具代表性的是《建立世界知识产权组织公约》第2条第8款的规定以及《与贸易有关的知识产权协定》第二部分的规定。笔者认为，与其他类型的知识产权相比，著作权自有其特点。具体表现为：①权利产生的自动性，即著作权自作品创作完成时自动产生，而无需由法定机关经特定程序批准而产生；②创作主体的广泛性，即一般作品的创作并不需要技术门槛、资金门槛或经营主体资格，著作权人这一群体远多于专利权人、商标权人等其他知识产权主体；③客体[1]利用的广泛性，即与商标、专利等相比，作品在社会生活中被使用的范围更加宽广，涉及的领域几乎能够完全覆盖社会生活的各个方面；④保护深度的浅层性，即著作权不保护作品所体现的主题、思想、情感以及科学原理

---

[1] 深究之下，民事权利的客体都应当是民事权利所要保护的特定民事利益，从根本上说是一种"人与人"之间的关系；而对象则是指特定民事利益所直接指向的标的物。由于目前知识产权领域大量文献均未严格区分知识产权的客体与对象，为简便计，笔者对于这两个概念也不做区分。

等,而保护对于上述内容的表达或表现[1];⑤权利内容的复杂性和受限性,即著作权及与著作权有关的权利的权项数量众多、内容丰富、关系复杂且合理使用、法定许可的情况繁多;⑥客体范围和权利内容更具社会回应性及与时俱进性,即作品的类型及其使用方式与新技术、新经营模式密切结合,伴随发展,需要不断调整。

与此相适应,著作权纠纷案件较之于其他类型知识产权纠纷案件而言,也独具特色,正确确定著作权权项的性质就是其中的重要内容。结合该案,除了从侵犯信息网络传播权的角度进行分析外,还可以从侵犯复制权的角度进行分析。

2.2.6.2 侵害复制权的构成要件

复制权,是指将作品制作一份或多份的权利。对著作权人来说,复制权是至关重要的基础性权利,著作权的发展史很大一部分就是复制权随技术发展的扩张史。

著作权法意义上的复制包括狭义的复制和广义的复制。狭义的复制仅指在不改变原作品表达方式或载体形式的基础上再现作品的行为,如复印书籍、刻录光盘等行为;广义上的复制不仅包括狭义的复制,还包括不同于作品原来载体和表现形式的再现作品的行为,即异形复制。如《伯尔尼公约》第9条对复制权的定义即是"以任何方式和采取任何形式复制这些作品的专有权利"。而我国《著作权法》第10条中规定,复制权,即以印刷、复印、拓印、录音、录像、翻录、翻拍、数字化等方式将作品制作一份或者多份的权利。虽然没有像《伯尔尼公约》那样对复制权提出一个抽象的、广义的定义,但是这并不意味着只有上述几种情形才属于我国著作权法意义上的复制。复制权范围的界定关系着著作权人与社会公众的

---

1 详见北京市高级人民法院《关于审理著作权民事纠纷案件适用法律若干问题的解答》第2条的规定。

利益平衡，因此复制权的内涵随着技术的发展进步而处于不断调整的过程中，而不是一成不变的。例如随着著作权进入数字时代，数字形态的复制亦应当受到著作权人的控制。

但是无论复制权如何扩张，著作权法意义上的"复制"必须符合一定的要求，否则会导致著作权制度失去自我约束性。

就著作权法意义上的复制行为的构成要素，有学者认为应当包括以下几点：一是复制行为所得的复制件应能够基本呈现原件所能呈现的内容；二是复制件所能呈现的原件中的内容与新增表达内容能有效区别开来，这也正是复制行为与演绎行为区别的关键，即单纯的复制行为不会使复制结果具有独创性，而演绎行为则会增加新的独创性表达；三是复制件不是转瞬即逝的，而应当具有相对的稳定性，而何谓"相对稳定性"则属于司法政策的问题，应当由法院进行综合判断。[1] 此外，从复制权的最基本含义，即将作品制作一份或者多份的权利出发，复制行为联结的原件与复制件都必须同时属于著作权法包含的"作品"，否则不能构成复制行为。综上，笔者认为要想构成著作权法意义上的复制行为，至少需要满足以下三点要求：一是复制行为的对象是具有独创性的表达；二是复制件基本再现了原件内容，本身构成作品的一种表现方式；三是复制行为不具有创造性，即并未增加再创作内容。

2.2.6.3 侵害信息网络传播权的构成要件

根据我国《著作权法》第10条的规定，信息网络传播权，是指以有线或者无线方式向公众提供，使公众可以在其选定的时间和地点获得作品的权利。这一定义主要是参照了《世界知识产权组织版权条约》和《世界知识产权组织表演和录音制品条约》的相关规定，是为了应对互联网给著作权法带来的挑战而设置的。

---

[1] 崔国斌. 著作权法：原理与案例[M]. 北京：北京大学出版社，2014:382.

根据我国著作权法,以及最高人民法院的司法解释[1],要构成信息网络传播权,至少应满足以下构成要件:

第一,行为人未经许可通过"上传至网络服务器、设置共享文件夹或者利用文件分享软件,或者提供网页快照、缩略图"等方式将他人作品置于信息网络中,而仅提供网络接入、信息存储空间、搜索、链接等行为不属于"提供"作品的行为。虽然是否应当严格强调侵犯信息网络传播权的行为人的"上传"行为,存在着"服务器标准"和"用户感知标准"的争议,但目前,我国司法实践和学界主流意见均采纳"服务器标准",如北京市高级人民法院《关于审理涉及网络环境下著作权纠纷案件若干问题的指导意见(一)(试行)》第4条第2款就规定:原告主张网络服务提供者所提供服务的形式使用户误认为系网络服务提供者传播作品、表演、录音录像制品,但网络服务提供者能够提供证据证明其提供的仅是自动接入、自动传输、信息存储空间、搜索、链接、P2P等服务的,不应认为网络服务提供者的行为构成信息网络传播行为。

第二,上述信息网络是向公众开放的,公众能够获得作品,获得的方式包括但不限于下载、浏览或其他方式,但不要求用户获得作品的永久或者临时复制件。

第三,公众能够在"个人选定的时间和地点"获得作品,即只包括交互式网络传播行为,而不包括网络直播、定时播放等网络用户不能自主选定时间和地点的非交互性传播行为。

如上所述,要想构成信息网络传播行为,行为人必须自己实施了"提供"作品的行为,在这一过程中不可避免地涉及对作品的复制,因为只有将作品复制件置于其计算机硬盘或服务器中才能向公众提供。而有学者认为复制权与信息网络传播权的区别主要在于

---

[1] 《信息网络传播权司法解释》第3条第2款。

"复制权控制的复制行为是一种一次性、不可持续的行为,而信息网络传播权控制的则是一种使公众得以获得作品的持续性状态",因此两者可能的法律救济有所不同。[1]

2.2.6.4 复制权与信息网络传播权之间的关系

从某种意义上说,对于作品的使用几乎都是需要以"对作品的复制"为基础的。但这并不意味着,对于作品的使用都属于"复制权"的控制范围。例如,公开演唱歌曲,当然是利用声波这种电磁波的物质载体"复制"了该音乐作品,但在案件中,不必也不应认定该行为侵害了复制权和表演权,而仅认定侵害表演权即可;将他人的小说上传至网站供网民在其个人选定的时间和地点下载的行为,当然是利用硬盘这一物质载体"复制"了该文字作品,但在案件中,不必也不应认定为侵害了复制权和信息网络传播权,而仅认定侵害信息网络传播权即可。笔者认为,其原因类似于对于"有名合同"类型的认定标准,即应当以该行为的"特征行为"为标准定性;还类似于刑法理论中的"吸收犯"[2],即由于"复制"行为是"表演"或"信息网络传播"行为的前提性的当然发展阶段,故以"高度行为"吸收"低度行为",以"结果"行为吸收"过程"行为。

在2001年《著作权法》将信息网络传播权纳入著作权人权利范围之前,我国司法实践中已出现过很多通过互联网侵犯著作权的案例,而法院或者是通过对著作权法中权利内容的"其他权利"进行扩张性解释创设新的权利[3],或者是直接将未经许可上传他人作品的行为认定为侵犯了著作权人的"复制权"[4]。

---

1 王迁. 网络环境中版权直接侵权的认定[J]. 东方法学, 2009, (2):17-18.
2 刑法中的吸收犯,是指数个犯罪行为,其中一个犯罪行为吸收其他犯罪行为,仅成立吸收的犯罪行为一个罪名的犯罪形态。
3 参见北京市海淀区人民法院民事判决书(1999)海知初字第57号。
4 参见北京市第二中级人民法院民事判决书(2000)二中知初字第18号。

实际上，信息网络传播行为可以划分为以下两个阶段。一是将作品上传于服务器中，这一阶段必然会导致在服务器的硬盘中形成作品的复制件，行为人构成侵犯著作权人复制权没有任何问题；二是将作品向公众传播，使公众能够在其个人选定的时间和地点获得作品，这一阶段其实也可以通过对广播权或发行权进行解释而得到保护。而网络用户获得作品，无论是以下载、浏览或者其他方式，结果都是服务器根据用户的访问请求，根据服务器上存储的作品内容，复制一份电子版的作品然后传输给用户，区别只在于传输的是永久复制件（下载）还是临时复制件（浏览）。[1] 因此原则上这一网络传播行为如果未经著作权人许可，也会侵犯其复制权。但是由于在大多数情况下信息网络传播权足以保护著作权人的利益，因此目前我国法院一般不再认为这种传播过程构成对复制权的侵害。

反之，仅有复制行为未必侵害复制权，还应判断行为人后续行为的性质问题，以根据具体情况判断出行为人后续行为的性质作为前面的复制行为的定性依据。这里的具体情况一般应当包括：作品的性质、复制作品的数量规模、行为人的经营类型、对行为人理性行为的预测等。这是因为合理使用、法定许可等权利限制规则本身就是法律为了实现权利人和社会公众的利益平衡而对著作权设置的例外，允许公众在未经著作权人许可的情况下使用作品。在我国《著作权法》第24条所列举的12项具体的合理使用行为中，大多数都需要先行对作品进行复制，而如果将复制行为与后续的利用行为独立判断，无论后续行为是否构成合理使用，都不影响先行复制行为构成侵权的认定结果，则将使合理使用规则成为一纸空文，丧失任何意义。例如，在王某诉北京谷翔公司案中，北京市高级人民法院认为，"虽然未经许可的复制原则上构成侵权，但在法律规定的

---

[1] 崔国斌. 著作权法：原理与案例[M]. 北京：北京大学出版社, 2014:450.

合理使用的情形中，有些合理使用行为的实施需要以复制为前提。在这种情况下，专门为了合理使用行为而进行的复制，应当与后续使用行为结合起来作为一个整体看待，不应当与后续的合理使用行为割裂开来看"。[1]

但是，这并不意味着在网络环境下复制权就丧失了独立的存在意义。笔者认为，在某一行为同时涉及侵犯作品复制权与信息网络传播权的情况下，判断侵权与否，应当遵循以下逻辑：首先，只要复制行为未经著作权人许可，且不属于合理使用等例外，原则上即构成侵权。其次，如果行为人利用作品复制件实施的后续网络传播行为构成合理使用，则先前的复制行为亦被吸收，也属于合理使用而不构成侵权。即只有后续网络传播行为被认定为合理使用，才能使相应的先前复制行为免责，而不是复制行为侵权与否待定，只要没有后续使传行为就不认定先前复制行为的性质。因此在"对作品进行复制后，以其他方式使用或传播作品之前"，行为人未经许可的复制行为构成侵权。采用这一判定逻辑并不会如前述使合理使用规则丧失适用余地，因为在绝大多数情况下，著作权人只有在其作品被公开使用或传播之后才能得知其作品曾经被复制的事实，因此其在"作品复制后，使用或传播前"这段时间内起诉行为人侵犯复制权的可能性非常小。但如果符合条件，则行为人构成侵害复制权。值得注意的是，此时构成侵权不是"即发侵权"，而是"已发侵权"。

总而言之，在案件中，负有举证责任的当事人应当举证证明被告的行为符合其主张侵权行为的相应构成要件，而不应由于取证成本问题减少符合上述构成要件的内容。

---

[1] 参见北京市高级人民法院民事判决书（2013）高民终字第1221号。

3 网络交易平台服务提供商的侵权归责原则问题

内容摘要

　　随着网络技术的高速发展，网络的应用也越来越普遍和深入社会的各个方面，与此相应地，涉及网络的纠纷也日渐增多和复杂。其中，网络著作权侵权纠纷在司法实践中呈现出数量大、类型多以及在技术和法律两个方向日趋复杂化的特点。值得注意的是，在当前的网络著作权侵权纠纷案件的司法实践中，在一定范围内和一定程度上出现了案件的定性标准不一致的情况。其核心问题就在于如何正确判断网络服务提供者侵权归责原则中的过错问题。巧合的是，持相反观点的人们往往都是基于对被告的特定经营模式（服务模式）而分别得出各自的结论。笔者认为，讨论这个问题可以从技术中立原则出发，进行理论梳理，从而正本清源，进而正确地指导司法实践。

关键词

　　网络交易平台服务提供商；侵权规则原则；过错

3.1 淘宝公司与友谊出版公司侵犯著作权纠纷案

2008年1月29日，友谊出版公司与磨铁公司签订《图书出版合同》，约定友谊出版公司享有在中国大陆范围内以图书形式出版《盗墓笔记4》（以下简称正版图书）的专有权利。2008年11月，友谊出版公司发现杨某林以明显不合理的低价，通过开设在淘宝公司网站上的网店销售《盗墓笔记4》（以下简称涉案图书）。经过友谊出版公司确认，杨某林所销售的涉案图书系盗版图书，其行为侵犯了友谊出版公司享有的专有出版权。淘宝公司作为提供交易服务平台的主体，对在其网上销售的涉案图书及销售主体资格未尽到合理的审查义务，且对以明显低于市场价格销售图书的信息未尽到及时删除的义务，为非法销售盗版图书提供了渠道和便利，已经参与到杨某林的侵权环节之中，遂诉至法院。

北京市第二中级人民法院二审认为：友谊出版公司享有涉案图书的发行权，杨某林销售涉案图书的行为侵犯了友谊出版公司的专有出版权，应当承担相应的侵权责任。淘宝公司作为网络交易平台的提供者，对于作为个人卖家的杨某林的真实姓名和身份证号码进行了核实。由于目前法律、行政法规中并无具体明确的规定要求网络交易平台的提供者负有区分各种情况的义务，故淘宝公司并未要求杨某林提供其具有经营资质方面的证明没有违反相关规定。友谊出版公司出版的涉案图书的单价为32.8元，而杨某林销售涉案图书的价格为13元，该价格明显低于友谊出版公司的定价。但是，在淘宝网上销售的商品数量巨大、种类繁多、情况复杂，法律、行政法规仅明确规定了禁止流通和限制流通的物品，并未要求网络交易平台的提供者负有审查卖家销售商品的价格是否明显低于市场价格的义务，故对于杨某林以明显低于定价的价格销售涉案图书的行为，淘宝公司并未违反规定。淘宝公司在接到警告信后，在淘宝网上及时删除了杨某林销售涉案图书的相关信息，已尽合理义务。

3.2 网络服务提供者的种类及其侵权归责原则

3.2.1 网络服务提供者的种类

网络服务提供者通常分为ICP与ISP。值得注意的是，ICP与ISP的身份不是固定的，在现实中，许多网络服务提供者往往既自行上传信息，又提供他人上传的信息，对于前者其身份是ICP，对于后者则是ISP。因此，严格来说，只有在针对特定行为的情况下，才能够确定ICP与ISP的身份，而且这种区分才是有意义的。还应当指出，ICP和ISP未必是公司，也可能是个人。特别就ICP而言，理论上说，任何一位网民都可能成为ICP。

3.2.2 ICP与ISP的区分标准及侵权归责原则

《互联网著作权行政保护办法》中规定，"互联网内容提供者[1]"是指在互联网上发布相关内容的上网用户。这里所说的"发布"，主要是指"上载"，也包括"转载"，但不包括"自动接入""自动存储""链接""搜索""提供信息存储空间"等。"互联网信息服务提供者[2]"是指在互联网信息服务活动中根据互联网内容提供者的指令，通过互联网自动提供作品、录音录像制品等内容的上载、存储、链接或搜索等功能的主体。[3]

我国理论界对于侵权归责原则体系有很大的争论。笔者认为，对于网络服务提供者的侵权问题而言，主要应适用过错责任原则，

---

1 这里指ICP。
2 这里指ISP。
3 参见《信息网络传播权保护条例》第20条至第23条的规定。

特殊情况应适用过错推定原则，不适用无过错责任原则，而公平责任原则只是一种侵权损害赔偿规则而非侵权归责原则。

3.2.2.1 ICP的侵权归责原则

对于ICP的侵权责任问题，理论上和实践中基本有共识，认为其归责原则为过错推定原则。

过错推定原则的构成要件与过错责任原则并无不同，仍为损害事实、违法行为、因果关系和主观过错四个要件。由原告举证证明违法行为、损害事实和因果关系，推定被告有过错；在主观过错要件问题上，实行举证责任倒置，证明成立则推翻过错推定，证明不足或者不能证明的则推定过错成立。

关于主观过错的成立问题，应当以"合理注意义务"为判断标准。笔者认为，互联网内容提供者的"合理注意义务"应区分不同情况，考虑一般网民的认知水平和专业网络公司的认知水平予以确定，但应轻于出版社的"合理注意义务"，其范围通常包括作品的内容与署名是否存在明显的矛盾，作品的权利人与作品提供者是否一致或作品提供者是否取得权利人的许可等内容。

另外一个值得研究的问题是，在被告能够证明其不存在主观过错的情况下，当然不成立侵权，但此时原告是否具有不当得利返还请求权，值得进一步研究。就出版社而言这是成立的，参见《最高人民法院关于审理著作权民事纠纷案件适用法律若干问题的解释》第20条第3款。

3.2.2.2 ISP的侵权归责原则

由于网络技术本身具有广泛联结、任意联结、自由联结的特点，计算机网络具有信息传播"阶段性"或"层次性"的特点。实际上，任何信息传播都是一个过程，这里所强调的这一特点是指，由于计算机网络信息传播过程在技术上可分为截然不同几个阶段或层次，处于不同阶段或层次的主体对于完成信息传播整体过程的

"贡献"不同，其权利义务也因此不同。因此，网络环境的使用方式与非网络环境（或称传统环境）的使用方式相比，具有多个传播主体、多个传播主体处于不同"层次"、多个传播主体一般并无共同故意的特点。这一特点主要体现为：在网络上传播作品，往往需要通过不同传播层级的多个互联网信息服务提供者，且他们相互之间通常没有共同意思联络。

因此，笔者认为，对于ISP而言，其侵权归责原则应为过错责任原则，其构成要件应为损害事实、违法行为、因果关系和主观过错四个要件。

3.3 对于技术中立原则的理解与适用

3.3.1 技术中立原则的来源及含义

在著作权法中，技术中立原则并非泛指应当考虑未来技术发展因而在立法时具有技术意义上的包容性[1]，而有其特定含义。在著作权法中，技术中立原则也被称为"实质性非侵权用途原则"，其含义为被告提供的某种商品或服务同时具有合法和非法用途，则可以免除其侵权责任。该原则始于美国最高法院于1984年判决的"索尼案"，故又被称为"索尼规则"。[2]

美国联邦最高法院在该案中引入了专利法上的"普通商品原则"。该原则规定在《美国专利法》第271条（c）款中，其表述为："在美国许诺销售或销售，或在美国进口专利机器、产品、组

---

[1] 例如，我国《著作权法》第10条第1款第（12）项规定的"信息网络传播权"针对的不仅是因特网，也不仅是计算机互联网络，而是包含了所有的信息网络，这就为电信网、广播电视网以及"三网合一"提供了立法依据。

[2] 关于该案的详细情况及评价可参见王迁."索尼案"二十年祭——回顾、反思与启示[J]. 科技与法律, 2004, (4):59-68.

合或合成物之成分者，或用于实施专利方法之材料或器械者，而且该成分、材料或器械是有关发明的实质性部分，同时还知道该成分、材料或器械是为了用于侵犯专利权而特别制造或特别改装的，且上述物品不是可用于非侵权目的的大路货或商品，将作为帮助侵权者而承担责任。"从该规定看，构成专利法帮助侵权的行为须满足以下要件：①直接侵权行为的存在，即未经授权而行使了专利权，如制造、销售专利产品；②主观故意，即明知自己所销售的物品专用于侵犯专利权；③实施了帮助行为，即销售、许诺销售或进口专利产品主要组成部分的行为；④客体是一种物品，这种物品专用于专利产品的制造或改造，无侵权以外的其他用途。[1]

3.3.2 技术中立原则在司法实践中的表现

虽然技术中立原则规定的是被告承担侵权责任的情形，但在网络著作权侵权纠纷的司法实践中，该原则通常被用于被告主张其不应承担侵权责任的抗辩主张；同时，该原则经常使法官在心证形成过程中过分关注于对被告特定经营模式（服务模式）的评价，而非特定行为的评价。笔者就曾经见过多份代表两种观点的判决书。

第一种观点认为：①在我国当前的网络现实中，绝大部分影视、音乐作品均是未经权利人许可而上传到网络上的。②对于这一点，大部分网民是知晓的，专业网络服务公司更是心知肚明的。③提供影视、音乐作品的网络服务公司利用他人作品大肆盈利，但权利人却难以取得其中的合理部分。基于上述背景，这种观点认为，提供影视、音乐作品的网络服务提供者的特定经营模式（服务模式）主要是用于侵权用途的，且对此是明知的，被告网站提供了排行榜或推介的内容，则不论涉案作品是否在排行榜或推介的内容中，均认定

---

1 张今. 版权法上"技术中立"的反思与评析[J]. 知识产权, 2008, (1):73.

其不能进入"避风港",应当承担侵权损害赔偿责任。

第二种观点则鲜明地打出了技术中立原则的旗帜,认为被告的特定经营模式(服务模式)虽然可以用于侵权用途,但同样也可以正常地用于非侵权用途,即具有"实质性非侵权用途",故应当依据技术中立原则进入"避风港",从而免除侵权损害赔偿责任。

笔者认为,第一种观点的理论依据是"实质性侵权用途",即只要被告的特定经营模式(服务模式)可以正常地用于侵权用途,被告就应当承担侵权损害赔偿责任。这是对技术中立原则的"反用"。第二种观点则与之截然相反,但可能导致对技术中立原则的"滥用"。可见,在这里,技术中立原则遇到了一个难题,即当被告的特定经营模式(服务模式)既可以正常地用于侵权用途,又可以正常地用于非侵权用途时,应如何判定被告的责任。而司法实践中遇到的经营模式(服务模式)往往都同时具有侵权和非侵权用途,此时的判定依据难道仅限于用途吗?

3.3.3 正确理解和运用技术中立原则

要想解决上述难题,就应当正确理解和运用技术中立原则。技术中立原则并非只考虑用途,它还有其他的构成要件。笔者认为,其中最重要的就是过错。考察的重点不应是用途,而是过错;不应是一般意义上的过错,而是具体意义上的过错;不应是特定经营模式(服务模式)意义上的过错,而是特定行为意义上的过错。这里的过错应当具有个案的特定性、针对性和具体性。在网络著作权侵权纠纷中,过错的认定往往表现为对于明知、应知的认定。

3.3.3.1 明知、应知什么

笔者在司法实践中经常遇到ISP"诉苦",他们表示虽然知道涉案作品很知名,一般人都会认为在某个时期内权利人不会将涉案作品上网传播,但并不知道涉案内容已经存在于ISP提供的信息存储

空间之中；还有部分ISP表示，虽然ISP进行了选择、编排，甚至做了"排行榜"，但在"排行榜"中并未出现涉案作品，在这种情况下，也不应判定ISP符合明知、应知这一要件。

笔者认为，提供信息存储空间的ISP明知、应知的内容应当具有个案意义上的确定性，即具有涉案内容的确定性和涉案服务行为的确定性，具体包括两个方面。一是明知、应知涉案内容存在于ISP提供的信息存储空间之中；二是明知、应知涉案内容具有非法上传的高度盖然性。

3.3.3.2 明知、应知的判断标准

明知，是指网络服务提供者明确知晓上述情况的主观状态。应知，是指作为专业服务提供者的网络服务提供者根据涉案具体情况应当知晓上述情况的主观状态。

3.3.3.3 司法实践中判断应知的常见证据

对于涉案内容存在于ISP提供的信息存储空间之中的应知判断，可以通过ISP实施了编排、推介等行为来认定，但笔者认为，只有当编排、推介的具体内容中包含了涉案作品时，才能认定ISP对此系应知。

对于涉案内容具有非法上传的高度盖然性的应知判断，可以通过涉案内容具有较高的知名度以及提供服务的时间在涉案内容的热播期间或院线放映期间来认定。

3.3.3.4 该案的运用

在该案中，淘宝公司作为网络交易平台的提供者，不同于将市场内的柜台、摊位等经营场所出租给租户并收取租金，用以批发或者零售商品，并对整个市场进行经营管理的市场主体，即市场经营单位。首先，二者涉及的商品类别不同。淘宝网涉及的商品数量巨大、类别繁多，除法律、行政法规明确禁止流通和限制流通的商品外，其他商品均可以通过网络交易平台进行流通；而现实中一个确定的市场只能根据有关部门的审批进行某些特定类别商品的流通，

商品数量亦十分有限。其次，二者涉及的卖家情况不同。网络交易平台的卖家分为个人卖家和商家卖家，其中个人卖家数量巨大、情况复杂，既有个体工商户经营也有个人销售自有物品的情况；而现实市场的卖家则必须为符合相关规定的市场经营者，卖家数量亦十分有限。再次，二者所负的审查范围及相应的审查内容不同。淘宝网对于商家卖家的审查内容包括企业法人营业执照、营业执照、个体工商户营业执照等材料，对于个人卖家，由于目前法律、行政法规中并无具体明确的规定要求网络交易平台的提供者负有区分各种情况的义务，故仅审查个人卖家的真实姓名和身份证号码即可；而现实中的市场经营者则需对于其全部的卖家审查其企业法人营业执照、营业执照、个体工商户营业执照等材料。淘宝公司作为网络交易平台的提供者，对于作为个人卖家的杨某林的真实姓名和身份证号码进行了核实。由于目前法律、行政法规中并无具体明确的规定要求网络交易平台的提供者负有区分各种情况的义务，故淘宝公司未要求杨某林提供其具有经营资质方面的证明没有违反相关规定。淘宝公司关于其不具有审查个人卖家的法定义务和审查能力、无法界定和判断个人卖家是否具有经营目的、已尽合理的主体审查义务的主张，于法有据，应当予以支持。

结语

技术中立原则具有鼓励技术发展、平衡各方利益和增进社会福祉的作用，但孤立地强调技术中立原则就可能给利用新技术侵权披上一件合法的外衣，进而损害社会秩序和公共利益。司法审判在个案层面上应当更加关注具体行为的合法性问题，而非经营模式（服务模式）的合法性甚至合道德性问题；在司法政策层面，应适用过错判断标准使社会上大部分网络服务提供者能够进入"避风港"，而不是相反，这样才能更有利于保障法律的权威性和有效性，增强司法对社会的引导作用和能动作用；在此前提下，增大判赔力度，从而集中力量打击严重侵权行为，更好地平衡各方利益，进而营造有利于构建创新型国家的社会氛围。

4 涉及深度链接的侵害信息网络传播权纠纷问题研究

内容摘要

涉链接侵害信息网络传播权纠纷案件成了当前司法审判中的热点问题之一，其中一些问题在理论和实务方面都存在不同的观点。笔者从程序和实体两个方面对相关问题进行提炼，并通过对相关法律概念的梳理及利益分析，评述了其他标准，论证了"服务器标准"的合理性；对于实践中突出的破坏技术保护措施的性质进行了法律分析，提出"特殊侵权行为"的观点，并对司法实践中出现的问题进行了深层解析；在此基础上，对审理此类案件在程序和实体两个方面进行经验总结。

关键词

深度链接；网络提供行为；服务器标准；破坏技术保护措施

自2001年《著作权法》明确规定了"信息网络传播权"以来，此类纠纷便成为著作权乃至知识产权纠纷中最重要的案件类型之一[1]，对此类案件的审理往往体现出商业利益与技术发展之间的博弈，判决影响着著作权人、网络服务提供者与网络用户的三方利益。笔者对涉链接信息网络传播权案件中的技术发展趋势和背景进行介绍，并对典型案件的审判思路进行探讨及分析。

4.1 信息网络传播权的技术新发展

法律并不建立在空中楼阁之上，而是随着社会实践始终进行调整。有学者指出，按照我国《著作权法》《信息网络传播权保护条例》以及《信息网络传播权司法解释》的制度化进程，信息网络传播权案件呈现了不同的裁判方法和路径。[2] 但在笔者看来，技术的进展对于信息网络传播权案件的影响其实更为深远，要探讨此类案件的裁判思路，不仅需要把握法律的具体规定，还离不开对技术的准确理解，在探讨案件的审理思路之前，必须探讨技术的发展和变化。

当前，司法实践中侵害信息网络传播权纠纷案在技术方面出现了三个明显的新发展，作为裁判者应当了解并予以重视。

第一个新发展表现于技术平台方面。手机（移动）端已经成为我国网民的主要上网平台。根据统计数据显示，截至2021年12月，我国

---

1 自北京知识产权法院建院至2019年10月底，该院共受理著作权纠纷案件15297件，结案13054件。其中数量最多的是侵害作品信息网络传播权纠纷、侵害计算机软件著作权纠纷、计算机软件开发合同纠纷。参见杨静，赵书博. 北京知识产权法院:五年结案近六万件 有力保障创新发展[EB/OL]. (2019-11-07)[2022-03-18]. https://m.thepaper.cn/baijiahao_4888774.

2 孙海龙，赵克. 变与不变:信息网络传播权的动态演进与司法应对[J]. 法律适用, 2013, (11):78.

网民使用手机上网的比例达99.7%，手机是上网的最主要设备。[1] 使用电脑端上网的比例相当低。随之而来的就是发生在手机端的侵害信息网络传播权纠纷案件的数量已远远超过发生在电脑端的相应案件的数量。由于技术基础和表现形式的差别，手机端案件表现出很多独有的特征，与电脑端的判断标准相去甚远。

　　第二个新发展表现于搜索结果显示方式方面。随着网络服务的发展，搜索引擎技术已经从第一代、第二代、第三代搜索引擎向第四代搜索引擎进行演变。[2] 第一代搜索引擎是指简单的全文搜索，主要是基于内容匹配的原则进行排序，由于搜索结果是对数据库抓取内容的简单罗列，其搜索结果包含的内容较多，用户检索到需要内容要多次点击跳转。而第二代搜索引擎是对搜索资源页面分类展现的，在抓取过程中搜索引擎不仅扫描关键词，还阅读页面全文，考虑图像、视频等所有链接，并进行区分存储。但是，第一代和第二代搜索引擎的搜索结果页面（在设链网站）中一般只有搜索结果的简要信息，而没有搜索结果的完整内容（除非搜索结果的内容恰好非常少，能够完整地显示于搜索结果页面中），用户想要查看搜索结果的完整内容，就必须点击该搜索链接，并从设链网站跳转到被链网站，在被链网站中获取完整的搜索内容。而第三代搜索引擎技术则能够自动从被链网站中"抓取"搜索结果的相应信息，并在搜索结果页面（在设链网站）中以窗口的形式进行全部显示，表现为从跳转式向窗口式的发展。第四代搜索引擎技术则通过用户的使用特征来满足不同用户的搜索需求。

1　中国互联网络信息中心. 第49次中国互联网络发展状况统计报告[EB/OL]. (2022-02-25) [2022-03-16]. http://www.cnnic.net.cn/hlwfzyj/hlwxzbg/hlwtjbg/202202/t20220225_71727.htm.

2　该技术划分标准并非统一的学术概念，而是散见于不同论者的文章中，笔者采用的是一种服务形式区分标准，而非严格的技术标准。

第三个新发展表现于服务提供者方面。随着网络内容服务进一步的发展整合，提供视频点播播放的网络服务商正在逐步减少，并且形成了以腾讯、爱奇艺等为主的大型服务商，而在音乐服务方面也形成了网易云、腾讯音乐等主流服务商，前述服务商目前同时提供链接搜索服务和内容服务，其服务内容逐渐多元化。

上述新技术发展分别产生了新的技术特征，且新的技术特征在司法实践中产生不同的叠加，给司法认定提出了新的挑战。笔者认为，前述第一个新发展带来了两个方面的新技术特征，即相对于电脑端而言：一是手机端在结果呈现方面在一般情况下缺少地址栏，用户在获取作品时直接获取该作品，而不能了解到该作品的存储地址等信息；二是从设链网站到被链网站的跳转过程不明显，在手机端许多搜索采取了直接打开第三方软件的方式进行跳转，而没有明显的打开新的页面并载入等步骤，而在手机端的软件切换并无标志节点。前述第二个新发展也带来了两个方面的新技术特征：一是内容提供行为与搜索链接行为的用户感知界限相对不明显，用户在操作过程中没有明确的跳转步骤，如何确定用户的感知标准是一个问题；二是新一代搜索引擎往往对相关搜索结果进行了内容整合，其相关的信息均是通过第三方网站进行抓取的，不能因为搜索结果存在其他信息而认定存在编辑整理，在判断其是否进行了编辑整理时也需要新的标准。第三个发展是指商业实践的发展和变化，由于内容服务提供者的减少，由此造成搜索链接服务中更多地选择"定向链接"或者"有限链接"的搜索方式，对于搜索链接服务提供商的注意义务认定也提出了新问题。

4.2 技术发展对涉及搜索链接服务案件的影响

正是基于上述技术发展，从北京各基层法院的审判案例来看，涉及搜索引擎及来源网站（即被链网站）的侵害信息网络传播权案件情况日趋复杂，在审理中引起了很多争议。被链网站取得限制性授权后违约向设链网站开放端口的情况十分普遍，成为目前的典型争议。

以实务中常见的情况举例：甲公司享有某作品的信息网络传播权，甲公司与乙公司通过许可合同方式授权乙公司在其网站中向公众提供涉案作品[1]，双方在授权使用范围一项约定，乙方可以在其网站中提供涉案作品，但不得以任何方式将该作品向第三方开放端口或进行合作。在合同履行中，乙公司违约向丙公司就涉案作品开放端口，丙公司网站就涉案作品建立了指向乙公司网站的链接。现甲公司欲就该行为提起诉讼。

与传统信息网络传播权纠纷不同，此类案件呈现了以下新的特点：

第一，由于存在多个侵权主体，被诉主体具有多种可能。甲公司在起诉时可以选择乙公司为被告，也可以选择丙公司为被告，或者选择乙公司和丙公司为共同被告。

第二，被告行为的性质具有复杂性。在此类案件中，由于存在多个主体，需要对各主体的行为性质进行判断，如乙公司构成单纯违约还是构成违约与侵权的竞合？丙公司是否侵害甲公司就涉案作品享有的信息网络传播权？丙公司的侵权行为是直接侵权还是间接侵权？

第三，此类案件的核心问题依然在于确定信息网络传播权的范围和界限，这是因为在不同主体的行为是否属于侵权上仍未有定论，其责任认定实际上影响着信息网络传播权的范围，人民法院需要对信息网络传播权的范围进行合理解释，并在权利人、社会公

---

[1] 该提供作品的行为符合交互性特征，即网络用户可以在其选定的时间、选定的地点获取相应作品。

众、网络服务的利益中寻找平衡。

4.3 司法实践中出现的典型情况

技术发展导致出现了新的案件情况，司法审判也出现了不同的处理方式，引起了诸多争议。其中比较具有代表性的处理方式有以下几种。

4.3.1 在程序方面，原告起诉主张的不确定性增大，提出预备合并诉讼，而被告在诉讼过程中申请第三人参加诉讼

由于技术的变更发展，设链网站提供服务的性质具有多种可能性，权利人在起诉时往往无法准确区别设链网站是直接提供者还是搜索链接，为了保证诉讼请求的完整和诉讼程序推进，权利人可以选择在起诉时提起预备合并诉讼，即在提起主位诉讼的同时，于同一诉讼程序中提起预备诉讼，如主位诉讼请求无理由时，可以就其预备诉讼请求法院审判。[1] 虽然原告可以提出预备合并诉讼，这是其诉讼权利的体现，但是人民法院在判决中的认定应当是唯一确定的，不能模糊处理，不区分性质的认定构成侵权，或者认为既有可能构成直接侵权，也有可能构成间接侵权，否则就与民事诉讼法关于"事实清楚、责任分明"的要求相矛盾。与此同时，被告往往声称自己作为搜索链接服务提供商，其提供的链接为合法来源，因此向法院申请追加被链网站作为第三人，以查明涉案作品是否具有合法授权，被链网站是否采取技术措施等相应事实，但是出于审理期限等因素考虑，审理法院可能不批准该追加申请。

---

[1] 冯刚. 侵害信息网络传播权纠纷案件审理问题研究[J]. 知识产权, 2015, (11):54.

4.3.2 对于被诉行为性质的认定存在不确定性

传统搜索引擎和内容服务提供者的被诉行为性质较容易确定，对于被诉行为是属于提供行为还是链接行为一般不产生争议，关键在于其实施行为的事实查明。但是在手机端的许多案件，由于搜索技术和网络服务内容的日趋复杂，许多网站不仅是内容提供商，还提供搜索链接服务，法院往往不能直接区分侵权行为性质。比如针对设链网站的搜索链接行为，是直接突破被链网站技术保护措施实现的，还是被链网站开放端口实现的；是单纯的违约，还是单纯的侵权；这两个主体分别是什么行为，共同是什么行为，均需要在案件审理过程中进一步查明和明确，而由于事实查明标准和侵权认定标准均不统一，其性质认定存在不确定性，有可能同样的侵权行为，在某些法院被认定为提供行为，而在另一些法院被认定为链接行为。

4.3.3 对于侵权与违约的关系存在不同认识

如前所述，在此类案件中，存在被链接网站及设链网站等不同主体，其行为性质较为复杂，需要进一步结合案情予以认定，但在司法实践中对部分行为认定并未采取统一的标准，也有多种不同认识。比如在北京动艺时光公司与北京盛世骄阳公司侵害作品信息网络传播权纠纷案[1]中，涉案电影存储在被链网站的服务器上，被链网站向设链网站提供了涉案电影的链接接口，设链网站在其网站建立了指向该电影的链接，法院认为设链公司的行为不属于共同提供作品，仅是提供链接的行为。而在乐视网公司与豆网科技公司、合一公司侵害作品信息网络传播权纠纷案中，法院却认为同样性质的行为构成共同提供作品的侵权行为。

---

1 参见北京知识产权法院（2015）京知民终字第796号民事判决书。

4.3.4 出现了以"法律标准""实质替代"或"链接不替代"原则替代"服务器标准"的情况

在司法实践中，随着深度链接等新情况的出现，许多学者认为设链网站能够替代被链网站，直接向用户提供内容的链接是不应该被允许的，进而提出"链接不替代"原则，其认为如果链接替代了被链网站即构成直接侵权。[1] 在实践中也有很多判决实质性地采纳了这种观点，比如北京我爱聊公司与央视国际公司侵害作品信息网络传播权纠纷案[2]，法院认为"在用户点击链接后，应跳转至第三方来源网站，否则该行为将实质性替代来源网站进行播放"构成侵权。

4.4 信息网络提供行为的判断标准

面对技术发展带来的新的纠纷和问题，笔者认为，应当坚持严格依据《信息网络传播权司法解释》及北京市高级人民法院《关于审理涉及网络环境下著作权纠纷案件若干问题的指导意见（一）（试行）》的精神进行裁判，而不应随意创造新的规则。

4.4.1 国际条约的规定

我国《著作权法》中关于信息网络传播权的定义主要参照了《世界知识产权组织版权条约》的相关规定，是为了应对互联网给著作权法带来的挑战和履行公约义务而设定的。而《世界知识产权组织版权条约》第8条及该条约提案第10条中的"提供"行为是指向公众提供作品的行为，这种提供是指对作品提供访问的行为且

---

1 石必胜. 论链接不替代原则——以下载链接的经济分析为进路[J]. 科技与法律, 2008, (5):64.

2 参见北京市第一中级人民法院（2014）一中民终字第3199号民事判决书。

是最初的行为，而不是单纯提供服务器空间、通信连接或传输、按指定路径发送信号的设备行为，可见其采取的判决标准为服务器标准。同时，《世界知识产权组织表演和录音制品条约》也采取了同样的定义方式，我国作为前述两条约的缔约国，并没有超越其约定对信息网络传播权进行独有定义。因此从立法渊源上来讲，《著作权法》的信息网络传播行为采用了《世界知识产权组织版权条约》和《世界知识产权组织表演和录音制品条约》的同一表述，其中的"提供"也应满足最初将作品置于服务器中的行为，采取的确定标准应是服务器标准。特别是，《世界知识产权组织版权条约》关于第8条的议定声明指出：不言而喻，仅仅为促成或进行传播提供实物设施不致构成本条约或《伯尔尼公约》意义下的传播。这一声明实际上明确将链接排除在信息网络传播行为的范围之外。

4.4.2 我国司法解释及司法实践的标准

该思路也得到了我国司法解释与司法实践的一致认可。在"信息网络传播权"通过立法确认后，在之后的历次典型判决中，各地法院及最高人民法院均采用了服务器标准判断是否构成侵权，比如2007年的泛亚诉百度案中，北京市高级人民法院明确采取了服务器标准认定百度公司不构成侵权；2011年的肇庆数字文化网数字影院案件中，最高人民法院则明确指出应适用服务器标准。此后，最高人民法院在2012年颁布了《信息网络传播权司法解释》作为审理信息网络传播权的司法实践的总结，其中第3条中虽并无服务器标准的明确表示，但因"置于信息网络中"通常应被理解为置于服务器中，在最高人民法院《信息网络传播权司法解释》的负责人发言中确实并未肯定服务器标准，但用户感知标准被明确否定。因此，在结合最高人民法院相关判决的情况下，不难理解出服务器标准这一含义。而回顾以往各地法院的指导意见可知，对于信息网络侵权行为的标准逐渐在实践中走向统一，多数法院都坚持采用"服务器标准"，以认定网络服务商是否实施了"网络传播行为"，以及是否构成对"信息网络传播权"直接侵权。北京市高级人民法院《关于审理涉及网络环境下著作权纠纷案件若干问题的指导意见（一）（试行）》将"其置于向公众开放的网络服务器中"作为对信息网络传播权的定义纳入其中，可见"服务器标准"作为一种客观标准，因其清晰和便于认定，在司法解释和法律实践中均得到了有效的承认，其属于信息网络传播权行为的唯一认定标准。

4.4.3 对于"法律标准"的评价

有的学者认为服务器标准具有技术局限性，因此提出界定不同行为的性质需要依据法律标准，以是否构成对著作专有权的行使或者直接侵犯为标准进行判断。[1] 前述学者认为采用"法律标准"代替"服务器标准"的主要理由是：①服务器标准不能涵盖提供行为的所有情形，比如其无法准确认定分工合作条件下的提供行为。②服务器标准可能因技术发展失去存在基础。这种观点获得了其他学者的认同，比如有学者认为"应将信息网络传播行为作广义的理解，以是否直接提供权利人作品的法律标准取代服务器标准来界定信息网络传播行为"。

对此，笔者持不同意见，事实上，上述理由均是基于对服务器标准的狭隘理解。对于"服务器"概念的不同理解是对于"服务器标准"不同认识的根源。随着计算机技术和网络技术的发展及其在

---

1 孔祥俊. 网络著作权保护法律理念与裁判方法[M]. 北京:中国法制出版社，2015:69.

全社会的广泛应用,"服务器"已经不是某种计算机类型[1],而是具有网络传输功能的计算机硬件与软件的结合体。"服务器"包含"网络服务器、设置共享文件或者利用文件分享软件等方式"[2],"服务器标准"是指"将作品等上传到具有网络传输功能的硬件与软件的结合体供网民获得的行为是网络提供行为"。此外,该标准指向的行为主体不是"服务器"的物权所有人,而是作品的"上传者",否则信息存储空间服务提供商就成为内容提供者了。

4.4.4 "深度链接"是否属于"链接"

有观点认为,我国《信息网络传播权保护条例》及《信息网络传播权司法解释》中规定的链接是指技术发展早期有明显跳转过程的链接,而深度链接由于前面介绍的新特点,因此不属于上述规定中的"链接"。笔者对此不敢苟同。

所谓网络链接是指根据统一资源定位符,运用超文本标记语言,将网站内部网页之间、系统内部之间或不同系统之间的超文本和超媒体进行链接的方式。通过此种链接技术,即可从一网站的网页链接到另一网站的网页,正是这样一种技术,才得以使世界上数以亿万计的计算机密切联系到了一起;简而言之,互联网的本质就是链接。链接构成了网络存在的基本内容和必然要求,无论是深度链接还是定向链接都不能改变这一技术的基本特点。深度链接也

---

[1] 在20世纪90年代,服务器是与微型计算机、小型计算机、中型计算机、大型计算机和巨型计算机有关联关系的一种计算机类型。但随着技术的发展,在个人计算机中将某一目录或者文件设置为网络开放状态,则该目录或文件就起到了"服务器"的作用。这种情况并不鲜见,许多科技类专有名词都会不断拓展其内涵和外延。例如,MP3最初是指一种文件压缩格式;后来指代以这种格式存储的文件,特别是音乐文件;再后来又指代专门用于播放这种音乐文件的专用播放设备。

[2] 即《信息网络传播权司法解释》第3条中列举的情形。

好,定向链接也好,均没有提供新的作品形式,只是提供了获取作品的链接方式,不会再次使公众获得该作品,因此并非我国《著作权法》中所规定的信息网络传播行为,而是"向公众提供作品"的行为。

随着技术的发展,服务器标准的认定方式也在不断发展。比如快播公司已经发展出"磁盘阵列碎片化存储技术",能够将某一作品分成多个部分存储于不同服务器,但是其未改变上传行为的本质,即首先需要一个有效的储存空间。如果行为人上传作品的服务器并未向公众开放,在公众无法获取的条件下仅上传,不构成提供行为,若有人对该作品首次设置链接,才能构成信息网络传播中的提供行为,而这个存储空间及设链行为是可以通过双方的举证得以查明的。现在提出的法律标准虽然能够解释目前存在的几种提供行为,但对于构成提供标准的判断要件,相比服务器标准而言仍然是模糊的。究其本质,服务器标准是一种客观的标准,其已经明确"使作品处于能为公众获得状态的行为构成提供",这种标准能够解决目前出现的深度链接、聚合链接等问题,不应进行主观突破和解释,而法律标准是一种政策选择标准,是事后的调整标准,需要通过价值取向或者导向进行决断,与"用户感知标准"一样均是作为主观标准,是否构成提供行为存在很大的变动空间。而网络服务者有没有提供信息内容始终是一个事实问题,若以用户识别或法律判断为依据,将主观标准引入对客观事实的认定,不仅对当事人来说无法有效地承担证明责任,也容易造成司法认定上的恣意,这无疑是对过往司法实践的背离。因此,无论是基于对《信息网络传播权司法解释》的理解,还是基于司法实践中的做法,对于信息网络传播行为的理解均应坚持服务器标准,而非用户感知标准或者其他标准,不应为了追求案件的裁判效果,牺牲利益平衡原则,在具体案件中恣意进行突破性的类比适用或解释。

4.4.5 相关方利益平衡的考量

另外，还有观点提出，服务器标准在技术发展下不能有效地保护权利人利益，因此需要在实践中对其作出突破。笔者认为有必要在此作出回应。

首先，该观点未能全面地理解当前新类型传播行为的发生原因，而要求搜索链接服务提供商承担了过高的义务。如前所述，当前的搜索链接中出现了聚合链接、合作提供等情况，使得相应作品的传播超出了权利人的控制，但是该情形的出现却并非搜索链接服务提供商的责任。实际上，权利人如果需要控制其传播利益，可以在授权合同中与被链网站约定相应作品的传播范围，并明确不履行该义务的违约责任，这种约定不违反合同法的相关规定，属于权利人一种有效的控制方法，被链网站应严格遵循合同约定，并采取一定的技术保护措施。而现在的聚合链接等状况，与其说是搜索链接服务提供商进行违法抓取，不如说是被链网站未能履行合同的义务所致。据笔者了解，一些被链网站并未进行基本的保护措施，相应作品开放给所有用户直接下载，其授权过期后，仅不能由用户进行点击，但是第三方依然可以通过链接地址，从被链网站服务器上进行下载。此种情况下，权利人的传播利益损失可以从被链网站得到补偿，也能督促被链网站履行义务。而如果只苛责搜索链接服务提供商，无异于缘木求鱼，使得搜索链接服务提供商动辄得咎，进而难以进行服务创新。

其次，该观点超越了裁判者应有的谨慎精神。作为司法裁判者，在适用法律时应考虑其背后的利益平衡，不能为了追求片面的社会效果而牺牲法律的稳定性。人民法院是宪法规定的审判机关和法律适用机关，在进行裁判时应遵循严谨准确的司法精神，只能在司法层面适用法律，在法律规定有解释空间时，可以在空间之内发挥能动性，但是法院无权超越司法层面在立法层面"制定"法律。

不可否认，在特殊情况下，法律的某些具体规定可能（在制定时或情况变化后）有问题，法院不得擅自改变对于法律的正常理解和适用，但可以采取特殊方式处理[1]，也可以对立法机关提出修改建议。但法院的主观能动性仅止于此，对于大量常规的类型化案件，法院应当严格依法处理，不能恣意进行突破。信息网络传播权侵权纠纷属于目前著作权纠纷中的主要案件类型之一，其案件具有常态化、类型化的特点，其判断标准和责任体系均由法律进行了明确规定，不存在巨大的解释空间，不能因为权利人的利益受损就推定存在应进行法律归责的侵权行为。归根到底，著作权法的利益平衡原则强调的并非对权利人一方的倾斜保护，而是在保护权利人的基础上，更好的调整网络服务提供者的行为。

最后，深度链接等新问题的确给被链网站以及作品权利人带来了一定的损失，但该损失完全可以通过其他途径获得救济，并不一定要主张信息网络传播权。比如，权利人完全可以与被链网站进行合同约定限制授权作品仅在被链网站使用，如果被链网站未采取相应的技术保护措施，权利人可以主张其构成侵权。如果设链网站破解了被链网站的技术保护措施，则设链网站直接构成《著作权法》第53条第（6）项的禁止行为，属于特殊侵权。对于这个问题，笔者将在下面进行详细论述。

服务器标准符合国际立法的一般趋势，在多年以来的司法实践中被法院所认可，起到了良好的裁判效果。在处理此类案件时，不能为了追求个案的片面保护，而主动突破法定的服务器标准，法官在此不宜将自己的地位与学者相混淆，这种突破是没有法律依据的。

---

1 例如许霆案经最高人民法院核准在法定刑以下量刑。

4.5 破坏技术保护措施问题

4.5.1 破坏技术保护措施的法律依据

关于破坏技术保护措施的法律规定包括《著作权法》第53条第（6）项[1]，《信息网络传播权保护条例》第18条第（2）项[2]以及第19条第（1）项[3]，按照前述法律规定，任何第三人不得故意避开或者破坏权利人为保护其作品著作权而设置的技术保护措施。该技术保护措施是指用于防止、限制未经权利人许可浏览、欣赏作品、表演、录音录像制品的或者通过信息网络向公众提供作品、表演、录音录像制品的有效技术、装置或者部件，在信息网络传播权案件中，其可以表现为视频服务商设置的视频部分试看、会员等级观看限制、限制获取下载地址等方式。我国《信息网络传播权保护条例》的起草者在解释该条例中保护技术措施的条款时也指出："技术措施能够通过防止、限制使用者非法访问、使用权利人的作品、录音录像制品，有效地保护权利人的经济权利。"可见，关于破坏技术保护措施的立法本意为，在版权人享有某种专有权利，能够控制某种行为的情况下，版权人可以设置技术措施防止他人未经许可实施这种行为，以保护自己在版权法上的正当利益。

---

1 该项同时规定了民事责任和行政责任。

2 该项仅规定了民事责任。

3 该项仅规定了行政责任。

4.5.2 破坏技术保护措施的法律性质

技术保护措施的立法渊源为《德国民法典》第823条第2款[1]及我国台湾地区"民法典"第184条第2款[2]，即违反以保护他人为目的的法律，我国《著作权法》第53条规定了产生损害赔偿责任的不同原因。

严格来说，破坏技术保护措施的行为在性质上是区别于侵权行为的违法行为，该行为并非提供行为，简单地说，就是一种特殊的直接侵权行为。类似于在自己的作品上假冒他人署名的行为，严格说是侵害姓名权的行为（特殊情况下还可能侵害名誉权），但《著作权法》有特殊规定[3]。在实践中，破坏技术保护措施的认定思路已经被很多法院在判决中予以实际采用，但是并未以破坏技术保护措施的名义认定构成侵权。这是因为查明原告或者原告给予限制性授权的主体采取技术保护措施且被告破坏技术保护措施这一事实有困难，因此个别法官在没有查明这一事实的情况下，在内心确认了这一事实，并在这种内心确认之下结合行业利益分析认定被告提供了作品。甚至在个别案件中，法院已经查明被告破坏了技术保护措施，但法院认为"破坏技术保护措施"+"链接"构成了"提供"，进而直接认定构成提供行为。实际上，单纯的"破坏技术保护措施"已经构成了特殊的侵权，因为存在一方破坏技术保护措施，另

---

1 《德国民法典》第823条：（1）因故意或者过失不法侵害他人生命、身体、健康、自由、所有权或者其他权利者，对他人因此而产生的损害负赔偿责任。（2）违反以保护他人为目的的法律者，负相同的义务。如果根据法律的内容并无过失也可能违反此种法律的，仅在有过失的情况下，始负赔偿责任。

2 我国台湾地区"民法典"第184条：因故意或过失，不法侵害他人之权利者，负损害赔偿责任。故意以背于善良风俗之方法，加损害于他人者亦同。违反保护他人之法律，致生损害于他人者，负赔偿责任。但能证明其行为无过失者，不在此限。

3 即《著作权法》第53条第（8）项。

一方使用作品的情况（在网络上提供破解他人软件密码但不提供该软件）。这种做法的实质目的依然是为没有查明破坏技术保护措施而认定提供作品做铺垫。

4.5.3 破坏技术保护措施的查明困难及其解决思路

在类似案件中，查明权利人使用了何种技术保护措施，侵权人如何破解其技术措施具有一定的难度，需要明确双方的举证责任，并结合双方的证据及专家辅助人的证言等进行判断。但是不能因为查明破坏技术保护措施存在困难就采取上述"规避"措施。[1]

事实上，据笔者了解，相关新问题如破解技术保护措施，或者设链网站与授权人合作传播等情况早已在审判实践中屡见不鲜，但是很多法院在审理类似案件时，却因为诉讼双方的举证思路、举证责任等事实查明问题而缚手缚脚，依然局限于原有审理思路，只认定设链网站构成提供行为。而正是由于审理法院的这种"规避"态度，导致很多正版服务商虽然设立了专门的技术团队负责加密等手段设置技术保护措施，也了解"盗链"网站的破解行为，但是并不以破解技术保护措施起诉。这是因为"原告们"认为这样的举证责任过重，即原告须举证证明其针对涉案作品采取了有效的、合理的技术保护措施，而被告破坏了该技术保护措施。其中的难点在于原告要举证证明在被告的设链行为之前其已经针对涉案作品采取了技术保护措施，由于原告事先难以判断被告可能会针对哪些作品进行"盗链"，故难以提前全面保存证据。另外，即使原告进行了这种事先保存证据的措施，但由于该措施的采取完全取决于原告，因此很可能被质疑原告仅仅在保存证据时采取了技术保护措施，然后就

---

[1] 类似于行人过马路，没有地面的人行横道，只有过街天桥，不能因为嫌走过街天桥麻烦就横穿马路。

"门户开放",诱人犯错。

因此,笔者建议,可以探索利用举证责任转移的规则认定上述事实。在当前的司法状况下,可以采用较为严格的分配方式,即倾向认为作为大型网站的原告对其正规影视作品均采取了技术保护措施,而由被告进行反证。被告可以利用百度、谷歌、搜狗等搜索引擎对原告网站中的涉案影视作品进行搜索,如果搜索结果直接指向原告网站,涉案影视作品能够直接下载或者播放,则认定原告没有采取技术保护措施。笔者在司法实践中曾经遇到这种情况,勘验的搜索结果是原告网站中的一个窗口要求输入用户名和密码,因此认定原告采取了技术保护措施。[1]

这里还有一个无法回避的问题,如果不是权利人采取了技术保护措施,而是权利人所授权的网站采取了技术保护措施,而被告破坏了该技术保护措施,此时权利人是否可以作为原告起诉?笔者认为可以,理由是:①技术保护措施保护的就是著作权,在网络环境中就是保护信息网络传播权。②采取技术保护措施是基于权利人的要求(合同约定的义务)。那么,作为授权网站是否可以同时作为原告起诉?笔者认为,权利人与实际采取技术保护措施的主体可以作为共同原告起诉。

4.6 对该类案件的类型化总结

涉及搜索链接服务的网络著作权案件,存在很多新型的技术特点,出现了很多新问题,但是其依然属于常见的类型化案件,在归责原则、构成要件、免责事由等诸方面与传统信息网络侵权案件

---

1 参照前述的类比,类似于过街天桥上有步行梯也有电梯,行人可以选择利用电梯走过街天桥。

没有本质差别,随着司法实践的发展,必然会形成类型化的审理思路。笔者基于自身审判工作经验,对前述审理思路形成了如下类型化建议,供大家参考。

4.6.1 程序方面的思路:预备合并诉讼与释明制度相结合的诉审判一致规范

(1)诉审判一致原则,是指法院应当根据当事人的诉辩主张进行审理和裁判,保障当事人的诉辩主张及意见陈述在庭审与裁判中得到针对性审理,确保诉辩、审理与裁判彼此对应、相互一致。

(2)预备合并诉讼,是指原告在提起主位诉讼的同时,于同一诉讼程序中提起预备诉讼,以备主位诉讼无理由时,可以就其预备诉讼请求法院审判的诉讼合并形态。

(3)释明制度,是指当事人的主张或陈述的意思不明确、不充分,或有不当的诉讼主张和陈述,或举证不充分时,审判人员应当通过发问、提醒等方式启发当事人予以澄清或补充。

(4)在涉链接侵害信息网络传播权纠纷案件中,应当正确适用预备合并诉讼制度与释明制度,切实保障诉审判一致原则的落实。

(5)原告仅主张被告直接提供作品、表演、录音录像制品,被告提出其仅提供技术服务时,审判人员应当向原告释明,由原告选择是否在主张被诉行为系提供行为的主位诉讼的同时,还主张被诉行为系帮助侵权行为的预备诉讼。

(6)原告明确选择仅主张被诉行为系提供行为而不主张被诉行为系帮助侵权行为时,审判人员应当仅就被诉行为是否属于提供行为以及承担相应责任问题进行审理,而不应就被诉行为系帮助侵权行为以及承担相应责任问题进行审理。

(7)原告仅主张被诉行为侵害其信息网络传播权而没有明确具体性质时,法院应当向原告释明,由原告明确被诉行为的具体性质。原告可以采用预备合并诉讼的方式明确被诉行为的具体性质。

（8）原告在起诉状、陈述及其委托代理人的代理词中表述被诉行为系破坏技术保护措施的行为或者被告与直接提供者之间具有分工合作关系构成共同侵权的内容，法院应当向原告释明，由原告明确其主张并说明相应的法条依据。

（9）经释明后原告明确或者变更诉讼主张的，审判人员应当根据案件具体情况给被告及第三人重新指定答辩期和举证期。

4.6.2 实体方面的思路：正确界定信息网络传播权的权利范围

（1）审判人员依据查明的事实认定原告采取了合理有效的技术保护措施而被告破坏了该技术保护措施，应当依照《著作权法》第53条第（6）项以及《信息网络传播权保护条例》第18条第（2）项的规定进行处理。权利人可以与被许可人签订合同，要求被许可人采取技术保护措施。被许可人采取了合理有效的技术保护措施而被告破坏了该技术保护措施，应当判定被告侵害了权利人享有的著作权。权利人可以作为原告向被告提起侵害著作权纠纷诉讼。

（2）审判人员依据查明的事实认定被告与直接提供者之间具有分工合作关系构成共同侵权，应当依照《信息网络传播权司法解释》第4条以及《北京市高级人民法院关于涉及网络知识产权案件的审理指南》第8条、第9条、第10条的规定进行处理。

（3）原告主张被诉行为系提供行为而被告抗辩被诉行为系技术服务行为的，审判人员应当依照《信息网络传播权司法解释》第3条以及北京市高级人民法院《关于审理涉及网络环境下著作权纠纷案件若干问题的指导意见（一）（试行）》第2条、第3条、第4条的规定进行处理。

（4）深度链接，是指绕过被链网站首页直接链接被链网站次级页面的链接方式。建立深度链接的行为不是《信息网络传播权司法解释》第3条规定的提供行为。

（5）信息网络传播权人许可他人上传其作品、表演、录音录像制品，但作出限制性约定，要求对方不得与第三方合作或向第三方开放端口使第三方链接其作品、表演、录音录像制品的，除非法律、法规另有规定，该约定系有效条款。该他人违反前款约定向第三方开放端口使第三方链接作品、表演、录音录像制品，构成违约。第三方与该他人进行分工合作构成共同侵权的，应当依照《信息网络传播权司法解释》第4条的规定进行处理。

4.6.3 流程图

为直观表达，笔者制作了一个流程图（见图4），以供参考。

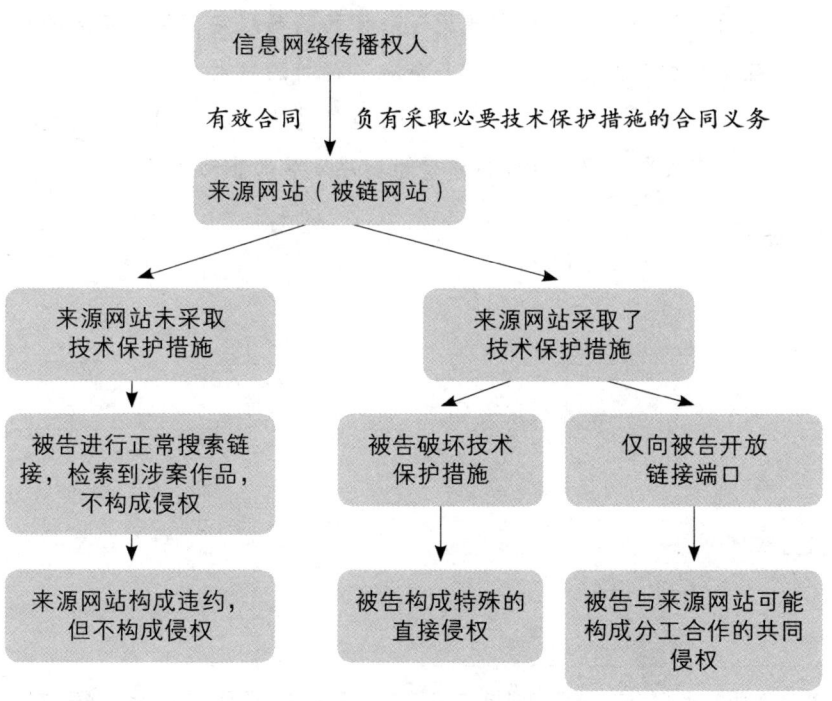

图4 流程图

结语

在论及法律的适用时,美国大法官卡多佐曾说过,"行动合法性与其对社会的价值之间存在着一种必然、恒定的关系,尽管有时是半隐秘的。我们作出判断的每一时刻,都在不停地权衡、折中和调整"。[1] 该论述意在表明我们在适用法律条文进行裁判时应注意导入法律背后的价值和政策,在遵循法律的可预期效果的前提下,探寻社会的公平和正义。在信息网络传播权的案件审理中亦是如此,无论网络技术和社会实践如何发展,成文法所制定的原则和价值依然具有指导作用,作为裁判者应有技术性思维,在原有的法律框架之内对个案的新情况进行具体分析,而不能片面追求法律的社会效果,对某些案件进行简单的套用或刻意突破原有法律的明确规定,牺牲背后的利益平衡。身为裁判者只有不断地了解新的技术发展趋势,并对规则的适用进行调适,才能更好地促进法律的应用,在法律框架内有效发挥司法对于网络健康有序发展的能动作用。

---

1 本杰明·N.卡多佐. 法律的成长 法律科学的悖论[M]. 董炯,彭冰,译. 北京:中国法制出版社, 2002:140.

5 搜索链接服务提供商注意义务的认定标准

内容摘要

随着网络技术的发展,搜索链接服务逐渐体现出了新的技术特征,影响了搜索链接的表现形式和服务方式,该类新型的搜索链接越来越多地体现在实践中,司法必须对该类新情况进行回应。该案正是在这种新的技术背景下出现的信息网络传播权纠纷,在处理该类案件时,人民法院应坚持过错原则,探寻新技术下搜索链接服务提供商的预见能力和控制范围,区分不同的情况认定其应承担的法律责任。

关键词

信息网络传播权;间接侵权;注意义务;明知或应知

5.1 迅雷公司与卓易公司信息网络传播权纠纷案

原告:迅雷公司

被告:卓易公司

原告诉称:迅雷公司合法享有涉案作品的独家信息网络传播

权。卓易公司开发的"豌豆荚视频"播放软件设置了影视点播功能，未经迅雷公司允许提供链接服务构成侵权，请求法院判令卓易公司赔偿经济损失。

原告公证取证过程如下：安装并打开"豌豆荚"软件，点击"视频"栏目，该界面上端显示分类、追追看、电视剧等按钮，在栏目下方是相关影视作品的介绍，显示相关作品名称、海报等信息；键入关键词点击"搜索"，则显示涉案作品信息的相关结果，包括涉案作品的海报、导演、主演、类型、来源、剧情描述等信息；点击播放按钮，弹出"请选择播放来源"的提示，并显示"快播"的图标，需按提示下载并安装"快播"播放器后才能完成涉案作品的播放。

审理过程中，卓易公司申请公司工作人员作为专家辅助人出庭，其认为：豌豆荚视频搜索是视频领域的垂直全网搜索，不是定向搜索。在爬取过程中，豌豆荚会通过技术手段将禁止的关键词进行过滤后入库，涉案作品的海报、介绍等信息是从视频站点一并抓取。软件中的播放按钮列表，是通过抓取播放信息在客户端中实现，豌豆荚的软件自身无法播放视频，可以调取对方软件播放和跳到对方的网站播放。卓易公司的软件在爬取数据时使用的算法没法判断快播的来源是否合法，如发现快播内容非法的，可以进行屏蔽。

5.2 法院的认定和判决

一审法院认为：被告行为是否构成共同侵权，应判断被告是否"明知"或"应知"被链接的涉案作品未经权利人许可。根据被告豌豆荚软件运行情况，被告提供的是影视类作品的搜索、链接服务，对热播影视作品设置了专门栏目，以介绍、海报方式推荐。被告提供的播放来源仅为有限几家网站，而播放正版影视作品的网站数量较为有限，在被告选择快播软件作为播放来源时，应对快播公司的运营模式有所认知、判断，而快播公司的主营业务显然不是提供正版的影视作品。由于豌豆荚软件专门设计了爬取信息、信息整理和入库、建立索引等流程，为网络用户提供具有针对性的搜索指引，更有用户黏性。同时，被告并未选择普通链接的跳转方式，涉案作品播放过程并未离开其界面，故被告实际获得了该作品的传播利益而未支付相应成本，应承担更严格的审查义务。故被告应知相关网络用户侵害了原告的信息网络传播权，没有尽到合理的注意义务，应当承担侵权赔偿责任。

该判决作出后，卓易公司向北京知识产权法院提出上诉。二审法院经审理后认为：第一，关于"定向链接"问题。视频搜索结果的有限性并不必然是定向搜索链接。提供正版内容的来源网站数量有限，搜索、链接服务提供者对搜索结果进行一定的筛选以保证结果的合法性是对保护作品有利的做法，不宜因来源较少就推定存在定向链接。该案中，卓易公司搜索结果中来源网站乱序分布，其排列并不固定，不同的作品的搜索结果的数量、来源、信息描述等存在显著差别，没有规律性。其搜索结果中除了视频网站外，也包括了豆瓣、暴风等非视频网站，其链接地址无法实现播放。而视频定向搜索是预先选定网站范围的，为了保证搜索结果的准确性和高效性，定向搜索链接不会存在非视频类的网站，并会对搜索结果进行整理。但豌豆荚软件内存在非视频类来源，其抓取的链接也存在重复现象，其搜索结果并未进行整理，并非是定向链接。第二，关于"抓取信息"问题。《信息网络传播权司法解释》第9条所指的选择、编辑、整理、推荐是指对作品进行人工的选择编辑，或者进行有别于一般搜索链接的差异化推荐行为，使得服务提供者能够认识到该链接的存在及其未经许可提供的可能性。而该案中，豌豆荚软件所抓取的来源网页的信息，包括播放地址、网站名称、演员、导演、内容简介等，属于视频内容以及搜索链接服务提供商的通用设置，符合卓易公司相关页面信息来自第三方的说法，不能因搜索结果存在剧照、简介就认为卓易公司存在编辑、整理、推荐的行为。第三，关于"快播来源"问题。涉案作品系链接自快播软件，涉案行为的公证时间是在2013年10月至12月，故对豌豆荚公司的注意义务的认定应立足该事实发生时间，对快播软件的性质进行查明。快播公司自2007年经营以来，获得了"增值电信业务经营许可证""网络文化经营许可证""国家级高新技术企业"等合法的经营许可及资质，与其他具有正版内容的包括CNTV、搜狐视频、凤凰网、土豆网等服务商建立了快播专区。2013年12月27日国家版权局对快播公司作出行政处罚时，快播公司才被认定为违法提供非正版内容。迅雷公司没有提供证据表明被控侵权期间快播网站的经营业务是提供非法内容，不宜以现在的认知直接推定快播软件具有非法性质，要求卓易公司承担较高的注意义务。综上，卓易公司提供的是全网搜索，并未对涉案作品进行编辑整理，亦未从涉案作品获得直接经济利益，在案证据不足以表明在被控侵权期间快播主营业务不是提供正版影视作品，故卓易公司对链接作品并不存在应知的情形，已经尽到了注意义务，不应当承担侵权责任。

5.3 对该案的研究和解析

该案是一起新型且具有代表性的信息网络传播权纠纷案件。

按照《著作权法》及《信息网络传播权保护条例》的相关规定，搜索链接服务属于网络技术服务，并非作品提供行为，对其责任的认定应遵循避风港原则的规定，只有在其行为具有过错的情况下才应承担相应的赔偿责任。但随着网络技术的发展，搜索链接服务也产生了新的商业模式和技术特征，在司法实践中引起了审理法院对以往审判标准的重新思考。对于搜索链接行为过错判断的典型情形，即定向链接、自动抓取特定信息、直接经济利益等，均需要结合新技术特征的背景下服务提供者的预见能力及控制能力，对其过错进行综合性的判断，使其合理的承担法律责任。

5.3.1 如何认定构成定向链接

该案中被诉行为并未被认定为定向链接，是否被认定为定向链接将实质性改变对被告法律责任的认定，也构成了该案原被告双方的主要争议，因此需要对如何认定被诉行为是定向链接、定向链接的法律后果、定向链接的注意义务基础等进行专门的探讨。

所谓定向链接，是指与全网搜索相对应的搜索技术，又称"定向搜索"，在工作时会预先对抓取链接的网站范围进行限定和选择，其最终的搜索结果仅来自于几个网站，而不会包括未选择的其他网站。与全网搜索相比，定向链接存在主动性、特定性和指向性。全网搜索的搜索来源并非其主动选择的结果，而是依据爬虫的抓取获得，无法事先预知可能抓取的网站，而定向搜索的网站是搜索链接服务提供商预先选定的，搜索链接服务提供商可以预知抓取的站点数据，并将搜索结果进行一定的整理编排，以便提高搜索准确性并可以有针对性地跳转至第三方网站。这种不同的技术取向导致两者在搜索结果上出现明显的差别。需要注意的是，定向链接技术与垂直搜索并非同一概念。垂直搜索，指预先设定好规则，对某一特定类别的网站进行列表，并从该网站范围内进行分别抓取，使得搜索结果仅展示这些类别的内容。例如，电商领域的什么值得买、视频领域的搜库搜索等。该类搜索引擎满足了用户对某一方面信息的精确搜索需求，仅从搜索结果来看与定向搜索具有重合之处，但是并非所有的垂直搜索均采取定向链接的方式进行搜索，需要结合具体案件中的证据予以综合判断。

一般来说，某网站是否采取定向链接的方式可以从搜索结果的展现方式得到证明。比如，在该网站搜索到的关键词结果，是否指向某一个或某几个网站；不同作品的搜索来源是否统一；该网站的搜索结果是否具有明显的编辑、排序；网站服务者能否对指向确定网站给予合理解释。但在进行认定时需注意，并不能因为被告提供的搜索链接结果较少就径直推定其属于定向链接，这是因为目前在很多垂直搜索领域，提供服务的服务商本身就较少或较为集中，比如在视频领域形成了以腾讯视频、爱奇艺等为主的大型服务商，而在音乐服务方面也形成了网易云音乐、酷狗、QQ音乐等主流服务商。相关服务者为了规避法律风险，在提供搜索链接时自然地将其他非法网站进行了算法上的排除，其搜索结果依然属于全网抓取后筛选后得到的，而非定向链接获得。在进行事实查明时，法院可以结合双方的证据予以认定，原告需要证明被告的搜索链接均指向确定网站，被告则承担证明其搜索技术的具体构成的责任。作为提供搜索链接的服务商，被告掌握自身提供搜索链接的技术原理，有义务提供后台数据服务器等方式证明其搜索的具体原理。

具体到该案中，豌豆荚软件辩称其搜索结果并非定向链接，而是采取了大站优先、数量优先的原则对搜索结果进行了筛选后形成。法院综合审查了原告迅雷公司的证据，并在审查过程中发现，豌豆荚软件内提供的搜索链接并非原告所称的均来自于同一来源，实际上在原告的公证书中，有的作品并非来自快播软件，而是来源于其他主流视频网站；不同视频作品的搜索结果也并不统一，无明确的搜索来源排序。而根据被告提供的后来链接可以看出，有的作品的搜索来源有二十几个，而有的作品搜索来源只有七八个，并无明显的规律性。另外，在部分作品的搜索结果中还包括了豆瓣等电影介绍评论网站，该链接地址明显不能播放，这种错误的链接也足够证明豌豆荚软件提供的是全网搜索,因此卓易公司的辩称符合双方的证据,证明其并非定向搜索。

5.3.2 定向链接的法律责任

在当前的搜索链接服务提供商被诉的案件中,被告提供定向链接搜索的情况较为常见,具有一定典型性。在认定其过错时,许多法院直接推定搜索链接服务提供商提供的定向链接应具有较高注意义务,被告应对被链接网站传播的内容是否属于正版传播内容进行了解,并应尽可能将其链接服务指向正版的链接网站。[1] 笔者对上述观点无法苟同,该观点没有区分被链网站的具体情况,而认为所有定向链接均需承担更高的注意义务,没有考虑到具体情况中被告的过错程度,无疑是不符合过错归责原则的。

笔者认为,根据目前的司法实践,对于过错的区分应分为下列几类情况。

5.3.2.1 被告对大型正规网站建立定向链接

实践中,很多被告基于目前的司法状况,为了避免链接到侵权网站,特意针对爱奇艺、优酷、腾讯视频等大型正规网站建立链接,其主观过错的程度甚至比针对全网进行搜索链接更低,不能反过来认为被告此时负有较之于全网搜索链接更高的注意义务。

随着商业实践的发展,目前网络上提供视频播放的网站数量逐渐减少,并形成了爱奇艺、优酷、腾讯视频等网站为首的正版视频服务提供商。因此,目前在提供搜索链接的服务过程中,搜索链接服务提供商为了避免侵权,不会主动将搜索的网站范围超出前述主流网站,其设置搜索网站时已经对其搜索来源进行了主动的审查,符合避风港原则中要求的审查义务。这种定向链接的策略能够最大

---

[1] 参见北京知识产权法院民事判决书(2015)京知民终字第1171号。

程度上保证权利人的利益，减少侵权链接的发生，不能要求被告因为对大型网站进行了定向链接，反而要承担更高的注意义务。

为了加深对该概念的理解，笔者以实际案例进行类比。如果某超市为了避免购进"地沟油"，而仅购进"鲁花""福临门""金龙鱼"三种品牌的食用油进行销售，其对知名品牌是否使用地沟油有一般的认识，但其没有能力确定每一桶油的情况，因此，即使该超市销售的食用油中检测发现了违法"地沟油"，在这种情况下，超市出于避免侵权而选取了较为知名的品牌，较之于超市任意购进各种杂牌食用油进行销售而出现"地沟油"的情况更加不具有主观过错。而在搜索链接领域更是如此，定向链接至大型网站时，相关服务商已经尽到了注意义务，不宜片面忽视其具体服务模式，而直接认定其构成帮助侵权。从目前的司法判例可知，没有任何的视频提供者是没有被认定为侵权或陷入版权纠纷的，无论是乐视、优酷，还是腾讯、爱奇艺均有相应的被起诉案件，如果这种情况下依然认为被告链接大型网站没有尽到注意义务，则无疑等于宣称只要有被链网站侵权的情形发生，提供定向搜索的搜索链接服务提供商就构成间接侵权，长此以往，将没有搜索链接服务提供商敢于提供网络视频及音频服务的检索。

故按照《信息网络传播权保护条例》规定，搜索链接服务提供商是否承担过错责任，关键在于判断其在提供搜索链接的过程中是否知晓侵权的作品和其法律状态。如果只考虑客观效果，而实际上让被告承担无过错侵权责任，对于被告是极不公平的，也从事实上否定了"避风港"原则的适用。

5.3.2.2 即使在定向链接的情况下，一般的搜索链接服务提供商也对搜索内容无控制能力，不应使其承担过高的义务

有的学者认为，"避风港"原则的立法目的在于全网搜索海量信息，技术服务商难以进行审查，而"定向链接"或"有限链接"

则在客观上具有了审查的可能性，因此搜索链接服务提供商具有较高的注意义务。诚然，如果进行了共同合作或开放接口，搜索链接服务提供商将与被链网站在事前共同协商提供的链接形式和技术标准，是双方共同意思表示的体现，属于典型的以分工合作方式实施共同侵权的案件。但是除前述状况外，对于一般的定向链接情况，搜索链接服务提供商仅具有一般的应知，而非具体对涉案作品的应知。这是因为一般的定向链接情况下，搜索链接的技术原理不变，搜索链接服务提供商仍在几个网站内深度抓取其所有链接内容，这种抓取是通过爬虫技术进行的，而在抓取过程中没有任何方式能够预先知晓其抓取的具体内容是否具有合法授权，即搜索链接服务提供商对其抓取到的链接没有控制能力，这并不会使其对具体的作品情况具有明知。如果前述学者的观点得以实践，则这将成为一种诉讼现状，即搜索链接服务提供商只要抓取到侵权链接就应承担侵权责任。这是因为，如果视频搜索链接服务提供商采用了全网搜索方式，出现非法网站的链接则会认为搜索链接服务提供商未尽到注意义务；如果搜索链接服务提供商采取了定向链接方式，则无论其搜索的网站为正规网站还是非法网站，其均应该承担较高的注意义务，需要承担侵权责任，这无疑是极不公平的。

5.3.2.3 如果被链网站是非正规网站，则被告的主观过错较明显，不能进入"避风港"，应当承担损害赔偿责任

如果定向链接的网站内存在非法网站，则应认为搜索链接服务提供商在选取被链网站时没有尽到一般的注意义务，构成明显的主观过错。在广州市花季公司与北京阅言公司案中，审理法院认为"被告的被链网站未经ICP备案，亦未在网站上标注经营者等备案信息的情况下，其具有较为明显的违法性"。因此，搜索链接服务提供商有能力识别各网站的基本资质，比如，是否具有网络文化经营许可证、是否具有ICP备案、是否表明网站的服务提供者等，如果其

未进行该核查便进行了定向链接,那么搜索链接服务提供商无疑具有明显的过错。

但是需要注意的是,正规网站与非正规网站的性质并非一成不变,需要以当时提供服务的时间进行判断,而不应以裁判时的观点进行事后判断。比如在该案中,快播软件在2013年12月之前未受到版权局的处罚或有被法院认定的侵权案例,且与其他服务商比如凤凰网、搜狐视频等进行合作并转型正规内容。而现在的主流视频网站也曾以用户上传为主提供作品,在几年前有数百件信息网络传播权纠纷。因此,不存在直观标准判断是否构成正规网站,正规网站的状况也会随着商业实践产生变化,建议在此采取其他程序要素进行综合判断,比如,被链网站是否登记备案,是否购买版权,是否具有传播音像制品的合法资质,其站点内取得版权许可的同类作品在整体作品中的大致比例[1],是否因提供侵权作品受到行政机关处罚等。当然,这些标准都不是固定的,而应是动态的,人民法院应根据案件的具体情况进行综合判断。

该案中,从搜索技术层面来说,豌豆荚软件采用了全网搜索,并对搜索结果进行了算法的筛选,这能够从被告提供的证据得以证实。但是即使其搜索为定向搜索,其链接快播软件也不构成明显过错。这是因为,对搜索链接服务提供商的注意义务判断应结合案件事实发生时的背景进行综合判断,豌豆荚软件在2013年9月始开始提供视频搜索服务,其虽然链接了快播软件,但在此时快播软件具有相应的资质,也与相关正版服务提供者建立了专区,快播软件的行为性质和服务模式未获得任何司法判决的认定,被告无法提前预知

---

[1] 这类似于美国索尼案所确立的"实质性非侵权用途"标准:便利侵权的装置提供者如果能够证明其装置可以广泛使用于合法目的,则其免于间接侵权责任的承担。

快播公司的服务模式是否会得到法律的认可,其对快播软件的链接并不存在明显过错。

5.3.3 编辑、整理行为的认定

自《信息网络传播权司法解释》生效以来,其第9条第(3)项"网络服务提供者是否主动对作品、表演、录音录像制品进行了选择、编辑、修改、推荐等"成为信息网络传播权侵权纠纷"应知"认定中使用最频繁的一条。很多判决认为,被告搜索信息中包含影片名称、制片公司、导演、主演、主要剧情、海报等,且其信息与涉案作品高度匹配,因此可以认定被告进行了编辑、整理。但前述观点并不符合商业实践,其认定的基础并不明确。

《信息网络传播权司法解释》第9条规定的选择、编辑、修改、推荐是指一种人为的、主动的行为,其针对相关作品的搜索结果,因此该条规定的推荐方式是指网络服务提供者认识到相关作品存在于其网站内且对其作品进行差异化的介绍,使得该作品获得用户的主要关注。其立法本意是,认为网络服务商在主动编辑、修改过程中客观上具有"接触"到被链接的侵权作品或与之相关信息的可能性,并对其产生具体的应知。

但目前很多搜索链接服务提供商搜索页面内的介绍,基本上是抓取自视频内容服务网站的信息,并不存在主动的人工编辑整理的行为,不具有适用《信息网络传播权司法解释》第9条的事实前提。这是因为,随着网络服务的进一步发展,目前主流网络服务商不仅提供单纯的视频作品播放,还在提供视频作品时设置与该作品相关的信息,比如海报、演员、导演、预告片、花絮,用户可以在此视频信息栏点击演员或导演信息以获得相关其他视频作品,这些视频信息可以辅助用户判断该视频作品是否为其所需要的作品,也能够同时带动网站内其他内容的播放,是网络服务更加人性化和便捷化

的体现，这种设置已经成为一种行业通用设置，主流的视频内容服务商优酷网、乐视网、爱奇艺、腾讯视频均出于商业利益的考量而设置了类似功能。而搜索链接服务提供商的商业模式也在变化，其搜索页面由单纯的结果跳转式向页面结果式转变，即搜索引擎在抓取相关搜索结果时，可以建立相关的数据库，将与视频相关的所有信息抓取到同一页面结构内。此种情况下，搜索链接服务提供商出于商业成本的考虑，可以直接从内容服务网站通过自动抓取搜索链接同时形成信息页面，搜索链接服务提供商无需进行任何主动的信息设置，也并非由人工进行任何的设置，不存在接触到涉案作品的可能性。因此，作为自动算法的结果，搜索结果呈现的内容和格式均与第三方相同或相似，搜索链接服务提供商不会在这个过程中接触到涉案作品，也不具有要求被链网站核实涉案作品合法性的控制能力，不能因为搜索链接结果具有详细介绍信息便认定构成编辑、整理，需要结合双方的证据进行综合性判断。当然，对于该部分内容，需要被告承担相应的举证责任，即被告需要举证证明其抓取内容的数据来源及第三方网站的页面内容，在进行被告网页内容与第三方网站内容的对比之后，以判断被告是否进行了编辑、整理。

需要注意的是，就司法实践而言，编辑、整理行为在很多时候是内容提供者的一个重要标识。对内容提供者而言，有效的编辑、整理是推动其网站内容播放的最佳方式，通过设置榜单、热门推荐、添加作品详细介绍等方式，可以对部分作品进行差异化介绍，吸引用户点击，增加用户黏性。所以作为内容提供者更具有进行编辑、整理的动力，因此在查明过程中，如果发现被告存在明显的编辑、整理行为，则其行为性质很可能（甚至只能）是提供作品行为而非技术服务行为，需要对其行为性质和证据进行严格的审核。

5.3.4 传播利益是否等于直接经济利益

《信息网络传播权司法解释》第11条第1款规定，网络服务提供者从网络用户提供的作品、表演、录音录像制品中直接获得经济利益的，人民法院应当认定其对该网络用户侵害信息网络传播权的行为负有较高的注意义务。在实践中，很多法院认为根据"链接不替代"原则，只要搜索链接服务提供商获得了传播利益，便应具有较高注意义务。该观点代表了一部分法院的主流意见，但是其所依据的理论并不具备合理基础。

该条所指的直接经济利益是指与传播作品存在特定联系而直接获得的经济利益，包括但不限于因此产生的广告收入、服务收入及其他收入。《信息网络传播权司法解释》之所以规定为直接经济利益，是因为网络服务提供者如果在某作品中获得了经济利益，则可以认识到该作品的存在并了解其基本权利状况。但所谓传播利益与前述的直接经济利益并非直接对应。传播利益是指搜索链接服务提供商基于网络用户的注意力、基于流量访问而产生的商业利益，该部分收益是搜索链接服务提供商根据其服务模式而获得的商业利益，却并非从涉案作品中获得的利益，与涉案作品没有任何直接关系。网络服务商既可以传播作品获得传播利益，又可以因其提供准确的链接获得传播利益。换言之，网络服务商获得传播利益是满足用户实际需求的缘故，与网络服务商的服务模式是否违法没有直接关联性。"网络服务者提供者的过错不应是特定经营模式（服务模式）意义上的过错，而是特定行为意义上的过错"，在法律未明确将该传播利益列为直接经济利益的条件下，不能径直推定搜索链接服务提供商因其服务模式获得传播利益就能认识到某部涉案作品的具体存在，无疑是用一般应知代替了网络服务提供者的具体应知，也混淆了过错原则的应用。

而很多学者之所以采信"链接不替代原则"的观点，是因为其相信该原则能够有效地保护权利人利益，但未注意到该种观点将应由权利人承担的责任分配给搜索链接服务提供商，使后者承担了过高的注意义务。诚然，当前的搜索链接中出现了聚合链接、合作提供等情况，使得相应作品的传播超出了权利人的控制，但是该情形的出现并非搜索链接服务提供商的责任，也并非搜索链接服务提供商获得传播利益的原意。实际上，权利人如果需要控制其传播利益，可以在授权合同中与被链网站约定相应作品的传播范围，并明确不履行该义务的违约责任，这种约定不违反《民法典》合同编的相关规定，其属于权利人一种有效的控制方法，被链网站应严格遵循合同约定，并采取一定的技术保护措施。而现在的聚合链接等状况，与其说是搜索链接服务提供商进行违法抓取，不如说是被链网站未能履行合同的义务所致。据笔者了解，很多被链网站并未采取基本的保护措施，相应作品也开放给所有用户直接下载，其授权过期后，用户不能进行点击，但是第三方依然可以通过链接地址从被链网站服务器上进行下载。此种情况下，权利人的传播利益损失可以从被链网站得到补偿，也能督促被链网站的义务履行。因此，即使要控制这种传播利益，其主要的义务人也应是权利人和被授权人，搜索链接服务提供商不具有实际的控制能力。而若只苛责搜索链接服务提供商，无异于缘木求鱼，使得搜索链接服务提供商草木皆兵，甚至为了规避该类法律风险，不敢提供任何的搜索服务。

具体到该案中，豌豆荚软件提供的视频搜索服务中不包含广告内容，也没有其他证据表明豌豆荚软件基于涉案作品获得了收益。尽管按照互联网经济的特点，用户数量代表了一定的经济利益。但迅雷公司并未举证证明豌豆荚的视频服务是否给其带来了更多用户，以及是否因涉案作品而带来用户。如仅因其提供搜索链接服务即认为其获得了传播利益，无异于宣布只要存在非法链接，搜索引擎就获得了经济利益，就要为其搜索链接服务承担侵权责任。这实际上已经突破了"避风港原则",而对网络服务提供者适用了无过错原则,不利于网络发展和各方利益平衡。

5.3.5 "推荐"的认定标准——差异化介绍

在司法实践中,明知与否可以通过举证认定,较少存在争议。而应知与否是法官自由裁量的问题,裁量时依据的标准并不统一。《信息网络传播权司法解释》第9条列举了构成"应知"的各种情况,其中第(3)项"网络服务提供者是否主动对作品、表演、录音录像制品进行了选择、编辑、修改、推荐等"成为信息网络传播权侵权纠纷"应知"认定中使用最频繁的一条。但是实践中对于何种行为属于"选择、编辑、修改、推荐等"见解不一,特别对于"推荐行为"的认定,一些法院对此理解存在偏差。

从立法本意及体系解释的思路上,对于"推荐行为"的理解不应过于机械。该条规定的推荐方式是指网络服务提供者认识到相关作品存在于其网站内且对其作品进行差异化的介绍,使得该作品获得用户的主要关注。这从该司法解释第10条能够得到印证,第10条规定"以设置榜单、目录、索引、描述性段落、内容简介等方式进行推荐"可以理解为第9条下的"选择、编辑、修改、推荐等"行为的具体表现形式,其主要的判断标准为涉案作品是否与其他作品存在差异化的介绍。因此,此处的"推荐行为"应以涉案行为是否对相关作品进行差异化的介绍为准,可以从以下几个方面进行把握。

(1)被诉侵权内容在链接服务提供商提供的服务中是否被差异化地进行介绍。

链接服务提供商服务可能在站点内提供许多作品的链接,其中可能对某些作品作出特定性的介绍,比如在网站内设置热播榜单,设置推荐目录等方式,使得部分作品相比于其他作品而言,处于主要页面或页面显著位置,能够吸引用户的主要关注。因此,如果当编排、推介的具体内容中包含了涉案作品时,那么应认为链接服务提供商对于该部分作品是应知的。另外,需要说明的是,网站设置了电影、音乐频道或者在具体作品页面中设置了名称、主演、内容简介等不属于"推荐行为"。随着搜索技术的发展,目前包括优酷、搜狐、爱奇艺等在内的许多视频网站均会在其搜索功能中提供此类频道或内容介绍,此类设置或介绍已经成为行业提供视频内容专门搜索的基本设置,并逐渐演变为行业惯例,不能据此认定链接服务提供商构成应知。

(2)链接服务提供商提供的某类服务内容是否在整体内容中以差异化方式进行介绍。

链接服务提供商提供的内容包含不同类型,比如现在很多网站均会设置新闻资讯、音乐、电影等栏目。但如果其中某一栏目下的内容明显区别于其他栏目下内容,网站服务商在该栏目下内容设置目录、排行榜、索引等,且该栏目下的大多数作品来源均无合法授权,那么即使涉案作品并未被链接服务提供商进行个别推荐,也会被认为构成应知。

(3)"推荐行为"认定标准随着司法保护状况的发展不断调整。

"推荐行为"的认定取决于法官的司法认知,其标准并非严格不变,而是随着著作权司法保护的客观状况进行调整,技术水平越高、商业越发达,对于著作权的保护水平也应当越高,网络服务提供者相应地也应在著作权保护中付出更高的成本或代价。[1]而从目前的技术发展水平来看,要求网络服务提供者超出社会公众的一般认知承担更高的注意义务可能因成本负担问题而阻碍技术创新。笔者认为,法院应采取与目前技术发展水平相适应的判断方式,在间接

---

1 孔祥俊.网络著作权保护法律理念与裁判方法[M].北京:中国法制出版社,2015:20.

侵权案中对"推荐行为"的认定标准不宜太过严格。

5.4 过错归责原则是判断搜索链接服务提供商是否侵权的基本标准

网络技术的发展瞬息万变,无数的新技术、新方案在网络中孕育而生,网络环境中涉及的利益相比传统著作权而言更复杂、更敏感。在信息网络环境中既需要把握好著作权保护,又需要把握好激励创新的尺度,每一个著作权案件均需要考虑到其背后的权利人、网络服务提供者、社会公众之间的利益关系。这种利益平衡原则并非仅是立法者的一种价值目标,而应灵活地运用到各类案件中的有效原则,信息网络传播权体系正是围绕着利益平衡这一重要支点构筑而成的。

而避风港原则正是利益平衡的核心设计,体现出立法者的苦心孤诣。我国之所以设置"避风港"规则,正是为了在网络环境下著作权保护中平衡著作权人与网络服务提供者之间的利益,鼓励网络服务提供者提供各种正当服务。一方面避风港原则能够让服务提供者明确知晓在什么情况下应当承担责任,便于其调整产业模式,保证互联网的健康发展;另一方面网络服务提供者满足避风港原则的要求,制止重复侵权、接到通知后即删除、提供通畅的投诉机制等,实质上是与权利人合作,共同抵制网络侵权。避风港原则能否正确适用将直接影响到信息网络环境中每一个用户,每一个商业主体。

对于避风港原则的认定应基于《信息网络传播权保护条例》第12条、《信息网络传播权司法解释》第9条等的规定,严守过错归责的基本原则,从个案出发进行综合性判断。但在司法实践中,很多法院采取了严格的避风港原则认定,采用了无过错归责原则,这导致事实上很少有搜索链接的服务商因此免责,避风港的免责条件过于超出其控制能力。以实际案件举例，2013年北京市第一中级人民法院审理的172件侵犯信息网络传播权案件判决中，44起案件法院认定被告以仅提供信息网络存储空间抗辩理由不成立，其中41起案件法院判决认定被告未能举证证明仅提供信息网络存储空间服务。[1] 这反映出信息网络传播权案件审判的一个司法倾向，即向保护权利人倾斜，而不考虑权利人诉讼请求是否具有合理性和必要性，是否满足利益平衡的需求。很多时候搜索链接服务提供商已经陷入百口莫辩的境地，无论其如何举证均不被认可，无论其如何改变搜索模式依然到处被诉。长此以往，将使得搜索链接服务提供商不敢提供搜索服务，不敢进行搜索技术创新，避风港反而成了风暴角，这种司法倾向无疑是不符合立法本意的。

实际上无论是定向链接，还是垂直搜索，变的始终是技术表现形式，而非背后的司法认定规则。过错归责依然是对搜索链接服务提供商进行侵权判断的基本标准，应以行为人是否能够预见其行为的直接结果为前提，以行为人的预见能力和预见范围为基础，区分不同类型的设链行为的知情状况和控制能力，综合认定搜索链接服务提供商的服务性质。考虑到搜索链接服务提供商的特殊地位及司法实践中的多发状况，也可以将某些个案行为因素纳入考虑，比如搜索链接服务提供商对用户的实际或潜在影响，搜索链接服务提供商的主观意图，搜索链接服务提供商侵权和非法活动的程度等。因此，对于是否构成明知或应知是一个综合性的判断，不能局限于片面的标准，而应结合具体个案的案件事实进行判断。在某些案件中，虽然从单项标准来看，网络服务提供者不构成明知或应知，但是如结合其服务模式和其他因素，也可以认为案件的具体情况已经

---

1 宾岳成. 侵犯信息网络传播权,谁是共同被告?[EB/OL]. (2015-04-24) [2021-12-29]. https://www.zhichanli.com/p/11255636.

达到了搜索链接服务提供商应有注意的情形。这种从量变到质变的考量，也正是司法裁判者对法律理解的精髓所在。

结语

俗语有云"公堂一言断生死，朱笔一掷命攸关"。裁判者并非冰冷的法律适用机器，在裁判之时需考虑到案件判决对社会带来的影响。相关法院在认定搜索链接服务提供商的侵权责任时，不应片面保护权利人利益，而需立足于搜索技术的发展及需求，在法律适用中不断引入新的考量因素，合理地平衡内容提供商与网络服务商之间的利益，对于没有过错的搜索链接服务提供商应主动向其敞开避风港之门，肯定其服务模式，实现新的平衡。

6 涉IPTV侵害著作权纠纷问题研究

内容摘要

我国各地法院在审理涉交互式网络电视（IPTV）侵害著作权法律纠纷中，对于IPTV现场直播产生的体育赛事画面能否构成著作权法保护的客体，提供IPTV"回看"侵犯信息网络传播权抑或广播权，以及IPTV各运营主体的责任划分问题，尤其是电信企业是否应当承担侵犯著作权责任等存在争议。笔者结合北京市高级人民法院制定的《知识产权审判参考问答（24）》，对上述问题进行详细阐述，以期明确各IPTV运营者的活动规则和主体责任，完善对运营主体的监管和审判规则，使IPTV的运营走向法治化、规范化。

关键词

IPTV；著作权侵权；主观说；过错；利益平衡

根据《专网及定向传播视听节目服务管理规定》第2条的规定，IPTV是一种专网及定向传播视听节目服务的业务模式，是指以电视机、各类手持电子设备等为接收终端，通过局域网络及利用互联网架设虚拟专网或者以互联网等信息网络为定向传输通道，向公众定向提供广播电视节目等视听节目服务活动的广播电视业务。[1] 目前IPTV已经成为国内的主流电视形态，根据工信部运行监测协调局和国家广播电视总局公布的数据，截至2021年10月，IPTV总用户数达3.43亿户，比上年末净增2825万户。用户规模的扩大推动业务收入持续增长，2021年上半年IPTV平台分成收入65.57亿元，成为经济发展和文化传播的重要产业。[2] IPTV业务的迸发形成了信息消费的新增长点，也引发了复杂多样的侵害著作权纠纷。在此背景下，要确保IPTV业务的长期健康发展，必须要构建与中国国情相适应的IPTV业务模式，明确各IPTV运营者的活动规则和主体责任，完善对运营主体的监管和审判规则，使IPTV的运营走向法治化、规范化。

6.1 问题的提出

我国各地法院已经审理了一系列涉IPTV侵害著作权的法律纠纷，积累了具有价值的审判经验，但是现有判决对于相关争议的结果存在较为明显的分歧。司法实践关于涉IPTV侵害著作权案件的争议可以归纳为三个问题：一是IPTV现场直播产生的体育赛事画面是否具有独创性以及能否构成著作权法保护的客体。二是提供

---

1 《专网及定向传播视听节目服务管理规定》第2条：本规定所称专网及定向传播视听节目服务，是指以电视机、手机等各类固定、移动电子设备为接收终端，通过局域网络及利用互联网架设虚拟专网或者以互联网等信息网络为定向传输通道，向公众定向提供广播电视节目等视听节目服务活动，包括以交互式网络电视（IPTV）、专网手机电视、互联网电视等形式从事内容提供、集成播控、传输分发等活动。

2 运行监测协调局. 2021年1—10月份通信业经济运行情况[EB/OL]. (2021-11-22) [2022-03-10]. https://www.miit.gov.cn/gxsj/tjfx/txy/art/2021/art_3199569931ac43f792f14576f59becbd.html.

IPTV"回看"是否符合"交互式传播"的行为特征，未经许可在IPTV"回看"服务中提供作品行为的性质是否构成侵犯信息网络传播权抑或广播权（网络直播及定时转播在《著作权法（2020）》条件下属于广播权控制的情形）。三是权利人要求电信企业承担侵权责任或者和其他IPTV运营主体一并承担共同侵权责任，而司法实践中对于各运营主体的责任划分尤其是电信企业是否应当承担侵权责任存在争议。

关于第一个问题，现有判决关于体育赛事画面能否构成著作权法保护客体的裁判分歧主要源于对于作品独创性判断标准的不同理解，由此根据《著作权法（2010）》得出体育赛事直播的连续动态画面构成电影和类电作品抑或录像制品的不同结论。上述分歧在历经一审、二审及再审程序的北京新浪公司诉北京天盈九州公司案（以下简称凤凰网案）中得以凸显。随着凤凰网案的再审宣判以及美国职业篮球联赛赛事节目等一系列涉体育赛事节目著作权法律纠纷的判决，司法实践关于体育赛事现场直播的连续画面构成作品的观点已经趋向统一。[1]

关于后面两个问题，北京市高级人民法院为统一裁判标准，在充分调研的基础上制定了《知识产权审判参考问答（24）》。笔者将围绕《知识产权审判参考问答（24）》，分析在IPTV"回看"服务中提供作品行为的性质以及各IPTV运营主体的责任划分，特别是对于电信企业是否应当承担侵犯著作权责任的问题进行阐述。

---

[1] 苏志甫. 新旧著作权法下体育赛事节目保护规则与对策分析[J]. 版权理论与实务, 2021, (9):12.

6.2 《知识产权审判参考问答（24）》内容简介

《知识产权审判参考问答（24）》（以下简称"参考问答24"[1]）名为"涉IPTV著作权案件中侵权行为及侵权责任应如何认定？"北京市高级人民法院将其审理涉IPTV案件的意见分四个基本层次加以论述。

首先，阐明IPTV业务的政策背景及行政管理要求。"参考问答24"在明确IPTV是我国"三网融合"政策推动产物的基础上，按照国务院及原国家新闻出版广电总局制定的关于IPTV建设运营的重要部门规章和规范性文件，厘清了IPTV的运营管理架构以及广播电视播出机构和电信企业在IPTV业务活动中的权限和义务。"参考问答24"明确指出，根据部门规章和规范性文件，IPTV实行两级构架管理方式运营，即IPTV集成播控总平台将内容传输至各省（自治区、直辖市）集成播控分平台，分平台再将总平台的完整内容和分平台的内容传至本省（自治区、直辖市）IPTV传输系统。在权限划分上，应当由广播电视播出机构负责集成播控平台的建设和管理，负责IPTV节目的统一集成和播出监控，电子节目指南（EPG）、用户端、计费、版权等管理。电信企业负责为集成播控平台与用户端之间提供信号传输和相应技术保障的业务。电信企业可提供节目内容和EPG条目，经广播电视播出机构审查后统一纳入集成播控平台的节目源和EPG。

其次，"参考问答24"阐明IPTV"回看"行为符合著作权法规定的"以有线或者无线方式向公众提供，使公众可以在其选定的时

---

1 "参考问答24"参考了《国务院关于印发〈推进三网融合总体方案〉的通知》（国发〔2010〕5号）、《国务院办公厅关于印发〈三网融合推广方案〉的通知》（国办发〔2015〕65号）、《专网及定向传播视听节目服务管理规定》（国家新闻出版广电总局令第6号）以及《IPTV集成播控平台与传输系统规范对接工作方案》（2019〔76〕号文）等对于IPTV的行政管理要求。

间和地点获得作品"的行为特征,该行为落入信息网络传播权控制的范围。以IPTV的行政管理要求、运营权限划分及明确"回看"行为的性质为前提。

再次,"参考问答24"根据电信企业在涉IPTV侵权纠纷中所实施的不同行为,详细地分析了电信企业应当承担的法律责任,重点说明了在IPTV平台上传播侵犯信息网络传播权作品的责任主体应当是提供被诉侵权内容或者对集成播控平台中的具体内容享有控制权的主体。电信企业自行提供被诉侵权内容或者电信企业与广播电视播出机构有共同提供被诉侵权内容的意思联络、并客观上实施了相关行为,是认定电信企业承担侵犯信息网络传播权责任的关键。

最后,"参考问答24"对于涉IPTV案追加当事人的问题进行了补充说明。

6.3 "回看"行为的法律性质

IPTV"回看",是指在涉案IPTV平台/系统中提供的"回看"服务,即对已播出的广播电视节目内容按照节目播出顺序表向IPTV用户提供,用户可在限定时间内(如3日内或7日内)观看上述节目内容。对于IPTV"回看"模式的法律性质,当前学理和实践方面存在的分歧主要是信息网络传播权行为和广播行为两种观点。

持广播行为的观点认为,IPTV"回看"模式既有时间限制,又有地点选择限定,并不符合严格意义上的信息网络传播的"选定"特点。IPTV"回看"与点播服务的不同是,保存的视频只存在于一定的期限内,超过了3日或7日的期限,用户便无法"在个人选定的时间"再次获得作品。[1] 此外,IPTV"回看"系通过流媒体服务技术对电视频

---

1 参见(2019)浙01民终10859号民事判决书。

道直播信号切割，不涉及任何人为干预，回看内容与直播频道内容无差异，因此IPTV"回看"不能独立于直播而存在，属于直播的有限延伸和附属功能，因此IPTV"回看"业务属于广播权的权利范畴。

在西藏乐视网公司诉中国电信公司杭州分公司侵害作品信息网络传播权案件中，两审法院均认为IPTV"回看"模式既有时间限制，又有地点选择限定，并不符合严格意义上的信息网络传播权的"选定"特点。电信杭州分公司实施的仍系其从广播组织处获得的单向播放、传送电视信号的行为，公众被动接收上述信号，电信杭州分公司自动、完整传输直播节目并滚动保留72小时的传播行为与其同步转播宁夏卫视电视频道直播密不可分，仍系广播行为的应有之义。[1] 特别是一审判决根据IPTV"回看"涉及的法律层面、产业政策层面、法律层面、学理层面和利益平衡层面逐一加以分析。从国家"三网融合"的产业政策角度，一审法院指出，"IPTV回看"模式实质上是利用电信运营商的通信网络，以专网方式定向传输广播节目，开展的有线电视业务，其本质上仍然是广播电视业务结合回看技术的全新业务形态，是广播电视在新媒体领域的重要延伸。从著作权法角度，一审法院认为IPTV"回看"服务的主体、来源均为广播组织，"回看"播放的信号仅限于相应电视台限定时间内播放的信号；在传播途径上，电信的IPTV专用网络是电信部门利用互联网架设明显区别于公开公用的互联网的"专网"；在受众上，IPTV用户是利用特定终端并拥有专网访问权限和节目访问权限的特定用户，电信杭州分公司提供作品的对象并非所有的社会公众，仅限于已经相对特定的专网内的用户，其他公众不可能在不安装IPTV专网及终端的任何其选定的地点获得，故IPTV"回看"行为的受众与

---

[1] 曹世华. "三网融合"中的版权侵权问题——以交互式网络电视(IPTV)为例[J]. 安徽工业大学学报(社会科学版), 2013, (6):3.

信息网络传播权中的"公众"范围有所区别。从学理角度,电信杭州分公司所实施的"回看"行为以及行为意图所指向的内容是宁夏卫视电视频道而非涉案作品,其实质是利用技术的进步,对整个宁夏卫视电视直播频道进行72小时的重播。如果涉案作品需要下架处理,只能将该时间段电视频道直播录制的完整视频文件整体删除,这显然不符合比例原则的学理要求。从利益平衡和技术中立角度,"IPTV回看"模式是一种新的作品利用方式和商业模式,系技术本身进步的结果。司法在评价该行为时,应该秉承包容、中立的司法态度,为新技术带来的新业态、新模式留足发展空间,同时基于国家的产业政策、业态的实际和公共利益的平衡,对信息网络传播权范围加以合理限制。

持信息网络传播权的观点认为,IPTV回看属于交互式传播,属于信息网络传播权的权利范畴。王迁教授指出:"信息网络传播权的实质在于控制'交互式传播行为',而'使公众可以在其个人选定观点时间和地点获得作品'的用语只是为了描述'交互式传播'的特征而已。因此,不能将'在指定的时间和地点'理解为任意时间和地点。"[1] 换言之,在传播者限定的时间和地域范围内,只要公众可以通过网络自行选择时间和地点去"点播",这一传播仍然是"交互式传播",构成信息网络传播权所控制的行为。

针对上述分歧,北京市高级人民法院在"参考问答24"第二部分中阐明了观点。IPTV"回看"行为符合著作权法规定的"以有线或者无线方式向公众提供,使公众可以在其选定的时间和地点获得作品"的行为特征,即该行为落入信息网络传播权控制的范围。未经许可在IPTV"回看"服务中提供作品,应认定为侵害信息网络传播权的行为,这一解读符合信息网络传播权的立法目的及其与广播

---

1 王迁. 著作权法[M]. 北京:中国人民大学出版社,2015:199-200.

权的衔接。

笔者赞同后一种观点，理由是：一方面，我国著作权法对于信息网络传播权的定义借鉴了《世界知识产权组织版权条约》第8条关于"向公众传播的权利"的定义。根据《世界知识产权组织版权条约》草案备忘录第10.11段的理解，条约第8条涵盖了请求式的互动传播行为。[1] 既然我国著作权法直接借鉴了条约的规定，那么信息网络传播权的内涵特指"请求式的互动传播行为"，而"使公众在其个人选定的时间和地点获得作品"的用语只是对"交互式传播"的描述，因此任何通过网络实施的"交互式传播"行为都应当受到信息网络传播权的控制，而不能将"个人选定的时间和地点"绝对地理解为个人可以随意选择任一时刻和任一地点。否则，只有那些永远不关闭服务器且向整个法域内开放服务的网络服务提供者才可能侵犯信息网络传播权。考虑著作权法对于国际条约用语的移植，"参考问答24"第二部分支持IPTV"回看"构成信息网络传播行为的观点，符合著作权法关于信息网络传播权的立法目的。另一方面，从著作权法的体系解释角度，广播权保护非交互性传播，而信息网络传播权保护交互性传播，获得作品的行为只要具备选择自由，就属于信息网络传播权。[2] IPTV限时回看服务会导致IPTV平台对于视频网站部分观众的分流，与原权利人信息网络传播权的正常使用相冲突，不构成权利的合理使用。

---

1 李琛. 知识产权法关键词[M]. 北京:法律出版社, 2006:132.
2 郭雪军. IPTV限时回看服务的法律定性及其纠纷解决路径[J]. 山东科技大学学报(社会科学版), 2021, (6):8.

6.4 IPTV主体的法律责任

在明确IPTV"回看"构成信息网络传播行为的前提下，未经许可提供"回看"作品服务行为即构成侵犯信息网络传播权行为。在这种情况下，权利人通常将电信企业作为被告，要求其承担侵权责任或者和其他IPTV运营主体一并承担共同侵权责任，而司法实践中对于各运营主体的责任划分尤其是电信企业是否应当承担侵犯著作权责任存在争议。一部分判决认为，电信企业仅提供IPTV技术传输而不负责版权管理，无权利、无义务管理节目电子信号和电子节目指南，无过错不承担侵权赔偿责任。[1] 另一部分判决则认为，电信企业基于《IPTV协议》与其他运营主体进行深度合作经营，实施了分工合作提供作品的行为，构成共同侵权行为。不同的裁判观点源于我国司法机关长期以来对于IPTV平台运行机制以及共同侵权行为基本理论的认识分歧。

6.4.1 "参考问答24"明确IPTV运营主体及运行机制

IPTV属于合作的商业模式，当发生著作权法律纠纷时，应区分不同的合作主体及其行为的法律属性。"参考问答24"以《IPTV集成播控平台与传输系统规范对接工作方案》为依据，总体上将IPTV运营主体分为IPTV集成播控平台和传输系统开办单位两大类。根据上述方案，IPTV集成播控平台的建设管理、IPTV节目的统一集成和播出监控由广电播出机构负责，IPTV传输系统的建设管理以及IPTV集成播控平台与用户端直接提供信号传输和技术保障由电信企业负责。IPTV集成播控平台分为IPTV集成播控总平台和本省IPTV集成

---

[1] 参见（2019）浙01民终10859号、（2019）粤0304民初46140号、（2019）粤0304民初46142号民事判决书。

播控分平台两级运营架构。全国IPTV内容服务平台接入IPTV集成播控总平台，省级IPTV内容服务平台接入本省IPTV集成播控分平台。IPTV集成播控平台应当具备对IPTV中所有内容的集成和播出控制功能。电信企业提供的节目，不得自行纳入IPTV传输系统，应按照规定提交广播电视播出机构审查后统一纳入IPTV集成播控平台的节目源。同时，电信企业不得传输其他来源的内容，也不得插播、截留、变更集成播控平台发出的节目、EPG及控制信号。IPTV的全部内容和电子节目指南（包含电信企业提供的内容和EPG条目）由IPTV集成播控平台审核通过后进行统一集成，经一个对接接口统一提供给通信运营公司的IPTV传输系统。

《IPTV集成播控平台与传输系统规范对接工作方案》与《国务院关于印发〈推进三网融合总体方案〉的通知》《国务院办公厅关于印发〈三网融合推广方案〉的通知》《专网及定向传播视听节目服务管理规定》等对于IPTV运营主体的分类和权限划分一脉相承，即以落实"三网融合"的目标，遵循广电播出机构负责集成播控、电信企业负责信号传输的原则。具体而言，IPTV运营业务包括从事内容提供服务、从事集成播控服务以及从事IPTV传输服务。其中内容提供服务和集成播控服务均由IPTV集成播控平台（广电播出机构）负责。IPTV内容的版权管理是广电播出机构及其相关企业的责任，而IPTV信号传输和技术保障则由电信企业负责，构成著作权法意义上的网络服务提供者。

6.4.2 关于司法解释"分工合作"构成共同侵权的理解

6.4.2.1 《信息网络传播权司法解释》第4条和第6条的关系

共同侵权，即数人共同侵害他人权利。作为侵权行为的类型之一，构成共同侵权应当首先符合侵权行为的全部构成要件。相较于一般的侵权行为，共同侵权的加害人数更多、侵权行为的危害性更高，给受害人造成的损害更为严重。在这种情形下，要求所有共同侵权行为人承担连带侵权责任，可以避免共同加害人各负其责，保障受损害人的损害赔偿请求权。《信息网络传播权司法解释》第4条规定："有证据证明网络服务提供者与他人以分工合作等方式共同提供作品、表演、录音录像制品，构成共同侵权行为的，人民法院应当判令其承担连带责任。网络服务提供者能够证明其仅提供自动接入、自动传输、信息存储空间、搜索、链接、文件分享技术等网络服务，主张其不构成共同侵权行为的，人民法院应予支持。"第6条规定："原告有初步证据证明网络服务提供者提供了相关作品、表演、录音录像制品，但网络服务提供者能够证明其仅提供网络服务，且无过错的，人民法院不应认定为构成侵权。"结合上述法律条文和《信息网络传播权保护条例》第20条、第21条的规定，《信息网络传播权司法解释》第4条和第6条之间的关系如下。

首先，《信息网络传播权司法解释》第6条和第4条说明，构成信息网络传播权的共同侵权行为，仍然要满足《民法典》关于过错责任的一般条款规定，即网络侵权责任适用过错责任原则。其中，《信息网络传播权司法解释》第4条分工合作构成共同侵权行为的条款来源于共同侵权理论——从《侵权责任法》到《民法典》侵权责任编，我国立法在共同侵权构成上始终选择采纳主观说。主观说也称为意思说，认为共同侵权行为的本质在于主观方面的共同故意或者共同过失。[1]《信息网络传播权司法解释》第4条要求网络服务提供者和其他主体之间在主观上存在分工合作共同提供作品的主观意思，客观上实施了分工提供作品的行为，这里的共同侵权是共同直

---

[1] 主观说具体包括意思联络说和共同过错说两种。意思联络说认为，共同侵权之构成须共同加害人主观上存在意思联络即共同故意。共同过错说认为，共同侵权之构成须共同加害人主观上对损害结果具有共同过错，包括共同故意和共同过失。参见杨立新. 侵权责任法(第四版)[M]. 北京:法律出版社, 2021:102.

接侵权。[1] 如果网络服务提供者与他人以分工合作方式共同提供了侵权作品甚至约定分配侵权所得，即构成"深度合作经营"，那么从该深度合作经营行为中可以推定网络服务提供者与他人存在共同提供侵权作品的意思联络，不适用网络服务提供者可能获得的"避风港"免责规定，构成直接侵权行为。

其次，《信息网络传播权司法解释》第4条规定的"网络服务提供者能够证明其仅提供自动接入、自动传输、信息存储空间、搜索、链接、文件分享技术等网络服务"，构成第6条网络服务提供者"仅提供网络服务，且无过错"的情形，是分工合作构成共同侵权的法定抗辩事由。换言之，网络服务提供者与他人虽以分工合作等方式共同提供著作权法保护的客体，但能够证明其仅提供自动接入、自动传输、信息存储空间、搜索、链接、文件分享技术等网络服务，那么可以推定网络服务提供者无主观过错，无共同过错的行为必然不构成共同侵权。结合《信息网络传播权保护条例》第20条的规定，"自动接入、自动传输"要求提供将作品呈现于用户所必经的自动传输管道，网络服务提供者不能选择并且不能改变所传输的内容。《信息网络传播权保护条例》第21条规定"自动存储"仅针对提高网络传输效率的自动存储技术。概况而言，仅提供网络服务的行为应当符合以下三个特点：一是符合技术中立原则，网络服务提供者不能干预内容或者替代内容提供者。二是网络服务提供者没有实际控制、选择内容的能力和可能性。三是网络服务提供者所提供的是用户获得作品所必需的网络服务。

6.4.2.2 "参考问答24"符合共同侵权的"主观说"

"参考问答24"阐明，判断电信企业是否须承担共同侵权责任仍须认定其是否满足构成共同侵权行为的基本要件，在主观方面须

---

1 杨柏勇. 著作权法原理解读与审判实务[M]. 北京:法律出版社, 2021:315-316.

电信企业与他人具有共同的过错。司法机关在审理涉IPTV案件时必须梳理清楚电信企业与广电播出机构之间实际的分工合作关系，尤其是查明电信企业与广电播出机构之间是否存在以分工合作方式提供作品的共同意思联络，这是审理此类案件的难点和重点。

所谓共同的意思联络，在涉IPTV案件中是指电信企业与广电播出机构具有提供相关作品的意图。特别值得注意的是，考虑到落实国家"三网融合"政策的战略需要和各政策性法规对于电信企业权限的约束，不能简单从电信企业与广电播出机构或其相关企业签订的《合作协议》中就简单地认定电信企业与他人存在分工合作提供作品的共同意思联络。IPTV运营主体之间虽然签订了《合作协议》，但依据《合作协议》不能认定通信运营企业与其他主体之间具有分工合作提供作品的主观意思联络。其原因在于：首先，IPTV《合作协议》的缔约目的在于落实国务院和国家广播电视总局的要求，电信公司需要传输播控平台分发的所有作品，而非约定合作提供某些特定作品的意思表示条款。其次，各IPTV运营主体依据政策性分工各司其职，《合作协议》关于运营主体权利、职责的约定系依据国家相关政策性规范展开。基于政策性分工，IPTV业务的内容播放、控制权利（力）和责任由广播电视机构拥有和承担，电信公司只负责提供网络传输服务，无法筛选、再编辑内容提供者所提供的播出内容，没有管理控制播出内容的能力。最后，IPTV运营模式不能简单地照搬适用"通知—删除"规则。在侵犯信息网络传播权的情况下，如果网络服务提供者获悉自己的服务器上存储有侵权内容或指向侵权内容的链接之后，拒绝采取措施防止损害后果的扩大，就明显具有主观过错。但是在IPTV运营模式下，无论从EPG防篡改机制的技术手段角度还是从政策性法规的角度，电信公司都必须将集成播控分平台提供的所有节目信号完整传输至用户。

基于上述原因，"参考问答24"立足于"三网融合"新业态的商业模式，结合广电播出机构和电信企业在IPTV运营中的职责范围，对于电信企业的主观意思进行区分，判断电信企业与广电播出机构是否具有合作提供侵权作品的共同故意。

第一种情况，按照规范性政策的规定，电信企业提供的节目，不得自行纳入IPTV传输系统，应按照规定提交广播电视播出机构审查后统一纳入IPTV集成播控平台的节目源。如果在案证据能够证明电信企业自行提供被诉侵权内容，那么电信企业侵权被诉内容的信息网络传播权，应当承担侵权责任。如果在案证据能够证明电信企业在合同实际履行中虽未直接提供侵权内容，但实际参与或决定集成播控平台的相关内容，并就相关内容设置专区专版、收取费用等，那么可以认定电信企业和广播电视播出机构确系有共同提供被诉侵权内容的意思联络，构成以分工合作方式提供被诉侵权内容的共同侵权行为，应当承担连带责任。

第二种情况，如果在案证据能够证明电信企业按国家政策及规范性文件的要求签订并严格履行了IPTV业务合作合同，且被诉侵权内容不由电信企业提供，那么电信公司仅提供了IPTV业务的信号传输和技术保障服务，电信公司属于仅提供"自动接入、自动传输"的网络服务提供者，适用网络服务提供者分工合作构成共同侵权的典型抗辩事由，此时电信企业不应当承担停止侵权、赔偿损失等侵权责任。

6.5 审理重点

6.5.1 电信企业具体事实行为内容的查明

判断电信企业是否应当承担侵权责任，需要查明其按国家政策及规范性文件的要求签订并严格履行了IPTV业务合作合同，因此，查明IPTV业务合作合同是审理案件的关键之一。首先，若不提交涉案IPTV业务合作合同，导致无法查明涉案IPTV业务经营过程中的相关主体具体行为的，对于电信企业有关其仅提供IPTV业务的信号传输和技术保障服务不承担侵权责任的抗辩理由，法院应当不予支持。其次，电信企业需要证明其严格履行了符合国家政策规范的IPTV合作合同。若电信企业超出自身权限范围，在合同履行中实际参与或决定集成播控平台的相关内容，并就相关内容设置专区专版、收取费用的，应当承担侵权责任。

6.5.2 追加当事人问题

根据《民事诉讼法司法解释》的相关规定，依法设立并领取营业执照的法人的分支机构可以作为民事诉讼的当事人。电信企业的分支机构可以作为独立的民事主体参与诉讼。在具体案件中，如果被诉侵权行为仅涉及相关电信企业的分支机构，不涉及总公司，对于当事人提出的追加总公司的申请，可以不予准许。

在司法实践中，内容提供服务单位、集成播控服务单位以及传输分发服务单位的关系往往错综复杂，如果将IPTV运营主体都追加到同一案件中，可以在同一判决中厘清事实问题和法律关系，避免三方主体互相推诿，产生后续诉讼风险。因此对于当事人提出追加IPTV业务其他主体的申请，一般应予准许。如果相关主体不参与诉讼则无法查清争议事实的，法院一般应依职权追加相关主体作为第三人参与诉讼。

结语

在三网融合的背景下，认定IPTV运营主体的侵权责任仍须遵循侵权责任法基本原理和著作权法利益平衡的基本原则。北京市高级人民法院制定出台的"参考问答24"结合国家影视服务行业的产业政策、行业发展的现状及趋势，在现有法律框架下充分考虑IPTV商业模式的客观运营情况，科学系统地厘清了IPTV运营主体特别是电信企业须承担责任的具体情况，具有实践参考价值。根据政策性规定，电信企业的职责是按照法定和约定的义务提供专网传输服务，将集成播控分平台提供的所有节目信号完整传输至用户。如果在案证据能够证明电信企业既未提供被诉侵权内容，又对集成播控平台中的具体内容无控制权，可以认定电信企业仅提供了IPTV业务的信号传输和技术保障服务，电信企业不承担停止侵权、赔偿损失等侵权责任。

判断著作权侵权及责任承担的特殊情形

1 非字面抄袭的侵权认定规则

内容摘要

影视行业近年来频现的"非字面抄袭"严重阻碍了影视文化创新的发展。笔者结合琼瑶诉于正等侵害著作权案探讨非字面抄袭的侵权认定规则。笔者认为,文字作品中具有独创性的人物设置及人物关系、独创情节、具有独创性的情节串联整体是著作权保护的表达。在剧本与影视作品高度一致的情形下,影视作品的发表即同时构成了剧本内容的发表。在与其他权利人合法权利不相冲突的情况下,著作权法并不禁止创作者对前人作品的合理借鉴。在著作权领域引入专家辅助人未来可能会被广泛践行。

关键词

著作权;抄袭;侵权行为;非字面抄袭;专家辅助人

1.1 琼瑶诉于正等侵害著作权案

1.1.1 案情介绍

2014年4月,电视剧《宫锁连城》通过卫星频道于全国范围内播出,作家陈某(笔名琼瑶)与编剧余某(笔名于正)之间的著作权争议由此开端。陈某认为,《宫锁连城》的剧本创作及电视剧拍摄侵犯其对原著作品《梅花烙》享有的著作权,并通过公开信等方式呼吁制止相关侵权行为。媒体及网络对这一事件的传播,令其迅速成为社会热门话题,占据了公众的视线。

2014年5月,陈某委托代理律师向北京市第三中级人民法院正式递交起诉状,以编剧余某及电视剧《宫锁连城》的制片方湖南经视公司、东阳欢娱公司、万达公司、东阳星瑞公司为被告,提起侵犯著作权纠纷诉讼。

原告诉称:被告余某创作的电视剧剧本《宫锁连城》以及其他四被告湖南经视公司、东阳欢娱公司、万达公司、东阳星瑞公司共同摄制的电视剧《宫锁连城》侵害了原告创作的剧本及小说《梅花烙》(以下简称涉案作品)的著作权。请求法院认定五被告侵害了原告涉案作品的改编权、摄制权,停止电视剧《宫锁连城》的一切电视播映、信息网络传播、音像制售活动,连带赔偿原告2000万元,并判令被告余某公开道歉。

被告辩称:原告不是剧本《梅花烙》的著作权人。原告指控被告余某侵权的人物关系、桥段及桥段组合属于特定场景、公有素材、有限表达或仅为原告的思想而不是表达,不受著作权法的保护。因剧本《梅花烙》从未发表过,被告余某不存在与《梅花烙》剧本内容发生接触的可能,《宫锁连城》剧本是被告余某独立创作的作品。剧本及电视剧《宫锁连城》的具体情节表达与涉案作品并不相似。万达公司辩称,其仅对电视剧《宫锁连城》进行了投资,不享有该剧的著作权，不应承担侵权连带责任。

1.1.2 争议焦点

该案的争议焦点包括：①思想与表达的区分；②情节整体串联是否属于著作权保护的对象；③关于接触的判定标准；④关于专家辅助人的作用。

1.1.3 法院裁判

北京市第三中级人民法院于2014年12月作出（2014）三中民初字第07916号民事判决：①被告湖南经视公司、东阳欢娱公司、万达公司、东阳星瑞公司于该判决生效之日起立即停止电视剧《宫锁连城》的复制、发行和传播行为；②被告余某于该判决生效之日起十日内在新浪网、搜狐网、乐视网、凤凰网显著位置刊登致歉声明，向原告陈某公开赔礼道歉，消除影响（致歉声明的内容须于该判决生效后五日内送法院审核，逾期不履行，法院将在《法制日报》上刊登判决主要内容，所需费用由被告余某承担）；③被告余某、湖南经视公司、东阳欢娱公司、万达公司、东阳星瑞公司于该判决生效之日起十日内连带赔偿原告经济损失及诉讼合理开支共计500万元；④驳回原告陈某的其他诉讼请求。宣判后，余某、湖南经视公司、东阳欢娱公司、万达公司、东阳星瑞公司提出上诉。北京市高级人民法院于2015年12月作出（2015）高民（知）终字第1039号民事判决，驳回上诉，维持原判。

1.1.4 裁判逻辑

北京市第三中级人民法院的裁判逻辑如下：

1.1.4.1 关于思想与表达的区分

著作权法保护作品的表达而不保护作品传递的思想。作品的表达不限于具体的文字、图像等最终呈现形式，体现作者个性化创作智慧的、构成作品之间相区别的足够具体、独创的部分，属于作品的表达。在文学作品、影视作品中，单纯的背景设定、人物设置和人物关系属于思想的范畴，但上述内容能够与具体情节相结合体现作者个性化创作的，则属于作品的表达。

1.1.4.2 关于情节整体串联

作品创作过程中，对公共领域素材的遴选，因服务于创作者的创作选择而具有个性化属性；以遴选、创作等方式形成的素材为基础，进行个性化顺序排布及特定化逻辑串联形成的整体内容，因这一过程中融入的创作者独创智慧而具有区别性、独创性。在此基础上，串联而成的整体，如果足够具体到构成作品表达而非思想，则应属于著作权法保护的对象。

1.1.4.3 关于接触问题

接触，并不以直接接触为必要形式。影视作品以剧本为拍摄的直接依据，如影视作品的最终表达与剧本内容足够契合，则影视作品事实上成了剧本内容变化具体表现形式的新载体。在此情况下，与影视作品的内容发生接触，即意味着与剧本内容发生了接触。相对于直接的阅读剧本而言，这种接触的方式更间接，但并不改变与剧本内容发生接触的事实及效果。

1.1.4.4 关于专家辅助人

在具有较高专业辨别需求的案件中，经过当事人申请或法院评估，可引入专家辅助人。专家辅助人在案件中应限于对案件涉及的专业问题作出解答，不得对案件争议做法律评价。

1.2 学理分析

该案是一起典型的"非字面抄袭"案件，具有不同于简单"字面抄袭"案件的判断规则。

1.2.1 关于文字作品中著作权保护的表达

在文字作品著作权侵权纠纷案件的司法实践中,以对原作品完整照搬的方式实施侵权行为的情形已是鲜见,讼争案件往往起因于原告主张其原著文字作品的一部分被侵权使用,或原著文字作品的部分或全部内容以发生某种形式变化的方式被侵权使用。这就导致权利人以诉讼方式主张权利救济时,往往不能直接以其完整作品作为侵权行为的直接加害对象,而需要基于那些被侵权使用的作品部分或被变化形式使用的作品部分主张权利救济。这种主张事实上突破了著作权法保护"作品"的维度,而深入依据著作权法就著作权主张保护文字作品内相关元素的维度,这些元素可以称为文字作品的著作权保护要素。

但如何界定文字作品中的著作权保护要素,著作权法并没有进一步规定,这也成为司法者在个案审判中结合法律规定及法理逻辑需要面对的先决问题。

1.2.1.1 著作权保护的作品要素界分原则

在著作权法之下,对著作权保护的作品要素进行个案划定,最本源的法理依据是思想与表达的界分——著作权所保护的不是作品所体现的主题、思想、情感及科学原理等,而是作者对这些主题、思想、情感及科学原理的具体表达。这一原理由Bradley法官在Baker v. Selden.案中提出,并由Hand法官后于Nichols v. Universal Pictures Corporation et al.案[1]中进一步形成抽象过滤法,并推演至普遍公认的思想与表达界分原则。因此,评判作品相关元素是否属于著作权保护的对象,首先需解决的问题是明确这些元素是否属于表达而非

---

[1] Nichols v. Universal Pictures Corporation et al. 45 F. 2d 119(1930).

思想。在此划定基础上，结合著作权的准物权特性，宪法对言论自由的尊重和保护及著作权法鼓励作品创作、传播的特性，针对被界定为表达的作品元素辅以独创性要求，得出的结论为作品中具有作者独创性的表达元素是著作权保护的作品元素。[1]

1.2.1.2 文字作品中具有独创性的人物设置及人物关系是著作权保护的表达

人物设置和人物关系的描写，是文字作品展现人物冲突、推动事件发展的主要因素，属于著作权中的表达。但这并不代表文字作品中的任何人物设置、人物关系均以其独立存在的方式被界定为著作权所保护的表达，就此还需考察这种表达是否具有充分的独创性。在叙事性文字作品中，故事情节及语句，赋予"人物"以独特的内涵，令人物与故事情节和语句一起成了著作权保护的对象，因此，对叙事性文字作品中人物设置及人物关系是否具有充分独创性的评价，应与作品的特定情节紧密对应——人物需要通过叙事来刻画，叙事又要以人物为中心。叙事类文字作品以特定的人物设置及人物关系为基础，形成故事和情节的对应安排，特定人物之间的特定情节也令具体的人物设置和人物关系与特定作品形成足够具体和独特的对应关系，进而令这种足够具体的人物设置和人物关系构成了作者的独创性表达。

1.2.1.3 文字作品的独创情节是著作权保护的表达

作品中的表达不仅指文字、色彩、线条等直观的符号形式，当作品的内容被用于体现作者的思想、情感时，这些内容也属于受著作权法保护的表达。特别是在演绎行为日渐增多的情况之下，作品的内容属于表达这一基础认知将尤为重要，因为演绎正是通过不同的表达形式表现同一内容。

---

[1] 参见北京市第一中级人民法院民事判决书（2006）一中民初字第14484号。

基于表达符号层面逐层向上对内容进行提取是抽象过滤法对思想与表达进行界分的重要过程，相对于符号而言，内容的提取显得相对抽象，但这并不代表所提取出来的内容一定属于思想而脱离了表达。相反，对于内容的提取和在内容上做独创性判断、侵权关联追究始终是著作权侵权纠纷案件司法实践中的重要任务，正如Hand法官在Nichols v. Universal Pictures Corporation et al.案中提到，"保护著作权固然至关重要，无论在契约法还是成文法下，但这种权利不应仅仅局限于文本，否则剽窃者仅通过非实质意义的改动就可逃脱侵权指控"。

　　情节是叙事性文字作品的基础内容，受众欣赏和评判文字作品的创作内容，也以对情节的捕获为直观路径。基于特定的素材选择、事件设计、人物安排，以特定的因果关系及逻辑关联搭建具体故事情节的工作融入了作者独创智慧。特别是对于虚构的文字作品，或对真实历史题材作品中的虚构部分而言，创作者通过自身的想象力、结合特有的思维表达和逻辑安排形成足够具体的，具有其个性化特点的独创内容。在这些作品中，情节和角色通常比具体的用语选择更为重要。[1] 因此，足够具体的独创性情节作为文字作品的基础内容，属于著作权保护的表达。

1.2.1.4　文字作品具有独创性的情节串联整体是著作权保护的表达

　　大多数叙事性文字作品的内容并非单一情节，而是通过特定情节的前后衔接、逻辑顺序将诸多情节紧密贯穿为完整的作品整体。在这样的作品中，以组合的方式通过作品情节选择及结构上的巧妙安排和情节展开的推演设计，这种串联布局反映着作者的个性化的判断和取舍，体现出作者的独创性思维成果，可以构成足够具体的独创性整

1　威廉·M.兰德斯，理查德·A.波斯纳. 知识产权法的经济结构[M]. 金海军，译. 北京:北京大学出版社, 2005:108-114.

体,并成为著作权保护的表达。事实上,在文字作品著作权侵权纠纷中,对于一些不是明显相似或者来源于生活中的素材,如果分别独立对比,很难直接得出准确结论,但将这些情节和语句作为整体进行对比,就会发现,具体情节和语句的相同或近似是整体抄袭的体现,具体情节和语句的抄袭可以相互之间得到印证。因此,认可这种串联布局形成的足够具体而独特的整体内容为著作权保护的表达,在著作权侵权纠纷的司法实践中具有不可忽视的重要意义。

1.2.2 关于对著作权保护的作品要素发生接触

著作权侵权纠纷案件中,评判侵权情形是否存在的基础办法是对前后作品以"接触+实质性相似"的判断逻辑进行比对。"接触"在立法上并无确定概念,实践中指被诉侵权人有机会接触到、了解到或者感受到权利人享有著作权的作品。在著作权侵权纠纷的司法审判中,判定"接触"的发生可以分为两种情况:一是有证据证明被告实际接触到了涉案作品;二是涉案作品已发表,处于公之于众的状态进而推定接触的发生。

对于作品如何构成"发表",《著作权法》并未直接规定,但《著作权法》第10条对于发表权有相关规定,即"决定作品是否公之于众的权利",那么"发表"则意味着作品的"公之于众"。《最高人民法院关于审理著作权民事纠纷案件适用法律若干问题的解释》第9条对于"公之于众"进行了解释,即著作权人自行或者经著作权人许可将作品向不特定的人公开,但不以公众知晓为构成要件。据此,所谓公之于众,应理解为一种作品处于为不特定的人能够通过正常途径接触并可以知悉的状态,而并不要求切实证据表明相关人已经实际发生知晓、接触的事实。例如,以展览、发表、发行、表演、放映、广播等方式实现作品公开的效果,即可以推定构成接触。

这里需要注意的是，上述《著作权法》及相关法律规定所称的"发表"或"接触"均以作品为指向，并未以著作权所保护的作品元素为指向。著作权法的权利保护逻辑是通过立法对著作权予以保护，而著作权的直接指向对象是作品中受著作权保护的相关元素。因此，在著作权侵权纠纷中，判定作品是否发表，核心是作品内所含著作权法保护的元素是否以作品为载体实现"公之于众"。

如前所述，Hand法官提出，对作品的著作权保护不应局限于文本，即不应局限于作品中受著作权法保护元素的最终载体形式。事实上，变换了载体形式，仍可能达到对作品中受著作权法保护的元素的发表和"公之于众"。比如，影视剧本作为文字作品，以文字形式为表达符号，以书写而成的剧本为载体，但剧本本身作为独立作品进行发表的情形并不占多数，更多的剧本在影视作品拍摄完毕后并不以独立作品的形式进行文字作品发表。但事实上，剧本的内容及其内容所含著作权保护的各项元素已经以影视作品这一影音形式予以公开，受众通过观赏影视作品即可了解剧本的内容，特别是那些剧本与影视作品高度一致的情形下，通过观赏影视作品即可了解剧本的全部内容，其中即含有剧本内著作权保护的相关元素。在此情形下，影视作品的发表即同时构成了剧本内容的发表。

在著作权侵权纠纷中，另有一些情形可用于辅助关于接触的推定。例如，被告不具有对被控侵权作品自行创作的能力，被告以不正常的速度完成作品创作等事实也可以作为被告接触过原告作品的间接证据。又或，被告的作品与原告作品明显近似，足以合理排除被告独立创作的可能性；被告的作品中包含与原告作品中相同的错误，而这些错误对作品毫无帮助；被告的作品中包含着与原告作品中相同的特点、风格或技巧，而这些相同之处很难用偶然的巧合来解释等。

1.2.3 关于改编与借鉴的界分

著作权法的法意在于保护著作权人的利益、鼓励创作,同时注重社会公众利益的平衡,以促进作品传播和文化的传承。因此,在与其他权利人合法著作权利不相冲突的情况下,著作权法并不禁止创作者对前人作品的合理借鉴。

这里所说的借鉴,主要包括三种情况:①对他人作品中不够具体化、不含独创性的思想的借鉴;②对他人作品中足够具体化但不具独创性内容的借鉴(比如公共素材、固定场景、有限表达等);③对他人作品中具体化且具有独创性的表达的借鉴。

对于第一种情形,因不够具体化、不含独创性的思想并不属于著作权保护的维度,对他人作品在该层面的借鉴并不构成著作权侵权行为。对于第二种情形,因他人作品中的相关内容本身不具有独创性,且不受著作权保护,因此对于这部分内容的借鉴不构成著作权侵权行为。对于第三种情形,因他人作品中的相关内容属于著作权保护范畴,因此需结合借鉴的实际行为个案判别是否属于合理借鉴维度或构成著作权侵权行为。这种判别总体上来说,可以根据被诉侵权行为是否属于合理使用并注明了出处,是否使用了他人表达的主要部分或实质性部分,以及使用他人作品的数量等因素,进行综合考量,不仅要结合借鉴内容在原作品中的所占比例及在新作品中的所占比例进行量化考量,还要结合借鉴内容的重要性、表达的独创性,即从质的维度上进行考量。评判标准也需结合具体案件情况进行个案分析判断。

1.2.4 专家辅助人的引入

该案一审在程序上的一个特色是引入了专家辅助人。这一制度的来源是《最高人民法院关于民事诉讼证据的若干规定》第83条。随着社会分工的逐渐细化,行业区分及行业特色逐渐凸显,发生在不同行业中的违法行为，其行为特点、违法性认定、违法性危害等问题的判定不能一概而论，而应该结合行业实际情况，放在特定的背景下去衡量。比如，在著作权法保护的作品产出维度内，文化产业是一个大的产业领域，影视行业则是文化产业向下细分的一个行业，而影视行业的剧本创作领域又是行业内的一个具体分工。相对如此细致的划分，法律就变得盖然而宽泛了。如何将盖然性的法律适用于细化程度逐渐提升的行业化争议，无疑成为司法审判需要解决的课题。

该案中，单就原告琼瑶指称《宫锁连城》剧本对其原著《梅花烙》剧本的改编权侵犯而言，原告指称涉嫌被侵权的原著剧本内容，在多大程度上可以称为"具有独创性"；《宫锁连城》剧本中被指控侵权的内容，在多大程度上与原告作品内容存在相似就可以判定为侵权或不侵权；可能构成侵权的内容对于原告可能造成的损失究竟有多大……这些问题，脱离影视行业剧本创作的实际情况，脱离对影视项目开发及收益基础的具体化了解，就很难客观公允地作出评判。而这些问题，事实上已经细化到需要借助对行业有资深经验的人提供专业意见，法官才能够有针对性的理解，否则将可能产生主观臆断。

该案开庭前，法院曾经通知原、被告各方均委托专家辅助人到庭，但截至开庭当日，被告并没有提供可到庭的专家辅助人人选，因此最终只通过原告邀请的一位专家辅助人到庭协助发表意见。而这些意见，虽然不构成法院判定的基础依据，但为合议庭深入了解影视行业操作情况、剧本产出情况、剧本内容的创作价值等核心问题提供了重要参考。

专家辅助人制度，在知识产权案件中，更多地应用于专利权争议案件，在著作权争议案件中引入专家辅助人的做法在过去的司法实践中十分鲜见，甚至几乎是没有先例的。但这并不代表著作权领域的争议解决不需要这一制度。该案开启了著作权争议案件专家辅助人引入的先河,是基于行业分工细化的大背景,也是案件审理具有行业及实践针对性的重要保障。在未来的类似案件审理中,不排除会继续这一制度的广泛践行。

1.3 该案的司法意义

文化产业是未来国民经济的支柱产业,创新始终是文化产业的基本生产力,创意更是文化产品的核心竞争力。

就影视行业而言,近年来,国家广电主管部门及工商行政管理部门等多部门相继出台优惠扶植政策,这些政策包括优秀影视作品奖励机制及税收优惠制度等。政策的扶植是国家振兴影视文化产业的制度保障,体现了全社会对于原创精品推陈出新的良好期待。在法律的维度上,有效维护原创者合法权益,尊重原创、打击侵权行为,实现知识产权保护的有效落实,则是保护创新成果、促进创新发展的应有之义。

影视行业近年来频现的抄袭及侵权改编行为,严重阻碍了影视文化创新的发展。而对于一些新作品创作中可能出现的对经典作品的借鉴情况,则需掌握在合理范围内,盲目而无节制的借鉴极有可能突破借鉴边际而造成侵权的事实后果,在此情形下,法律的干预及规制就成了必然。而对于影视作品的制片者而言,在拍摄影视作品时也需全面审视拍摄内容的合法性,绝不应抱有侥幸心理而试图以剧本编写及影视作品拍摄行为的机械性划分摆脱就剧本创作侵权情形的责任承担,或以不知情为由试图逃离法律追究,不顾原创作者合法权益推动侵权行为发生、发展及侵权影响的扩大化。那些认为侵权成本远低于基于侵权行为所能获取的收益,而以利益衡量的方式面对法律铤而走险的行为必须得到有效遏制,否则,包括影视行业在内的整个文化产业都将面临长远的创意危机及知识产权权利危机。法律对于影视行业的要求并未超出过错责任原则的标准，只是要求影视行业对于剧本尽到与其专业相适应的合理注意义务，否则将面临法律的否定评价。

该案作为侵犯著作权的典型案件，无论从侵权目的、侵权手段、侵权方关系上看，在影视行业著作权侵权案件中均有典型意义，且案件复杂程度超出了通常类似案件的普遍状态。该案的审理及判决过程对于后续类似案件的审理具有参考意义。

2 取得改编授权条件下的保护作品完整权问题

内容摘要

学界对于保护作品完整权的理解存在不同观点，改编权和保护作品完整权的界限如何划分，在司法实践中亦产生许多争论。笔者从司法审判角度出发，结合具体案例，对正确界定我国著作权法对保护作品完整权的规定，正确理解我国著作权法规定的"歪曲、篡改"的含义，正确把握我国著作权法中改编权与保护作品完整权之间的关系，进行了详细论述。

关键词

著作权；改编权；保护作品完整权

著作权法通说认为，作品作为人类智力劳动的成果，必然会反映作者的部分人格。作者创作作品的过程，就是将自己的精神烙印进作品的过程。这就是不同的作者会创作出不同的作品的缘故，即便是相同题材或者同一部作品的译文，也能看出不同作者的创作风格。作品是作者的精神之子，作品中所蕴含的作者的精神利益就产生了类似于人格权在法律上值得保护的权利。无论是作者权传统的大陆法系国家，还是版权传统的英美法系国家，都对作者人身权利提供了一定程度的保护。我国著作权法属于二元论体系，区分了作者人身权和财产权。其中，人身权就包括署名权、发表权、修改权和保护作品完整权。署名权是表明作者身份的权利。发表权是决定作品是否公之于众的权利。修改权是修改或者授权他人修改作品的权利。保护作品完整权是保护作品不受歪曲、篡改的权利。对于保护作品完整权这个著作人身权在理论上如何理解，目前存在不同观点，在司法审判中要立足我国现行法律的规定，确立三个规则。

2.1 正确界定我国著作权法对保护作品完整权的规定

我国现行《著作权法》第10条第1款第（4）项规定，保护作品完整权，即保护作品不受歪曲、篡改的权利。通说认为该条款来源于《伯尔尼公约》第6条之二："不依赖于作者的经济权利，乃至在经济权利转让之后，作者均有权声称自己系作品的原作者，并有权反对任何有损作者声誉的歪曲、篡改或者其他改动或者贬抑其作品的行为。"这条规定包含两项权利：①确认作者身份权，相当于我国著作权法规定的署名权；②禁止歪曲篡改权，相当于我国著作权法规定的保护作品完整权。但是在我国法律规定的内容里，并没有有损作者声誉的字样，这就导致对这个条款产生了不同的理解。要正确理解这个条款，首先就要从《伯尔尼公约》制定的特殊背景入手去考量。

1928年的《伯尔尼公约》罗马会议上提出了与作者精神权利相关的内容，其中包括：作者始终享有发表权和署名权，以及反对对其作品的任何有损其精神利益的修改的权利。在普通法系国家尤其是英国和澳大利亚的反对之下，各方达成相关妥协草案，用"荣誉或名声"取代了"精神利益"这一用语。原因是英国代表团认为英国法律无法对"精神利益"进行确切的表达，而"荣誉""名声"与依据普通法提起的损害名誉之诉和仿冒之诉所保护的人格利益更相似。所以，为了协调普通法系国家的立场，《伯尔尼公约》中并未使用"作者的精神利益或心灵利益"这样宽泛的概念。相比之下，大多数专家普遍认为"荣誉或名声"更加具有客观性并被普通法系国家所接受。这样妥协的最终结果就是，在公约框架下，"荣誉或名声损害标准"为第三人提供了非常重要的保护，以免遭到某些过于敏感的作者提出一些过分的要求，尤其是在第三人获得作者许可或法律准许的情况下改编作品。作者仅仅不喜欢第三人对其作品所实施的行为是不够的；他还需要证明，在公众眼中，该行为对作者造成了负面影响。这也是对作者就其作品所享有的"精神"或"人格利益"的损害与其"荣誉或名声"的损害之间的区别。但同时，这也导致了公约第6条之二所规定的保护作品完整权保护力度相对较弱。

纵观其他国家国内法基于自己的国情对保护作品完整权进行的规定，大体可以分为两种类型：一种是以法国、德国为代表的国家，使用"精神利益损害"标准；另一种是以英国、美国为代表的国家，使用"荣誉或名声损害"标准。

《法国知识产权法典》L.121-1条规定，作者对自己的姓名、作者身份及作品享有受尊重的权利。该权利系于作者人身。该权利永远存在、不可剥夺且不因时效而丧失。该权利因作者死亡可转移至其继承人。第三人可依遗嘱的规定行使该权利。

《德国著作权法》第14条规定，著作权人有权禁止对著作的歪曲或其他伤害，以防止其与著作间的精神及人身合法利益遭到损害。第39条规定，①如无相反约定，利用人不可改动作品及其标题或作者的名称。②作者根据诚实信用原则无法拒绝的，则允许对作品及标题的改动。

《日本著作权法》第20条规定，作者享有保持其作品和作品标题完整性的权利,有权禁止违反其意志对其作品或者作品标题进行的修改、删除或者其他改变……

《韩国著作权法》第13条规定,作者有权保护作品内容、结构和题目的完整性,如果没有实质性修改则作者不得反对因为作品性质、使用目的和方式等,不可避免地对作品表现形式进行有限修改。

《俄罗斯联邦民法典》(著作权部分)第1266条规定,作品不可侵犯权和保护作品免受歪曲的权利,①未征得作者同意,不许对其作品修改、缩减和增补,使用其作品不许附加插图、序言、跋语、注释或任何说明(作品不可侵犯权);②败坏作者人格、尊严或者信誉的对作品的歪曲、颠倒或其他修改,以及对作者人格、尊严、信誉影响力的侵害,都赋予作者行使请求权,保护自己的人格、尊严和信誉。

《美国版权法》第106条之二规定了作者有权禁止歪曲、篡改其视觉艺术作品或对其作其他可能有损于其声誉的修改。1990年的《美国视觉艺术家权利法案》新设的第106A条规定,只有损害视觉艺术家名誉或声望对作品进行歪曲、切除或其他改变的行为,才构成对保护作品完整权的侵害。但应注意,其法律条文中明确提及了侵害行为构成要件包括有损作者声誉。

英国1988年《版权、外观设计和专利法案》第80条规定,文学、戏剧、音乐或艺术作品的作者,以及电影作品的导演,有权制止对其作品的贬损处理。若该处理扭曲了作品或破坏作品之完整,或者有损于作者或导演的名誉和声望,则该处理为贬损处理。[1]

需要明确的是,无论"精神利益损害"标准,还是"荣誉或名声损害"标准,都是反对对作品进行歪曲、篡改的,只不过所能允

---

1 上述外国法律条文援引自:十二国著作权法[M].《十二国著作权法》翻译组,译.北京:清华大学出版社,2011.

许的改动程度不同。在版权主义国家，对作者权利的保护与激励是通过对作品的使用所产生的经济利益作为回报的，特别是当作者把作品财产权转让给他人后，受让人就有权通过更好实现作品经济价值的方式来使用作品，而这种方式通常需要将作品进行改动。只有当作者举证证明这种改动导致了作品被贬损进而使作者荣誉或名声受到损害，才有可能受到保护作品完整权的保护。而在作者权利主义国家，保护作品完整权的保护水平相对高一些，一般不需要作者举证证明因为作品的改动而导致作者声誉受损，只需要判断这种改动是否有违作者本意并且歪曲、割裂了作者"烙印"在作品中的精神。

我国现行著作权法规定的保护作品完整权并没有"有损作者声誉"的限制，应当认为对该权利的侵害不以"有损作者声誉"为前提。鉴于《伯尔尼公约》第19条明确规定了"如果本同盟成员国的本国法律提供更广泛的保护，本公约条款不妨碍要求适用这种规定"。所以《伯尔尼公约》第6条之二规定的只是精神权利的最低保护水平，成员国可以在其国内法律中对公约规定的损害作者的荣誉或名声的要求作出修改，或者完全删除。作为《伯尔尼公约》成员国，我国在1990年第一次制定著作权法时便已经给予了作者关于保护作品完整权更高水平的保护，这也体现了我国著作权制度更接近于作者权体系的缘故，是我国著作权法立法本意中对作者权利更为尊重的体现。

2.2 正确理解我国著作权法规定的"歪曲、篡改"的含义

保护作品完整权不意味着必须"完整"使用或再现作品，不得对作品进行任何改动。保护作品完整权所保护的所谓的"作品完整"是作者通过作品传达的意思真实不受曲解。保护作品完整就是保护作品不受到歪曲、篡改。所谓歪曲，是指故意改变事物的真

相或内容；篡改则是用作伪的手段对作品进行改动或曲解。司法实践中，"歪曲、篡改"作品可以表现为多种形式，例如有添加、删减、割裂、改变内容等。

在陈某清诉某图书公司侵害保护作品完整权案中，二审法院认为：在该案中，总序及三本书的前言和后记是对涉案作品在学术理论方面的提炼和升华，体现了作者在涉案作品中想要突出表达的系统化的观点，是涉案作品的有机组成部分。图书公司未经作者陈某清许可，在涉案图书中未使用总序及三本书的前言和后记的行为，使作者的学术思想不能完整、准确、系统地呈现在公众面前，构成对涉案作品的实质性修改，改变了涉案作品的内容、观点和形式，客观上达到了歪曲、篡改的效果，侵害了作者享有的保护作品完整权，依法应当承担停止侵害、赔礼道歉的民事责任。[1]

实践中，"歪曲、篡改"也可能表现为不改动作品内容而是改变对作品的使用方式。在林某诉某出版社侵犯其保护作品完整权及名誉权案中，原告林某拍摄彩色照片《跳帮》，画面是海关缉私警察跳跃走私船船帮实施缉私行动的情景。在《走向二十一世纪的中国海关》大型画册中刊登时，此照片配有如下文字说明：用忠贞和正义锻造的利箭射向罪恶，使走私分子胆战心惊。图为海关海上缉私队员在"跳帮"。被告出版社复制照片《跳帮》用于《中国新闻周刊》封面，封面自上而下配写"私破海关、腐败重创中国海关大门、危机中年、地盗战、娱乐圈是个什么圈"等文章标题，照片右上方印制有反转倒置的中国海关关徽图案。北京市高级人民法院审理认为：出版社在其编辑出版的刊物封面上，擅自使用林某的摄影作品，未给作者林某署名；在明知作品的主题反映的是海关人员的英勇无畏精神的情况下，为达到自己的使用目的，却在刊物封面上

---

[1] 参见北京知识产权法院民事判决书（2015）京知民终字第811号。

配印与作品主题相反的图案和文字，突出了海关腐败的内容，这种使用严重歪曲、篡改了作者的创作本意……侵犯了作者对作品所享有的署名权、保护作品完整权、使用权以及获得报酬的权利。[1]

这种改变作品使用背景的方式，并不是对作品内容直接进行的改动，但是其使用的结果使得作品的本意被曲解了，符合《伯尔尼公约》所要求的"贬抑其作品"的行为，应当受到保护作品完整权的规制。所以如果我国不将其他使用方式列入法律保护范围，将违反成员国应当提供最低程度保护标准的承诺。在理解我国著作权法规定的"歪曲、篡改"的范围时，不应当局限于仅仅对作品内容的改动，也应当包含对作品的具体利用方式。

司法实践中，对"歪曲、篡改"含义的理解，还应注意把握如下两点。

2.2.1 "歪曲、篡改"不必然要求是对作品的贬损

保护作品完整权保护的是作者在作品中所体现的思想、观点真实无误地为公众所感受，所以无论是改好还是改坏，都有可能改变作者在作品中所体现的本意，进而造成公众对作者观点、思想的误解。例如，假设某评论家撰文评论重庆"史上最牛钉子户"事件，同时对开发商和钉子户进行了批评，但是报社在刊登时却删除了批评开发商的段落，改变了评论家在作品中表达的原意，会使读者误认为评论家完全站在开发商的立场上，由此会对评论家的声誉造成损害，即为典型的侵犯保护作品完整权的行为。[2] 与此相对应，如果报刊删除的是对钉子户的批评，则同样会导致读者误以为评论家完全站在钉子户的立场上，也改变了评论家的本意，会对评论家的声

---

1 参见林奕诉中国新闻社侵犯其保护作品完整权及名誉权案。
2 王迁. 著作权法[M]. 北京:中国人民大学出版社, 2015:156.

誉造成不正确的影响，同样侵犯了保护作品完整权。可见，不应当要求"歪曲、篡改"必须是对作品的贬损式改变，保护作品完整权保护的是通过作品的表达所展现出的作者的精神世界、意图、思想以及个性不被破坏，对作品的贬损式改动毫无疑问会使作品所表达的精神、思想被歪曲，甚至于使作者的声誉受损；但是将作品改得所谓更加完美、更加出色可能同样会使作品要表达的思想被他人误解。如果仅仅认为贬损式的改动才属于"歪曲、篡改"，而褒扬式的改动则不属于"歪曲、篡改"，则将使得诸多涉嫌侵权行为的判定成为改动好坏的主观评价，更何况评价本身是否正确或准确都很难定论。因为文学评论欣赏，本来就是非常主观和因人而异的，这种评判不应当由法院来作出。此外，如果允许所谓水平高者可以对水平较低的作品进行肆意改动，有违保护作品完整权的立法目的。

2.2.2 有损作者声誉不是判定"歪曲、篡改"的必要条件

在保护作品完整权侵权的认定中，最具有争议的一点就是，有损作者声誉是否为歪曲、篡改的判定要件。国内理论上存在三种不同观点：一是"主观标准"，认为只要违背作者意思对作品进行改变，不管是否损害作者声誉，均构成对保护作品完整权的侵害；二是"客观标准"，认为只有对作品的"歪曲、篡改"客观上损害了作者声誉，才可能侵害保护作品完整权；三是"主客观结合标准"，认为对保护作品完整权的范围可根据情况而定。在作品发表之时，原则上必须尊重作品的全貌，如果此时改动作品，会损害作者的表达自由，因为作者有权以自己选择的方式表达思想，此时可采主观标准。在作品发表之后，公众已经知晓作品改动非作者本人所为且客观上没有影响作者的声誉，即使改动不符合作者的意愿，也不宜认定为侵权，应当采用客观标准。大多数版权体系国家采用客观标准，这些国家认为作者的权利并无特殊之处，保护程度等同

于一般的名誉权。[1]

这三种观点都有失偏颇。"主观标准"过于强化对著作权人的保护,偏离了"歪曲、篡改"的要求;"客观标准"则降低了对著作权人的保护,也与《伯尔尼公约》的规定相悖离;"主客观结合标准"以作品发表前后作为适用主观标准与客观标准的分界线,缺乏充分的依据。

其中所谓客观标准更是混淆了著作人身权与民法上人格权的概念。来源于版权主义理论的观点认为,保护作品完整权中的作者声誉,与普通人格权上的声誉并无不同。但是在著作人身权和财产权分离的国家,著作人身权与民法上的人格权是存在明显差异的。

首先,人格权的产生以人的出生为依据,著作人身权的产生以作品的完成为依据。

其次,人格权在人死后即告消亡,著作人身权在作者死后仍然附着在作品上受到保护,有的甚至没有期限。

再次,人格权受到侵犯,一般表现为对权利主体"人"的直接侵犯;著作人身权受到侵犯,则大多表现为直接对作品的侵犯,通过作品受到侵犯才能间接推出著作人身权受到侵犯,进而传导、折射到作者的"精神权利"。

可见,人格权被侵犯通常表现为权利主体"人"遭到侮辱、诽谤或谩骂,导致其社会评价降低;著作人身权被侵犯则表现为对作品的歪曲、篡改,可能会给作者的声誉带来损害。保护作品完整权维护的是作品的内容、观点不受歪曲、篡改,其基础是对作品中表现出来的作者的个性和作品本身的尊重,其意义在于保护作者的名誉、声望以及维护作品的完整性。从这个意义上说,即使未对作品本身作任何改动,但使用方式破坏作品表达本意,进而可能有损作

---

1 李琛.知识产权法关键词[M].北京:法律出版社,2006:118.

者的名誉、声望的，亦属于对作者人格的侵害，可以通过保护作品完整权予以规制。

沈某和诉北京出版社案中，法院认为由于《闺梦》一书存在严重的质量问题，该书在社会上公开发行后，必然使作为该书作者的沈某和的社会评价有所降低，使原告沈某和的声誉受到影响。北京出版社出版发行该书时出现的质量问题，不仅构成违约，同时对沈某和对该作品所享有的保护作品完整权造成侵害。[1]

歪曲、篡改作品必然是客观上违背作者在作品中表达之意的改动，这种改动使改动后的作品表达之意与作者在原作中所表达之意大相径庭，不免使作者名誉受到错误的影响。所以，歪曲、篡改肯定会使作者的声誉受到影响，但作者声誉是否受损不能反过来判定是否达到了歪曲、篡改的程度。可见，不论使用者是恶意还是善意，只要对作品的使用客观上起到歪曲、篡改的效果，就可以推定必定导致作者声誉受到影响，就应判定构成对作品完整权的损害。

2.3 正确把握改编权与保护作品完整权之间的关系

有观点认为，改编必然会对作品进行改变，保护作品完整权是要求对作品"不变"，两个权利天然就矛盾。如果属于经过合法授权的改编行为，则对保护作品完整权的适用要进行限制或者放宽侵权判定。这样的观点是否正确呢？有必要正确分析改编权与保护作品完整权之间的关系。

我国著作权法规定，改编权即改变作品，创作出具有独创性的新作品的权利。基于改编权所产生的作品是改编作品。通常认为，改编作品是指基于原作品产生的作品，或者是在原作品的基础上经

---

[1] 参见北京市高级人民法院民事判决书（2001）高知终字第77号。

过创造性劳动而派生的作品。因此,原作品应在改编作品中占有重要的地位,具有相当的分量,应当构成改编作品的基础或者实质内容。从改编权的权利本质内涵上讲,改编权所控制的是许可他人实施的、在保留原作品基本表达的基础上改变原作品创作出新作品的行为。因此,改编最重要的两个核心要素是保留原作品的基本原创性表达和附加新的原创表达,最终创作出新作品,这也是改编权所控制的两个核心环节。

我国法律法规并没有规定获得改编权后即不必再受到保护作品完整权的规范,反而是规定了改编作品的作者在行使其改编作品的著作权时,不得侵犯原作者的著作权,包括尊重作者的署名权,不得歪曲、篡改原作品等,否则可能导致对原作品的侵权而承担民事责任。此处无论是法律还是法规都没有对改编行为是否具备合法授权作出区别。法律所规范的是改编行为本身,并不关心其是否具备原作者的授权。

另外,改编权属著作财产权,保护作品完整权属著作人身权。著作财产权保护的是财产利益,著作人身权保护的是人格利益,故改编权无法涵盖保护作品完整权所保护的利益。如果改编作品歪曲、篡改了原作品,则会使得公众对原作品要表达的思想、感情产生误读,进而对原作品作者产生误解,这将导致对作者精神权利的侵犯。如果属于未经授权的改编行为,其改动假设不存在歪曲、篡改的,则不会侵犯保护作品完整权,但将会侵犯改编权。如果属于经过授权的改编行为,则不会侵犯改编权,却有可能因为歪曲、篡改而侵犯保护作品完整权。可见,侵权作品是否获得了改编权并不影响保护作品完整权对作者人身权的保护。

2.4 个案的运用

在正确把握上述三个基本规则以后，我们再来讨论电影作品改编行为所适用的规范。

早在1963年，就有专家提出，为了制作电影经常需要对原作品进行相当多的修改和改动，特别是为了能公开上映也需要根据政府的审查要求进行一些改动。这样必然会涉及作者的精神权利。但是《伯尔尼公约》的电影专家委员会认为，上述问题涉及的内容过于琐碎，因此不宜在国际公约中规定而建议由国内法处理。在1965年政府专家委员会上，有提案提出，作者仅仅在"公平地考虑其他作者和电影制作者利益的情况下"才有权行使保护作品完整权；另有提案建议，作者在主张保护作品完整权时，不得"反对就利用电影作品而言所绝对必要的修改"；还有提案建议，规定一个推定条款，即推定作者授权电影制作者可以为制作电影作品进行任何必要的修改。不过最终《伯尔尼公约》没有接受任何一个提案，也就是说对于电影作品而言，公约并未给出任何特殊待遇。[1]

基于电影作品改编摄制的特点，是从一种形式的作品（文字、漫画）演绎到另一种形式的作品（影视），其中所使用艺术创作手段大相径庭，也受到电影时长、市场需求、资金多少、主创人员能力等诸多限制。文字能描述出来的内容，未必可以用摄像机拍摄出来，特别是在电脑特技尚不发达的电影产业发展初期。此时法律允许在改编电影的过程中，允许电影作者对原作品进行必要的改动。这个过程中需要平衡考量原作者与电影作者甚至于公众的综合利

---

[1] 山姆·里基森, 简·金斯伯格. 国际版权与邻接权——伯尔尼公约及公约以外的新发展(第二版)[M]. 郭寿康, 刘波林, 万勇, 等译. 北京:中国人民大学出版社, 2016:520-521.

益,既要防止原作者过分敏感阻碍了电影作者合理创作范围内的改编拍摄行为的实施,又要防止电影作者在新的演绎中歪曲篡改原作者在原作品中受保护的精神利益,同时还要兼顾社会公共利益,包括涉及电影审查、公共政策和广大观众的接受程度。

我国《著作权法实施条例》第10条规定,著作权人许可他人将其作品摄制成电影作品和以类似摄制电影的方法创作的作品的,视为已同意对其作品进行必要的改动,但是这种改动不得歪曲篡改原作品。

适用这一条款的前提是经过合法授权的拍摄行为,推定著作权人同意进行必要的改动,但规定了对改动的限制——不得歪曲篡改原作品。可见,法律规定对摄制电影的改动是具有严格限制的。

首先,这个限制就是"必要的改动"。因为电影改编行为而需要进行改动,如果不改动则电影无法拍摄。例如《意大利著作权法》第47条规定:"制片人有权对其使用的作品进行必要的改动以适应电影的需要。"这种需要通常可以理解为为了符合电影审查制度,为了电影上映所需要做的改动。例如,在原作品中如果含有违反宗教政策、暴力、色情等不宜在电影中呈现的描写,就应当允许这部分不在电影作品中出现,或者用其他合适的方式替代。但是具体哪些改动是必要的,应当由改编方来举证。该案中,涉案电影《九层妖塔》的改编方提供的证据并没有证明其影片中所做的改动是基于电影审查制度的要求,其抗辩电影中不能有鬼神、不能有盗墓行为,这些理由都不是我国电影审查制度的要求,原著小说被电影改编的部分也没有这些内容,所以其抗辩理由无法成立。

其次,改动应当在必要限度内。即便属于必要改动的范畴,也不意味着可以随意改动。比如涉案电影中,即便把盗墓及风水等相关因素以审查为由予以改动,也应当尽可能采取尽量不远离原著的方式。改编创作具有多样性,并非只有一个唯一的方案,在各种方案选择上应同时避免违反审查制度和侵犯他人合法权利。在涉案电影之后上映的《寻龙诀》，同样是改编自《鬼吹灯》系列小说，但是巧妙地设计了相关问题，并没有因此而导致无法上映。并且《寻龙诀》的改编也得到了原著粉丝的多数认可。

而涉案电影《九层妖塔》把涉案小说主人公的身份从盗墓者改成外星人后裔并具有超能力，这一点就改动了原著的基本人物设定，进而实质上改变了作者在原作中的思想观点。制片方认为摸金校尉属于盗墓者，属于电影审查层面上不能正面表现的内容，其在二审中强调，在我国影视剧创作中，根据《电影管理条例》等法律规定及实务情况，盗墓题材的拍摄具有极大的内容审查风险，特别是将盗墓行为及盗墓分子进行正面、褒扬式的表现，体现出"盗墓无罪论"或者"盗墓可爱说"则具有更大的内容审查风险。制片方称对于原著作品的改编，一方面是作为"盗墓"小说电影改编的首部作品，对于国家法律及政策的严格遵守，尽可能规避审查风险以及由此带来的巨大的商业风险；另一方面则是因为原著作品所具有的特征，对原著作品中的内容进行的合理编排，对于原著作品中隐喻内容的合理解读。制片方认为，原著是盗墓题材的作品，在影片筹备之时，原国家广播电影电视总局对于影片有严格的要求，因此根据审查进行的内容改动属于正当的改动。排除改动外，其他的内容是与小说高度重合的。为此，制片方提供了原国家广播电影电视总局电影管理局《关于原则同意吹灯传说之精绝古城拍摄的通知》，以及《盗墓笔记》等网剧下架的新闻，以此来证明由于涉案小说存在封建迷信、血腥暴力的内容，为了避免审查风险进行较大幅度的改动属于必要的改动。作者认为，我国电影审查制度自始就有，有电影审查制度就有电影审查风险。电影审查风险是客观存在的，属于正常的风险，不能因为规避正常风险而侵犯他人的合法权益，更不能以此作为不侵权的抗辩理由。

那么，是否为了满足电影审查的需要所做的任何改动都属于必要的改动呢？是否为了通过电影审查，在电影中就不能出现任何违法犯罪和反映社会负面的内容呢？答案显然是否定的。习近平同志2014年在文艺工作座谈会上曾指出："当然，生活中并非到处都是莺歌燕舞、花团锦簇，社会上还有许多不如人意之处、还存在一些丑恶现象。对这些现象不是不要反映，而是要解决好如何反映的问题。"可见，简单删除原著中可能涉及的负面因素并非值得肯定的改动做法。审理中也注意到，涉案电影所改编的部分对应的原著小说内容，主人公在昆仑山和沙漠探险的目的均不是盗墓，而是地质勘探或帮助科考队探墓考古。同时，在后上映的电影《寻龙诀》也同样改编自原作者的同类型盗墓系列小说，其中对于主人公的身份设定并未有所改动，可见这种改动并非广电主管部门的明确否定范围。同时，制片方也没有证明这种实质性的改动属于必要的改编方案，或者没有超出必要的改编限度，导致其结果构成对原作的歪曲篡改。

最后，需要强调的是，根据《著作权法实施条例》的规定，即使满足了"必要的改动"条件，也要求不得"歪曲、篡改原作品"。也就是说，即使改编方可以证明改动是必要的，且所作改动也在必要限度之内，但是如果改动的结果仍然导致作者在原作品中要表达的思想观点被曲解，则这种"必要的改动"仍然有可能歪曲、篡改原作品，从而导致侵犯原作者的保护作品完整权。

当然，法院可以理解电影制片方为了最大限度降低审查风险保证电影过审上映，把一切可能的风险因素去除的初衷，但是这样做的结果却可能导致对原作品歪曲篡改的法律风险的提高。例如，涉案电影把小说铁三角组合主人公之一的王凯旋改为配角，把王凯旋的性格和人设进行了完全不同的改动，改编方并没有证明这种改动是基于电影审查制度或者是经过了原作者的许可。在此前提下，电影制片方应当充分与相关主管部门进行沟通，以准确获知相关审查需求，而不能为了保证影片过审而不顾侵害他人的合法权益，如果经过各种选择沟通确实属于无法过审的作品则不应当强行进行改编拍摄。"行使自己权利以不损害他人权利为限"是一句著名的罗马法谚。我国《宪法》第51条规定，中华人民共和国公民在行使自由和权利的时候，不得损害国家的、社会的、集体的利益和其他公民的合法的自由和权利。制片方更不可以影片拍摄投资巨大来当作可以侵害他人合法权益的借口。习近平同志在文艺工作座谈会上曾指出："一部好的作品，应该是经得起人民评价、专家评价、市场检验的作品，应该是把社会效益放在首位，同时也应该是社会效益和经济效益相统一的作品。在发展社会主义市场经济的条件下，许多文化产品要通过市场实现价值，当然不能完全不考虑经济效益。然而，同社会效益相比，经济效益是第二位的，当两个效益、两种价值发生矛盾时，经济效益要服从社会效益，市场价值要服从社会价值。文艺不能当市场的奴隶，不要沾满了铜臭气。"可见，无论是我党的政策还是国家法律法规均不会因为获得合法改编权就允许任意的、没有底线的改编行为，不会允许为了电影能够过审而侵害他人合法权益，不会允许用财产性权利去抵消法律对人身性权利的保护。

法院也充分考虑到了电影创作的特殊性，双方作为证据提交的汪流主编的《电影编剧学》一书中指出："电影改编在理论和实务中存在着移植、节选、浓缩、取意、变通取意、符合等多种改编方式……在我国电影改编实务中，对于对待一般作品，通常会采取改动较大的方式。忠实原作主要是指忠实于原作的精髓（或叫作'神韵'和'实质'），绝非指要受原作形式上的束缚。即不是照搬原作一词一句，而是要尊重作者在原作中表达的精神……对原作无论进行增补，还是删减，其目的，自然是为了丰富原作，而不是为了削弱原作。即使是对原作进行删节，其目的也仍然是为了突出题旨，使形象更加集中……"按照电影行业理论，即使仅选择原著的一部分进行改编拍摄，为了情节的完整性删减、增加改动在所难免，这种增删也应是为了将这一部分改编的内容更加丰富、更加突出，而不是削弱了原作在改编作品中的占比。该案中，涉案电影增加的749局、王馆长、沙漠打怪兽、鬼族人宿命等内容，其体量远远大于小说被改编的部分，且内容与被改编的部分基本无关联。

在该案审理中，结合电影对小说主人公人物设定的根本性改动，电影整体与小说中被改编的部分进行比较，尽管合议庭已经充分考虑到电影系获得授权拍摄、电影的类型属于商业娱乐片等种种因素，仍然可以得出电影中改变的部分远远超出了法律允许的范围，对原作构成了歪曲篡改，侵犯了保护作品完整权。这种歪曲、篡改会导致没有读过原著的观众看了电影后对原著产生误解，作为普通观众很有可能将小说错误解读为其中精绝古城的秘密来源于外星文明、小说主人公具有超能力等内容。并且导演陆川在接受采访时称，90%的观众是没有看过原著的，所以这种误解将是大范围的而不是个别的。至于这种误解是否成立，不能仅仅按照原作者的主观判断来评判，还可以参考读过原著的观众的评价。根据证据，这些评价基本上都认为电影是对小说的"粉碎性改编"或者"原来这就是鬼吹灯""撇开离谱的故事情节，九层妖塔说是鬼吹灯的同人文都算不上，同人文好歹人物性格一样，然而电影里的几个主角被改得面目全非"。

同时，合议庭也根据社会公众对涉案电影改动的整体评价，认为虽然电影评论没有针对涉案小说，但也足以证明小说作者的声誉因为涉案电影的改编而遭到贬损。例如，部分观众评论："原著粉哭晕……天下霸唱是个败家玩意儿，多好的剧本这就拿出去了""原来这就是鬼吹灯""这么弱智的小说怎么火的？"这些评论已经直接指向原著小说，是由于电影内容导致观众对原著小说的误解，可以判定已经损害了作者基于原著小说所形成的良好声誉。

停止侵权责任仍然是侵犯著作权首要和基本的救济方式，侵权人不承担停止侵权责任是一种利益衡量之后的政策选择，属例外情形，应严格把握。是否对权利人的停止侵害请求权加以限制，主要考量的是利益之间的平衡。只有当停止侵权将过度损害相关主体合法权益时，才能加以适度限制。该案中，涉案电影已下映近三年，其院线票房收入已实现，涉案电影的网络播放也已持续相当长的时间。最后，经过考量侵权方的过错程度、侵权程度、损害后果和社会影响，考量涉案电影发行的情况，故判令停止侵权不会导致双方之间利益失衡。

3 侵害知识产权行为诉讼时效制度问题研究

内容摘要

因知识产权案件的特点，知识产权案件是否适用诉讼时效、如何计算诉讼时效常常引发争议。按照目前的司法解释，机械地适用诉讼时效计算规则，将无法有效地制止侵权行为，会对权利人造成制度性阻碍。司法实践中应针对知识产权侵权行为的特殊性，将其分为不同的侵权类型，分别适用诉讼时效规则，笔者以案例分析的方法对其诉讼时效的计算进行讨论，以期为统一裁判标准提供参考。

关键词

知识产权；诉讼时效；侵权行为

党和政府高度关注知识产权，将其定位为国家基本战略之一。《中共中央 国务院关于完善产权保护制度依法保护产权的意见》更是将"加大知识产权保护力度"作为一项重要内容单独提出了工作要求，这一工作包含许多方面和环节。众所周知，诉讼时效制度在侵权法律关系中具有特殊的重要地位，超过诉讼时效期间，将导致权利的落空。也就是说，这个问题是损害赔偿的有无问题，其重要程度高于损害赔偿的多少问题。由于知识产权的特点，在侵害知识产权案件中，诉讼时效制度的相关内容在构成要件、认定标准、举证责任分配等方面都具有一定程度的特殊性，值得深入研究。如果忽视知识产权领域中知识产权特点产生的影响，很可能会在某些情形下将没有超过诉讼时效期间的行为错误地认定为超过诉讼时效期间，在这种情况下，加大判赔数额就成了无源之水、无本之木，根本无从谈起。笔者不揣谫陋，就此问题进行分析，得出自认为符合知识产权特点的结论，进而主张修改现行司法解释中的相关规定，以实现切实加大知识产权保护力度的目标。

3.1 据以研究的案例

原告是某电影的制片公司，被告是某影视网站。被告未经原告许可于2013年3月4日开始将涉案电影上传至其网站，供网民在其个人选定的时间和地点在线观看。原告于2013年7月5日对被告网站传播涉案电影的行为以公证形式进行了证据保全。

2016年3月10日，原告向法院提起诉讼，主张被告侵害其对涉案电影的信息网络传播权，请求法院判令被告停止侵害，赔偿经济损失及原告为维权支出的合理费用。该案诉讼过程中，被告举证证明其曾于2013年7月被其他权利人起诉侵害信息网络传播权，并主张其在2013年下半年全面审查和清理了网站中的影视作品，至迟于2013年年底前已经将未经权利人许可而进行信息网络传播的影视作品全部删除（但被告并未就此举证证明），因此被告认为原告起诉已经超过了诉讼时效期间（见图5）。原告认为被告未能举证证明其在2013年年底前删除了涉案电影，应当认为涉案电影一直存在于被告网站中，因此原告起诉并未超过诉讼时效期间。在该案中，原告并未提出诉讼时效期间中止、中断及延长的主张。另经查明，被告网站中已经没有涉案电影，原告撤回了关于被告停止侵害的诉讼请求，但仍然坚持其他诉讼请求。

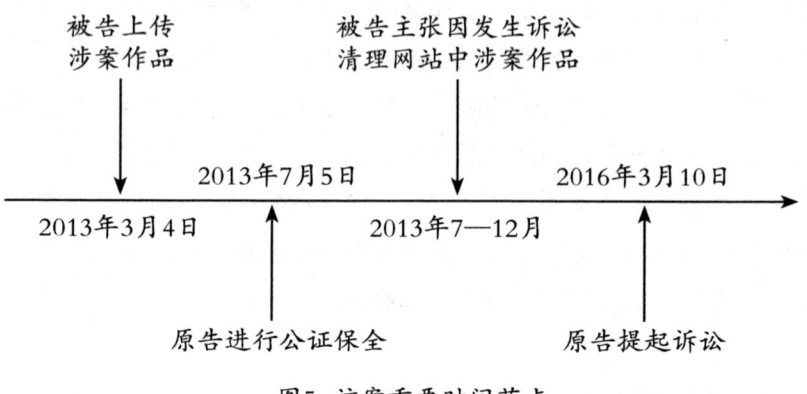

图5 该案重要时间节点

3.2 知识产权特点对于侵权案件诉讼时效制度的影响

3.2.1 知识产权的特点

知识产权学术界对知识产权基本特征的归纳和表述多种多样，基本上包括：法定性、专有性（或排他性）、地域性、时间性及对象的非物质性[1]。

笔者认为，所谓特点，应当是指特定事项与其类似事项相比

---

1 笔者有限阅读的知识产权文献大多将这一点表述为"客体的无形性"或"客体的无体性"。但深究之下，民事权利的客体都应当是民事权利所要保护的特定民事利益，从根本上说是一种"人与人"之间的关系；而对象则是指特定民事利益所直接指向的标的物。另外，有学者对"无形性"与"无体性"进行了区分，但由于二者在物理上并无实质区别，故这种区分缺乏普遍性和实际意义。笔者认为，为避免概念用语无意义的争论，可以将这一点表述为"对象的非物质性"。同时，由于目前知识产权领域大量文献均未严格区分知识产权的客体与对象，为简便计，笔者对于这两个概念也不做区分。

所具有的差异性，而不应当是特定事项与其类似事项普遍具有的共同属性。据此，笔者认为，所谓法定性和专有性（或排他性）[1]应当是所有民事权利的共同属性，而不仅是著作权及知识产权的"个性"。故地域性、时间性、对象的非物质性才属于知识产权的基本特点。现对其详述如下。

3.2.1.1 知识产权的地域性

所谓地域性，是指除非有国际条约、双边或多边协定的特别规定，否则知识产权的效力只限于本国境内。[2]王迁教授对此进行了举例说明，认为中国人的有体物财产所有权在英国不受地域性的限制，而在中国未加入《伯尔尼公约》或与英国签订保护知识产权的双边协定之前，中国公民在中国取得的著作权在英国不受保护。笔者承认这是知识产权的性质之一，但不认为这是知识产权区别于其他民事权利的特点。换言之，笔者认为，所谓地域性是全部民事权利的共同属性。中国人的特定有体物的所有权之所以在英国受到保护，也是具有法律依据的，这种法律依据同样应当是英国相关法律对于包括中国人在内的外国人的该特定有体物所有权也给予保护，或者国际条约、双边或多边协定的特别规定。由于笔者对于外国法和国际法所学有限，未能找到相关规定。当然，还有一种可能就是各国对于外国人拥有的非特殊种类的有体物均提供法律保护，由于这一原则在历史上长期存在并深入人心，从而成为不必由法律作出明文规定的惯例。笔者认为这一问题可以从以下两个方面得到解释：一是我国《民法通则》对于外国人权利的保护作出了特别规定；二是从社会生活经验看，在某些外国或其个别地区受到法律保

---

1 当然，知识产权与物权的专有性在很多方面存在区别。参见王迁. 知识产权法教程(第四版)[M]. 北京:中国人民大学出版社, 2014:7-10.

2 王迁. 知识产权法教程(第四版)[M]. 北京:中国人民大学出版社, 2014:10.

护的有体物财产如大麻，在我国属于毒品而不能受到法律保护；反之，我国公民普遍拥有的手机在个别国家享有的民事权利也是受限的，可能在进入该外国时需要收缴，待其离境时方能发还。值得注意的是，我国《物权法》和《侵权责任法》中对于外国人权利保护并未作出特别规定。笔者认为，这绝不意味着这两部法律对于外国人的权利不给予保护，而是由于这两部法律制定、颁布时，我国社会主义市场经济已基本建立，我国对外开放程度已经较高；而《民法通则》于1986年颁布，其时我国对外开放程度较低，基于当时"外事无小事"的理念作出了特别规定。据此，笔者猜想，王迁教授所称的地域性是知识产权的特征，类似于网络中常见的"默认选中"和"默认不选中"的情况，即对于外国人一般有体物财产权的保护是"默认选中"的，而对于外国人知识产权的保护则是"默认不选中"的，需要特别规定才能提供保护。笔者进一步认为，上述区别的原因在于：①从财产形式产生的时间来说，有体物财产的出现远远早于知识产权财产，人们对于知识产权保护的客观需要及主观认识较有体物而言还未实现广泛的一致；②从财产内容在社会生产、生活中的影响程度来说，知识产权的权利内容、权利归属、受限情形较有体物更加复杂，更加鲜明和深刻地体现出各国的公共政策，由于各国经济文化的发展水平、国民普遍心理状况、历史因素等存在重大区别，故各国知识产权保护制度的差异远大于有体物财产权保护制度的差异。由此可见，任何民事权利均具有地域性的性质，其根本原因在于一个国家的国家主权在地域范围上的有界性。

3.2.1.2 知识产权的时间性

所谓时间性，是指多数种类知识产权的保护期是有限的，一旦超过法律规定的保护期限就不再受保护了。[1] 笔者认为，这一性质

---

1 王迁. 知识产权法教程(第四版)[M]. 北京:中国人民大学出版社, 2014:11.

是知识产权公共政策在时间方面的具体体现，即立法机关代表社会公众与知识产权权利人制定的"社会契约"，在该契约期间内，知识产权权利人对于其知识产权享有专有权，除法律、法规另有规定外，他人未经许可不得使用其知识产权。这一点确实与有体物所有权在法律上的"永续性"相区别，可以成为知识产权的特点，但并非其核心特点。

3.2.1.3 知识产权的非物质性

非物质性，是指知识产权是一种无形的财产权，不需要有形的物质载体。笔者认为，对象的非物质性才是知识产权唯一的核心特点。知识产权相对于物权而言的首要特征就是客体的非物质性，物权保护的对象是物，知识产权保护的客体则是非物质性的"智慧成果"[1]。用于展现"智慧成果"的载体是物权意义上的客体，反之，该载体所表现出来的非物质成果为知识产权保护的客体。

3.2.2 知识产权特点对侵害知识产权案件的影响

3.2.2.1 侵权主体的任意性

智力成果具有公共物品属性，即智力成果创造完成后其权利人无法排斥那些不为此物付费的人，或者排他成本过高。正是由于其无法被权利人控制的特性，导致对知识产权的现实和潜在的"搭便车"者甚多，其使用具有复制的低成本性、传播的便捷性、扩散的容易性等特征。并且，由于知识产权对象的非物质性，导致了知识产权的权利范围不明确，侵权案件争议的双方对知识产权的权利范围有不同理解。因此，在知识产权的侵权案件中，可能涉及的主体多样，存在较大的任意性。在知识产权诉讼中，侵权主体可能是权利受让人、被许

---

1 关于知识产权对象的问题存在很大争论。参见唐广良. 知识产权反观、妄议与臆测[M]. 北京:知识产权出版社, 2013:2-22.

可人或其他利害关系人,或者该知识产权许可范围内的任意第三人,在具体侵权行为发生之前,权利人是无法预测可能的侵权主体的,不可能针对性地采取法律措施,这就可能导致侵权行为与权利人的维权行为之间产生较长的时间间隔。

3.2.2.2 侵权范围的广泛性

侵犯知识产权的行为并非是侵权人获取了权利人的智力成果,而是表现为侵权人在无法律依据的情况下使用了该智力成果,在知识产权诉讼中侵权形式多为擅自使用、假冒、剽窃等形式。而对不同种类的知识产权,其表现的侵权形式存在明显的不同。例如,我国《商标法》第57条共列举了7种侵犯商标专用权的形式,我国《著作权法》第52条、第53条共规定了19种侵犯著作权的形式。由于商标权和著作权具有不同的法律特征,这两类侵权行为的形式虽然如此之多,实际侵权行为的表现模式却并不相同,实践中可能存在对前述权项的多项侵权,其侵权范围非常广。而由于其广泛的侵权范围,权利人对侵权行为的辨识往往会出现滞后性,较难对所有的直接侵权行为产生认识。

3.2.2.3 "生产型"侵权行为具有隐蔽性,"销售型"侵权行为具有公开性

由于知识产权的非物质性,对于知识产权的利用无需特定的物质形式。如果侵权人仅是未经许可生产侵权产品,由于该阶段产品未上市公开,其仍具有一定的隐蔽性,权利人此时对该生产行为可能并不知晓,无法确定存在侵权行为。只有侵权人生产完成侵权产品后,其侵权产品才在市场上流通,权利人才具有知晓侵权行为存在的可能,但是生产型侵权及销售型侵权并非同时发生的,这两个行为之间往往存在较长的时间间隔,可能跨越一般的民事诉讼期间。

3.2.2.4 侵权行为往往具有长期性

对于知识产权的侵权,侵权人往往不能一次性获取预期利润,

而是需要一定的准备期间,其因搭便车获取的不正当利益需要较长期才能获得回报。并且,由于侵权行为目前越来越多地体现出隐蔽性及技术性,权利人需要进行长期的取证工作,在权利人采取有效法律措施之前,侵权人一般不会主动停止其侵权,这也侧面延长了知识产权案件的诉讼周期。

由于知识产权非物质性等影响,导致知识产权的侵权行为存在明显的持续性,明显影响了该类案件中诉讼时效的计算,为了最大程度上维护案件中双方的利益平衡,需要对其诉讼时效进行针对性的研究和讨论。

3.3 侵害知识产权案件诉讼时效制度中的特殊规则

3.3.1 诉讼时效的一般规则

诉讼时效制度存在的原因和目的,在于历久持续的事实状态已为人们所接受和信赖,并在此基础上已创设了种种法律关系和事实关系,从而成为既成事实的一部分,故而具有了优于权利的效力。[1] 因此,诉讼时效关系到社会公共利益及权利人的根本利益。

我国1986年就在《民法通则》中对诉讼时效作出了明确的规定。《民法通则》第135条规定:"向人民法院请求保护民事权利的诉讼时效期间为二年,法律另有规定的除外。"第137条规定:"诉讼时效期间从知道或者应当知道权利被侵害时起计算。但是,从权利被侵害之日起超过二十年的,人民法院不予保护。"前述规定作为诉讼时效的一般规则,在司法实践内具有广泛的适用范围。从其文义上来看,该规定是从权利保护的角度来规定诉讼时效的,

---

1 韩德洋,鲍爱武.诉讼时效制度研究[J].法律适用, 2002, (6):60-62.

即诉讼时效不导致实体权利消灭[1]，而仅仅使权利失去诉讼保护[2]，其规则表明我国诉讼时效的含义与苏联民法及俄罗斯民法中的诉讼时效含义相同，与德国及日本民法的实体权利消灭说并不相同。随着民法科学性的增强，超过诉讼时效期间的法律后果再次发生了变化。《最高人民法院关于审理民事案件适用诉讼时效制度若干问题的规定》第2条规定："当事人未提出诉讼时效抗辩，人民法院不应对诉讼时效问题进行释明。"该规定在学理上被称为"抗辩权发生主义"。2021年1月1日生效的《民法典》对诉讼时效进行了修改。《民法典》第188条规定："向人民法院请求保护民事权利的诉讼时效期间为三年。法律另有规定的，依照其规定。诉讼时效期间自权利人知道或者应当知道权利受到损害以及义务人之日起计算。法律另有规定的，依照其规定。但是，自权利受到损害之日起超过二十年的，人民法院不予保护，有特殊情况的，人民法院可以根据权利人的申请决定延长。"

3.3.2 特殊规则的内容

在知识产权领域，我国《专利法》在2020年修法时对诉讼时效作出了明确规定。《专利法》第74条第1款规定："侵犯专利权的诉讼时效为三年，自专利权人或者利害关系人知道或者应当知道侵权行为以及侵权人之日起计算。"

《商标法》《著作权法》在立法时可能出于谨慎目的考虑，没有对商标和著作权案件的特殊时效作出明确规定，现行的商标和著作权的诉讼时效是通过司法解释等实践方式逐渐形成的，并非系统

---

[1] 认为超过诉讼时效期间导致实体权利消灭的观点，被称为"实体权利消灭主义"。

[2] 这种观点被称为"胜诉权消灭主义"。

的规范。

最高人民法院通过系列司法解释对商标和著作权案件中的诉讼时效问题进行了统一的规定，即侵犯著作权、商标权的诉讼时效为三年，自权利人知道或应当知道权利受到损害以及义务人之日起计算。权利人超过三年起诉的，如果侵权行为在起诉时仍在持续，在该项著作权、商标权的有效期限内，人民法院应当判决被告停止侵权行为，侵权损害赔偿数额应当自权利人向人民法院起诉之日起向前推算三年。

从文义分析，最高人民法院的司法解释明确了对于停止侵权的请求不受诉讼时效的限制，但损害赔偿的请求需按照诉讼时效的规定，赔偿数额可以自权利人对向法院起诉之日起向前推算三年。故知识产权案件的诉讼时效可以划分为以下三种情况。

第一，在知识产权有效期限内，停止侵害请求权不受诉讼时效的限制，只要起诉时侵害行为仍然存在，法院应当支持停止侵害请求权。也就是说，在存在诉讼时效中断、中止或者延长的情况下，赔偿损失指向的时间段就是侵权行为存在的时间段，可能超过三年而达到四年甚至十年。在司法实践中，有判决认定：①侵权行为的存续时间段超过三年；②原告的起诉并未超过诉讼时效期间。在这种情况下，判决认为赔偿损失指向的时间段只能是从起诉时向前倒推三年。这种理解是不符合上述司法解释的。

第二，如果权利人自知道或应当知道权利受到损害以及义务人之日起计算超过三年起诉的，但起诉时侵权行为仍在继续，自起诉之日起往前推算三年以内的侵害仍然可以给予赔偿。

依据其他学者所述，该司法解释的理论基础在于持续性侵权理论，故在诉讼时效的适用上既要考虑侵权的连续性，又要考虑权利人对其权利的主观状态，可以根据具体情况分阶段处理。

第三，如果权利人自知道或应当知道权利受到损害以及义务人之日起超过三年起诉的，侵权行为虽然继续发生了一段时间但在起诉前已经停止（在极端情况下侵权行为在起诉前一天停止）。在这种情况下，是否应当赔偿？在司法实践中，有观点认为，上述情况下仍然应当赔偿，赔偿损失指向的时间段是从起诉时向前倒推三年减去侵权行为停止至起诉时的时间。笔者认为，现行规定的意思是在超过诉讼时效期间的情况下，只有侵权行为延续至起诉时，才有损害赔偿，且损害赔偿指向的时间段就是固定的三年；如果侵权行为未延续到起诉时，则完全没有损害赔偿。从这个意义上说，可以由最高人民法院出台补充规定，对于上述司法解释进行完善。当然，笔者的真实意思并不仅限于此，容后论述。

3.3.3　学术界对于特殊规则的评价

上述有关知识产权之诉诉讼时效的规则，突破了我国《民法典》对于一般诉讼时效制度的规定，在学术界出现了较大的争议，支持者及否认者均不在少数。综合来看，目前学术界的讨论分可为以下几个代表观点。

支持该司法解释的学者认为，该司法解释体现了对知识产权领域的特殊保护，其理由有：第一，由于知识产权保护客体的无形性，权利的依法授予或登记性和实践性等，在知识产权法律规定的有限期内都应该受到保护。第二，如果不采取此观点，那么人民法院可能就无法保护超过诉讼时效的诉讼人的权利，从而无法追究侵权人的责任。第三，考虑《民法典》关于诉讼时效的基本规定，这样既能够督促知识产权权利人及时行使权利，又不失公平，有利于加强对知识产权的保护。[1]

1　孔祥俊. 最高人民法院知识产权司法解释理解与适用[M]. 北京:中国法制出版社, 2012:113.

而否认者着重对其适用条件提出了反驳,认为该系列解释并不符合《民法典》的一般规定。

综合前述学者的论述可以看出,由于知识产权的特殊性,对知识产权案件的诉讼时效进行特殊规定实有必要,但是目前的司法解释规定与《民法典》第188条的一般诉讼时效规定存在不一致性,对其具体适用条件并不明确,容易导致司法实践的混乱。笔者虽然在持续侵权行为诉讼时效适用的效果上基本赞成最高人民法院的司法解释,但对其适用条件及其理论根据上觉得仍有进一步探讨之必要。

3.3.4 持续性侵权行为与连续性侵权行为的分类

基于知识产权侵权行为的独特性及复杂性,我们应认识到其侵权行为虽然在表面上具有整体性,但是在实质上具有明确的可分性,在对权利人的请求权诉讼时效计算时,宜采用区别对待的做法,进行分别讨论。但是从当前大部分学者的论述来看,仅将知识产权的侵权分为持续性侵权行为,并未认识到具体侵权中存在的其他侵权类型,这导致实践中对于某些特定的侵权行为无法从理论上有效区分,其诉讼时效的计算出现偏差。比如在专利侵权诉讼中,侵权人的生产行为是连续而独立的,如权利人未能在普通诉讼时效内起诉,则其对知晓侵权行为之后的合法请求权也无法主张,这无疑不符合基本的立法精神。

对于诉讼实务中的该棘手问题,笔者认为,需要引入新的行为划分理论对可能的侵权行为进行明确分析,对此传统刑法提供了对犯罪行为的"持续犯"及"连续犯"等理论,刑法对行为的划分明显更具有现实性及科学性,该解释在面向民事诉讼时具有一定的参考效力。虽然民法上的诉讼时效制度与刑法意义上的追诉时效制度在价值取向及目的上存在明显的差别,在借鉴其相关理论时,应采取谨慎态度。但是在知识产权领域,考虑到侵犯知识产权的刑事案件均是侵权行为达到一定程度、造成一定损害后果后，对同一侵权行为承担民事赔偿责任的基础上，再进行刑法评价的问题。[1] 对于侵犯知识产权刑事案件首先必须处理的是对权属的准确界定、侵权行为是否成立和损害后果如何计算等民事问题，其刑事责任与民事诉讼的处理结果密不可分。在该前提下，由于刑事体系内对于犯罪行为的追诉有着更成熟的理论体系，借鉴刑法中的理论在某种程度上反而可以更好地回答诉讼时效的相关问题。

在刑法理论中，所谓的持续犯，是指行为人实施犯罪行为，其犯罪虽已既遂，但犯罪行为仍在进行之中，换言之，就是一个行为持续地侵害同一个客体。[2] 理论上公认的持续犯为非法剥夺人身自由的行为，比如非法拘禁罪，对人身自由的侵害和不法状态是持续的。而连续犯，是指行为人基于连续犯同一罪的犯罪故意，在一定时间内，连续多次实施数个性质相同的犯罪行为，触犯同一罪名的犯罪形态。[3] 连续犯的犯罪行为是性质相同的，典型的连续犯比如某犯罪分子在同一时间段内多次对不同对象实施盗窃行为。如果将持续犯、连续犯的理论放在民事侵权体系之下进行对比适用，则可以发现原有的民事体系下的持续性侵权即与"持续犯"的理论同出一辙，而连续犯的概念则可以作为连续性侵权行为的理论框架。

故按照前述理论框架，可以对知识产权领域的侵权行为划分为持续性侵权及连续性侵权，其定义如下：持续性侵权行为，是指对同一权利客体持续、不间断地进行侵害的行为。该侵权行为属于基于同一侵权事实及侵权故意，其持续时间的不同仅影响侵权责任的

---

[1] 黄娟. 知识产权刑民交叉案件解决之"先民后刑"思路:选择理由与实施机制[J]. 暨南学报(哲学社会科学版), 2011, (2):43.

[2] 王作富. 刑法(第四版)[M]. 北京:中国人民大学出版社, 2009:145.

[3] 高铭暄. 刑法专论(上编)[M]. 北京:高等教育出版社, 2002:400.

认定而不影响其构成，应视为一个完整的侵权行为。而连续性侵权行为，是对于同一知识产权权利进行连续的侵犯，其侵权行为具有可分割性，由数个单独的侵权行为构成。在司法实践中，持续性侵权的典型情况即本文开头列举的侵犯信息网络传播权案例。因为信息网络传播权是指权利人提供作品并使作品处于可为他人交互性获得的状态，该权利本身决定对其侵犯必然是行为和结果同时存在。而连续性侵权的典型情况是生产侵权产品，假设某侵权人每天生产一个侵权产品，连续生产三年，其每生产一个侵权产品都属于一个独立的侵权行为，具有法律上的独立性。随着侵权行为的连续发生，权利人的损害赔偿请求权不断发生，相应的，权利人所享有的诉讼时效亦相继起算，即在诉讼时效的适用上可以就每个侵权事实分别适用诉讼时效，这样做亦符合逻辑需要。

3.3.5 连续性侵权行为诉讼时效期间起算点的确定问题

起算点作为平衡侵权案件中冲突各方当事人利益的标尺，可以根据具体案件类型的特殊性灵活调节诉讼时效期间。在连续性侵权的案件中，虽然连续侵权行为在一般情况下可以被看作一个整体，但是在诉讼时效问题上，为了保护权利人的利益，应当被看作数个行为，每个行为的诉讼时效起算点实际上在不断更新。但是如果将每生产一个侵权产品都作为诉讼时效期间的起算点，在司法技术上难免过于烦琐，且在实践中难以操作，出于审判效率的考虑，没有必要按照生产侵权产品的数量看作上千个（1个/天×365天/年×3年=1095个）侵权行为，可以合并看作两个阶段。

试以实务中较为常见的情况举例（这里假设侵犯专利权的诉讼时效为三年）：原告是专利权人。被告于2013年3月4日开始每天生产一个侵权产品。原告于2013年7月5日知晓被告前述侵权行为，于2016年3月10日提起诉讼。被告于2016年3月14日收到法院送达的起诉状就立即停止了侵权行为,即被告的侵权行为持续到2016年3月14日。

笔者认为,从诉讼时效的角度,该案可以将侵权行为看作两个阶段,以原告知道侵权行为时为划分的时间节点。从2013年3月4日(即侵权行为开始时)至2013年7月5日(即原告知道侵权行为时),为第一阶段的侵权行为;从2013年7月6日至2016年3月14日,为第二阶段的侵权行为。

对于第一阶段的侵权行为,2013年7月5日起即可开始计算诉讼时效,该阶段侵权行为的诉讼时效届满日为2016年7月4日。如果原告2016年3月10日起诉,未超出诉讼时效期间。而对于第二阶段的侵权行为,在原告得知侵权行为存在时,原告无法预知其是否发生及存在,故针对第二阶段侵权行为的诉讼时效期间的起点并不是也不可能是2013年7月5日,而应当是原告知道或者应当知道该阶段存在侵权行为时。由于双方均不能提供原告知悉该侵权行为的具体时间证据,从原告主张停止侵害的诉讼请求,我们可以推定原告在撰写起诉状时知道该阶段存在侵权行为,因此,对于第二阶段侵权行为而言,原告提起诉讼并未超过诉讼时效期间,其诉讼时效应自2016年3月14日起算,2019年3月13日届满。此时如果机械地适用前述司法解释,则会导致直接推定当事人对于发现之后的侵权行为也已知悉,并开始计算还没有发生行为的诉讼时效,强制将第二阶段诉讼时效提前届满,这种结论无疑是对当事人合法权益的损害。对于尚未发生的侵权行为,即使权利人能够正常地预测其很可能发生,也不能因此以权利人能够预测或者应当能够预测为节点起算诉讼时效期间。笔者认为,知道或者应当知道侵权行为具有一个当然的隐含前提:即侵权行为已经实际发生,此后或至少是同时,权利人才可能知道或者应当知道侵权行为,而不应包括权利人可预测的情形。

综上所述,对于连续性侵害知识产权的行为而言,笔者认为正确的诉讼时效规定应表述为"侵权损害赔偿数额应当自权利人知道或者应当知道侵权行为之日起计算"。这种解释思路对于权利人来说更为有利，主要体现为：①权利人可以获得损害赔偿的期间超过三年（包含全部第二阶段）。现行司法解释框架下，诉讼期间自当事人知晓侵权行为时开始计算，人民法院支持的赔偿额仅计算到起诉之前三年，实际上是对权利人合法权益的一种限制，这种限制并无合理理由。而按照笔者的意见，无论原告起诉时是否超过知晓侵权行为的三年时间，对于第二阶段的侵权行为依然可以获得保护。②对于侵权行为未持续时权利人的保护力度较强。如按照现行规定，权利人要求保护应达到的前提条件为起诉时侵权行为仍在持续及知识产权仍在保护期。则按照其文义规定，如果权利人起诉时侵权人已经停止侵权，则其无法获得任何保护，极端情况下，甚至侵权人在原告起诉的前一天停止侵权，权利人也无法主张获得任何赔偿，这种情况无疑是不符合一般社会共识的。而按照笔者的意见，对于权利人超过三年起诉但侵权行为并未持续至起诉时的情况，依然可以判令损害赔偿。笔者认为，在目前的司法解释未对连续性侵权行为进行规定的条件下，按照前述思路进行裁判与知识产权侵权案件中权利人未超三年起诉情况的法律规则一致，与民法诉讼时效制度的一般规则相一致[1]，能够最大限度保护权利人的合法利益，具有合理的法律依据及事实基础。在立法层面，由于目前的司法解释未作出有效规定，笔者认为可以直接适用《民法典》的规定，但鉴于知识产权领域曾经有特殊规定，建议在知识产权领域仍然作出特殊规定，明确对连续性侵权的诉讼时效计算。

---

1 该类思路既符合《民法典》第188条的一般性规定，也与最高人民法院作出的司法解释不冲突，如《最高人民法院关于分期履行的合同中诉讼时效应如何计算问题的答复》（法函〔2004〕23号）等。

3.3.6 持续性侵权行为诉讼时效期间起算点的确定问题

持续性侵权行为又称继续侵权,是指对同一权利客体持续、不间断地进行侵害的行为。有学者将侵权行为虽已结束但其行为后果却不间断地对权利人造成损害的情形也纳入持续性侵权行为的范畴。[1]

从理论上来看,在持续性侵权行为中,在侵权终止前并无请求损害赔偿诉讼时效的问题,权利人可以在起诉时针对侵权人所有时间内的侵权行为进行主张。这是因为该类侵权行为出于同一侵权行为、侵害同一对象,其侵害结果和不法状态是同时持续的,属于一个完整的行为。以前面3.1的案件为例,上网传播行为与非法拘禁类似,其侵权行为在最初上传至服务器并公开提供时就已经完成,而之后侵权人没有实施新的行为,也没有制止其已经产生的侵权结果,按照德国刑法的理论,侵权人对于之后的侵权结果具有不作为的故意,持续时间的长短并不影响其侵权行为的构成,而只影响侵权结果的严重程度。如果机械性地将其作为数个行为,则无疑是说侵权人每天均存在上网传播的行为,这既不符合科学规律,也不符合一般的社会共识。

因此,在该侵权行为未终了之前,损害后果无法确定,权利人无法准确预估所有的侵权损失以获得赔偿。此观点曾获得最高人民法院的内部认可,最高人民法院曾于1990年12月对《关于贯彻执行〈民法通则〉若干问题的意见(修改稿)》进行了讨论,其中第194条规定:"侵权行为是持续发生的,诉讼时效从侵权行为实施终了之日起计算"。但是该修改稿未正式生效。我国台湾地区"最高法院"也认为,在持续性侵权行为终止前,损害仍在继续状态中,被害人无从知悉实际受损情形,自然无法请求损害赔偿,而其请求损害赔偿之消灭时效应自损害程度确定知悉后起算。

---

[1] 张广良.知识产权侵权民事救济[M].北京:法律出版社,2003:245-246.

按照前述分析，目前司法解释中对于持续性侵权行为的诉讼时效起算点的规定也并不准确，其人为地将持续性的同一行为切断为多个行为，导致权利人无法要求之后的权利保护，这种区分是不符合基本的社会共识的。而如果按照笔者的解释思路，权利人可以在起诉时对其所获知的整个侵权期间要求保护，综合而言对双方更为公平。部分学者曾对该计算思路提出质疑，认为因为知识产权边界的模糊性，该种解释方法可能导致实践中放纵权利人行使权利，甚至"放水养鱼"，导致侵权人承担明显过高且不合理的侵权赔偿。对此，笔者认为，该问题并非诉讼时效制度框架内应解决的问题，不应限制诉讼时效的适用而实现，该问题可以借鉴"懈怠制度"予以回应，即如果权利人知晓其权利受侵害后不合理地迟延提起诉讼，则其不能要求起诉前的侵权损害赔偿，但是可以要求起诉后的侵权损害赔偿并要求法院颁发禁令（但主观上存在故意的侵权人不享有懈怠抗辩权）。[1] 事实上我国曾在《专利法》第三次修改过程中出现过懈怠制度的具体规则，但是最后审议时没有保留，实属遗憾。[2]

3.3.7 关于修改司法解释相关规定的讨论

基于上述分析，笔者以为目前关于侵害专利权、商标权及著作权行为诉讼时效的规定不妥，应当进行修正。

另外一个问题是《民法典》第189条规定，当事人约定同一债务分期履行的，诉讼时效期间自最后一期履行期限届满之日起计算。

---

[1] 张晓都. 知识产权诉讼时效制度的完善及相应懈怠制度的设立[J]. 现代法学, 2003, (4):66.

[2] 该草案规定：专利权人怠于行使其权利的状态持续五年以上的，则应当受到更为严格的规制，不但无权对两年之前的侵权行为获得损害赔偿，而且其要求停止侵权的请求也将受到限制，即如果侵权人此时愿意支付合理使用费的，专利权人无权要求其停止实施该专利的行为。

那么，笔者的观点与该条规定是否矛盾呢？笔者认为答案是否定的，理由是：①该条规定中"当事人约定"显示其针对的是合同而非侵权。②该条规定中所称的"同一债务分期履行"的典型情形是分期付款行为，且各期付款共同指向同一合同债务。③该条规定的学理含义是当时间意义上的分别行为共同指向同一合同债务时，诉讼时效层面的评价规则是一体的而非各别的。④根据上述学理，当时间意义上的分别行为共同指向同一侵权债务时，诉讼时效层面的评价规则也应当是一体的而非各别的；当时间意义上的分别行为分别指向不同侵权债务（即使这些不同的侵权债务属于同一种类且相关主体一致）时，诉讼时效层面的评价规则应当是各别的而非一体的。

鉴于目前的《民法典》仅就合同之债中分别行为的特定情形作出诉讼时效层面的专门规定，而没有就侵权之债中分别行为的特定情形在诉讼时效层面作出特殊规定，笔者不揣谫陋，贸然提笔，对于这一问题提出个人的建议，建议增设一条，内容如下：

"因连续性侵权行为产生侵权之债的诉讼时效期间应当分别计算。

连续性侵权行为是指对于同一权利客体进行连续侵犯，侵权行为由数个单独的侵权行为构成，具有可分割性。

因持续性侵权行为产生侵权之债的诉讼时效期间应当一并计算，在该侵权行为终了前，不起算诉讼时效期间。

持续性侵权行为是指对同一权利客体持续、不间断地进行侵害的行为，侵权行为构成一个整体，具有不可分割性。"

3.4 被告停止侵权行为的举证责任

在本文开头的案例中，被告提出了诉讼时效届满的抗辩，同时被告也提供了在2013年下半年已经停止侵权行为的证据。此种情况下对于诉讼时效是否届满的判断更为复杂，人民法院需要结合原被告双方的证据进行综合确认,但是哪方承担主要的举证责任,在当前的法律下并未明确规定。笔者认为在此种情况下应由权利人承担侵权行为未停止的举证责任,具体理由如下:

第一,从法经济学角度而言,由权利人对是否停止侵权进行举证成本更低,该种举证责任分配对双方而言更公平。举证责任是决定案件事实查明的关键因素,在判断举证责任时,实际上要衡量行为人在行为中的注意成本合理与否,由其承担证明责任是否会产生更高的成本。在知识产权侵权案件中,侵权人虽然是侵权事实的直接实施者,对侵权行为的发生、经过具有较高的掌控能力,但是无法获知是否会因为其行为而与权利人产生纠纷。相比而言,原告承担诉讼时效未完成、侵权行为未停止的证明责任更符合诉讼时效制度的立法目的及宗旨。[1] 这是因为根据诉讼时效的法律规定,期间的起算、中止、中断等情形的发生都在权利人的认识范围内,其距离较近,对于该类主观事实,作为被告是很难获知或把握的。且在信息网络环境下,侵权人能够掌握其服务器或者后台,其单方提交的证据证明力较低,容易篡改,由其提供证据并不能有效地查明案件事实。综合而言,因权利人需要收集侵权人的基本侵权事实,侵权人是否停止侵权是其主张权利的一个重要依据,本就属于权利人的举证能力范围,由权利人承担该举证责任并不会产生额外成本,能够促进诉讼双方的利益平衡。

第二,如侵权人主张的停止侵权时间与权利人的主张不一致,则符合举证责任的转移条件,应由申请人承担该举证责任。在知识产权侵权案件中,权利人的诉讼请求基本均为停止侵权及赔偿损失,故其诉讼请求默认侵权人的侵权行为自权利人知悉时便一直持续。对于权利人而言,如果其已经提供了在其能力范围内能够获取

---

[1] 刘学平. 关于诉讼时效的证明责任之分配[J]. 研究生法学, 2003, (1):105.

的所有证据，且该证据足以证明侵权事实的存在并持续，则此时案件的证明责任应转移至被诉侵权人。被诉侵权人如主张侵权行为停止时间不一致或者否认权利人的证明，则其应主动承担合理的举证责任，由于停止侵权的时间涉及赔偿数额的认定，此时被诉侵权人具有更高的举证动机，由其承担进一步的举证责任最为合理。

3.5 对于实践案例的诉讼时效分析

综合上述观点，笔者认为，对于知识产权案件的诉讼时效应按照如下的思路进行判断：①被诉侵权人是否对案件的诉讼时效提出抗辩。②判断被诉侵权行为的具体类型，明确适用的诉讼时效起算规则。③确定该案适用的诉讼时效类型。④确定权利人知晓侵权事实及侵权行为人的时间。⑤确定被侵权人是否停止侵权，是否存在证据证明。⑥对案件具体诉讼请求的诉讼时效是否届满进行分别认定。

为了便于对知识产权侵权的诉讼时效的起算作更加清晰的说明，我们以本文开头的案件进行如下推理：

（1）侵权行为的类型：该案中只存在对信息网络传播权的一个整体侵权行为，属于持续性侵权行为。

（2）诉讼时效的类型：该案事实不涉及特殊的诉讼时效类型，应适用普通诉讼时效。

（3）诉讼时效期间的起点：依据原告的公证书可知，其在2013年7月5日进行了公证，该公证书明确了被告的侵权事实及主体身份。

（4）诉讼时效期间的终点：这里假设该案的诉讼时效期间为三年，即其诉讼时效至2016年7月4日届满。

（5）举证责任分配：由于原告在2016年3月10日起诉，其应核实被告在2013年3月11日仍然对于涉案作品进行信息网络传播，由原告承担证明被告持续侵权的举证责任。

（6）诉讼时效是否届满的认定：如原被告均未证明被告停止侵权的具体时间，则人民法院不宜径直推定被告的侵权事实一直持续。对此，人民法院需向原告进行释明，由原告进一步承担证明诉讼时效存在中止、中断的举证责任。

结语

温特夏德在评价诉讼时效制度时曾云"时间流转不仅是明亮的，而且也是灰暗的"。[1] 诉讼时效制度不仅关系到当事人之间的自由行为，也关系到社会的一般公共利益，在对知识产权案件的诉讼时效理解中，需要准确地把握两者之间的平衡。既要理解其明亮的一方面，准确地区分不同类型的侵权行为，确定合理的诉讼时效，保护权利人的合法利益；也要把握其灰暗的一面，对于无正当理由的诉讼延误，其诉讼请求不应获得法院支持，防止被诉侵权人承担过高的赔偿责任。希望本文能够对知识产权诉讼中的诉讼时效适用予以启示，以便更好地维护社会公共利益，平衡当事人的利益。

---

1 朱岩. 消灭时效制度中的基本问题——比较法上的分析兼评我国时效立法[J]. 中外法学, 2005, (2):160.

著作权合同中的疑难问题

1 《买卖合同司法解释》对著作权重复转移行为的适用

内容摘要

著作权除了具有知识产权的共性之外,还具有权利产生自动性以及权利内容复杂性的个性,致使著作权重复转移行为多有发生。2020年修正的《最高人民法院关于审理买卖合同纠纷案件适用法律问题的解释》(以下简称《买卖合同司法解释》)参照物权变动原因与结果区分原则的规定精神,规定原著作权人所订立的著作权转移合同不因其无所有权或处分权而无效,并支持依法成立在先的合同的受让人取得著作权,而无过错的在后受让人或被许可人可另行向原著作权人主张违约责任,进而为我国化解著作权重复转移纠纷提供了一种可行思路。

关键词

著作权;重复转移行为;物权变动规则

1.1 我国著作权转让问题的发展过程

我国著作权法关于著作权转让问题的规定,经历了一个发展过程。1990年《著作权法》中仅规定了"著作权许可使用合同",而没有规定"著作权转让合同";2001年《著作权法》第25条规定了"著作权转让合同"[1]。

根据我国著作权法的相关规定,著作权中的财产权是能够自由转让的,但是在著作权交易中,因著作权的自动生成方式以及权利人对其作品的虚拟占有方式等原因,易引发著作权的重复转移问题,如重复转让、重复授权等。因著作权重复转移所引起的著作权纠纷时有发生,经典的案例有《女子十二乐坊魅力音乐专辑》著作权纠纷案,网络歌曲《老鼠爱大米》著作权纠纷案,《别说我的眼泪你无所谓》词曲著作权案,等等。

对该类案件如何处理,理论上还存在许多争议和困惑。其中,第一种观点认为,在著作权多次转让或多次专有许可使用的情况,每个受让人或被许可人都享有普通许可使用的权利,而不能受让取得著作权或取得专有使用权,合同中的受让人和被许可人再依据与原著作权人的合同追究其违约责任;第二种观点认为,著作权重复移转行为构成虚假转让或授权,法院应当依据诚实信用原则,确认基于合法的转让或授权,受让或被授权在先者获得著作权;[2] 第三种观点认为,著作权法上的重复转移与民法上的一物多卖存在一定的相似性,可以参照对于一物二卖纠纷的民事审判实践来处理著作权的归属和侵权责任。笔者在与民法学者讨论该问题时,有人主

---

[1] 2001年《著作权法》第25条规定:"转让本法第十条第一款第(五)项至第(十七)项规定的权利,应当订立书面合同。权利转让合同包括下列主要内容:(一)作品的名称;(二)转让的权利种类、地域范围;(三)转让价金;(四)交付转让价金的日期和方式;(五)违约责任;(六)双方认为需要约定的其他内容。"

[2] 张冬梅. 著作权重复移转纠纷案件审理中的疑难问题[J]. 人民司法, 2009, (9):79-82.

张,著作权重复转移行为可以视为一场拍卖过程,受让人中出价高的人获得著作权,因为出价越高,证明该受让人对于未来该著作权的商业使用的信心越足,也就意味着他越有能力更好地开发该著作权,从宏观上而言可以推动公众获益。可见,对于著作权重复转移问题,理论界尚未取得一致的认识,审判实务中亦缺乏统一的标准和尺度,甚至出现了不同法院有不同理解和不同判决的情况。这显然不利于实现法律适用的统一性和一致性、维护法律严肃性和公信力,也无法从根本上保障当事人的合法权益和维护交易安全。

在我国已经施行《买卖合同司法解释》的背景下,对著作权重复转移问题,可以直接适用《买卖合同司法解释》的基本精神和具体规则。根据《买卖合同司法解释》关于无权处分和多重转让的规定,其一,就著作权转让或专有许可使用合同的效力而言,在原著作权人无处分权的情况下,其订立的数份转让或专有许可使用合同依然有效;其二,就著作权的转移而言,在目前缺乏适当公示方式的情况下,应支持签约在先者取得著作权。

1.2 发生著作权重复转移行为的症结及司法困境

所谓著作权重复转移,是指著作权权利人以签订著作权转让合同或专有许可使用合同的方式,将其著作权的所有权或使用权移转给受让人或被许可人后,又以权利人的身份与第三人签订转让或许可合同,将同样的权利重复进行转让或以专有许可使用的方式进行授权的行为。笔者认为,著作权重复转移仅仅只指著作权中财产权的变动,这种著作权的变动不仅包括著作权的转让,也包括著作权的专有许可使用,而著作权重复转移中的第三人既包括知情的第三人,也包括不知情的第三人。著作权重复转移往往导致各个受让人或被许可人及其各自的继受主体之间因著作权归属问题而产生确权、侵权纠纷。

1.2.1 公示缺失是发生著作权重复转移行为的根源

著作权转移,是指作者或者其他著作权人在著作权有效期内将著作权中财产权利的全部或者部分转让给他人,并依照约定或者著作权法的有关规定获得报酬的一种行为。其法律后果中最重要的就是出让人把著作财产权移转于受让人,著作财产权的主体发生变更,因此,著作财产权是何时发生移转便成为著作权变动中的关键问题。我国《著作权法》及其实施条例对于如何确定著作权转让合同中权利转移发生效力的时间并未予以明确,其他现行法律、法规对此也没有作出规定。可以说,我国著作权保护立法允许著作权人转让著作财产权,但没有建立起保护著作权交易安全的相应制度,适当公示方式的缺失是发生著作权重复转移的根本原因。

一方面,著作权的特性使得著作权多重转移具有了可能。"著作权作为知识产权的一种,其客体的一个重要特点是无体性,即同一作品可以物化在多个或多种载体之上,可被若干主体同时利用和收益。"[1] 在知识的重要性越来越受到人们的关注、知识的巨大价值逐渐为人们所认识的知识经济时代,正是因为著作权的权利多样性、客体无形性等特性,使得著作权人在特定利益的刺激下滥用著作权而对其著作权重复转移成为可能。

另一方面,公示的缺失使得著作权多重转移变成了现实。我国知识产权转让或许可制度中,除著作权外,基本建立了权利变动的公示制度。我国《专利法》第10条第3款规定:"转让专利申请权或者专利权的,当事人应当订立书面合同,并向国务院专利行政部

---

[1] 张冬梅. 著作权重复移转纠纷案件审理中的疑难问题[J]. 人民司法, 2009, (9):79-82.

门登记,由国务院专利行政部门予以公告。专利申请权或者专利权的转让自登记之日起生效。"《商标法》第42条规定:"转让注册商标的,转让人和受让人应当签订转让协议,并共同向商标局提出申请。受让人应当保证使用该注册商标的商品质量……转让注册商标经核准后,予以公告。受让人自公告之日起享有商标专用权。"《集成电路布图设计保护条例》第22条规定:"布图设计权利人可以将其专有权转让或者许可他人使用其布图设计。转让布图设计专有权的,当事人应当订立书面合同,并向国务院知识产权行政部门登记,由国务院知识产权行政部门予以公告。布图设计专有权的转让自登记之日起生效。许可他人使用其布图设计的,当事人应当订立书面合同。"而《著作权法》对著作权转让合同是否应当登记没有作出规定,仅在《著作权法实施条例》第25条规定:"与著作权人订立专有许可使用合同、转让合同的,可以向著作权行政管理部门备案。"但备案与否不影响著作权受让人依合同、继承或其他合法方式取得著作权。

从上述规定可以看出,我国现行法律、法规对著作权仅规定了自愿登记制度,对著作权转让合同规定的也是自愿备案制,而是否采取登记、备案方式,往往取决于著作权人,国家并不加以干预,且登记、备案与否也并不影响著作权受让人依合同、继承或其他合法方式取得著作权。可见,我国尚未建立完善的著作权转移制度,现行法律、法规对著作权转移合同实行自愿备案制度是著作权重复转移的根本原因。但是这并不意味着我国必须将著作权转移合同实行强制备案制度才能够解决该问题,笔者认为可以通过以下方法来解决。

1.2.2 对著作权转移善意取得及公示制度的设想

著作权的客体与传统的"物"不同,著作权的客体是文学、艺术和科学领域内具有独创性并能以某种有形形式复制的智力成果，是被客观化了的人类的精神思想，是知识形态的精神产品，是具有内在价值和使用价值但无存在的形体。著作权客体具有无形性、非物质性的特点，不占有一定的空间，不能发生实在而具体的控制，权利的转移也无需进行"有形交付"，因而，著作权是否已经转让不易为不特定的第三人所察知。因此，为了保护善意第三人，维护交易安全，巩固经济主体的交易信心，著作权转移同样需要构建动产善意取得制度、设计有效的公示方式。相比较而言，著作权比物权更具有交易性，保护善意第三人、维护交易安全显得更为重要。众所周知，善意取得制度是为保护交易安全而创设的民法制度，这一该制度需要平衡善意第三人的权利和在先受让人或被许可人的权利，而著作权的重复转移问题，正是涉及在先权利人与善意第三人之间的权利冲突问题。我国现行著作权法并没有善意取得及相应公示制度的规定，可以借鉴我国《物权法》对善意取得制度的相关规定，"将物权法中的善意取得制度引入著作权领域，在完善著作权转移登记，为权利的移转提供有效公示的基础上，解决权利变动中在先权利人与善意第三人之间的权利冲突问题"。[1]

为了实现著作权重复转移行为中在先权利人与善意第三人之间的利益平衡，关键要合理设计著作权归属与转移的公示形式，著作权转移公示制度显然对于解决当前的著作权重复转移问题有明显的积极作用，世界上有些国家已经对著作权的转移建立了登记制度，因此，建立著作权转移公示制度具有必要性和可能性。关于著作权转移登记制度，一种设想认为，在设计著作权转移登记制度时，登记的范围包括著作权转让与著作权专有许可使用，登记的方式可采

---

[1] 潘奇志. 著作权重复转让与重复授权纠纷的解决[J]. 人民司法, 2009, (24):92-96.

用登记生效主义，将登记作为著作权转移的生效要件；另一种设想则认为，对于著作权买卖的公示制度，可以借鉴外国的立法例，并适度遵循我国的制度系统惯性，对著作权转让登记公示制度提出初步设计，将登记为著作权转让的公示方式，在登记的法律效力上采登记对抗主义。[1]

1.2.3 对著作权转移公示制度的质疑及司法困境

著作权转移公示规则的设计是对著作权转移行为适用善意取得制度的前提，相反，在缺失适当公示方式的情况下，如果将善意取得制度适用于我国著作权重复转移行为，则可能导致诸多第三人均享有著作权，从而无法保障真正权利人的利益，也无法实现交易安全。

就著作权转移公示而言，虽然美国、日本、意大利、加拿大等国家已经建立了著作权转移登记制度，我国对商标权和专利权的转移公示也作出了明确的规定，但是对著作权转移登记制度持质疑态度的仍不乏其人。如从著作权转移的成本来看，有人认为，如果把该制度安排的收益与制度安排的成本综合起来考察的话，则其现实推行的意义不大。因为，随着信息社会的到来，各种信息和知识呈现爆炸式的增长趋势，著作权的产生也会以几何倍数的速度递增，如果盲目推行著作权转移公示制度，必然存在高昂的制度设置成本、制度运行成本以及维护成本等。[2] 尤其是网络作品的高速发展，必将促使作品的交易量加速攀升，相关的行政机关是否能及时地进行登记也是一个必须要慎重考虑的问题，如果登记时间过长将不利于促进著作权的交易，信息的滞后性也不利于保障交易安全。再如

---

1 黄玉烨, 罗施福. 论我国著作权转让登记公示制度的构建——从著作权的"一女多嫁"谈起[J]. 法律科学, 2005, (5):64-69.

2 张冬梅. 著作权重复移转纠纷案件审理中的疑难问题[J]. 人民司法, 2009, (9):79-82.

从著作权转移的趋势来看，著作权保护、著作权转移的基本方向是采取自动保护原则。我国《计算机软件保护条例》的立法也顺应了这一趋势。在1991年发布的《计算机软件保护条例》中曾规定，凡已办理登记的软件，在软件权利发生转让活动时，受让方应当在转让合同正式签订后三个月内向软件登记管理机构备案，否则不能对抗第三者的侵权活动。但2001年公布的《计算机软件保护条例》不再将登记作为行政和司法保护的前提，从而建立了软件著作权的自愿登记制度。

可见，关于著作权转移的公示，理论上还存在较大争论。更为关键的是，即使学理上已经统一认识、理论设想比较完美，也无法直接应用于司法实践，著作权重复转移导致的司法困境依然存在。对我国司法机关而言，其只能从现行法律规范中寻求裁判依据，《买卖合同司法解释》为有效处理著作权重复转移纠纷提供了可能选择。

1.3 《买卖合同司法解释》对区分原则的体现

1.3.1 物权变动原因与结果的区分原则

关于物权的变动模式，存在意思主义的物权变动模式和形式主义的物权变动模式。所谓意思主义的物权变动模式，是指除了当事人的债权意思之外，物权变动无需其他要件的物权变动模式，以法国和日本为代表。形式主义的物权变动模式，是指物权变动除了当事人的意思表示以外，还必须具备一定的形式，只有在一定的形式具备时，物权才由转让人移转于受让人。[1] 形式主义的物权变动模式确立了物权变动的区分原则，其机理是将物权行为与债权行为相互

---

1 王轶. 物权变动论[M]. 北京:中国人民大学出版社, 2001:18-25.

区别，其中，债权行为即物权变动的原因，是以发生、变动、消灭债权债务关系为目的法律行为；物权行为即物权变动的结果，是以设定、变动和消灭物权为目的的法律行为。当发生物权变动时，物权变动的原因（负担行为）与物权变动的结果（处分行为）作为两个法律事实，其成立生效与否，应根据不同的法律依据进行判断。物权与债权从法律性质到法律根据都必须区分开来，物权法必须从这一角度为物权变动建立独立而且系统的法律根据。[1]

我国的相关立法经历了从意思主义物权变动模式到形式主义物权变动模式的转变。我国《合同法》《担保法》体现的是意思主义的物权变动模式。《合同法》第51条规定："无处分权的人处分他人财产，经权利人追认或者无处分权的人订立合同后取得处分权的，该合同有效。"《担保法》第41条规定："当事人以本法第四十二条规定的财产抵押的，应当办理抵押物登记，抵押合同自登记之日起生效。"第64条第2款规定："质押合同自质物移交于质权人占有时生效。"我国《物权法》则引入了形式主义的物权变动模式，并规定了物权变动的区分原则。《物权法》第15条规定："当事人之间订立有关设立、变更、转让和消灭不动产物权的合同，除法律另有规定或者合同另有约定外，自合同成立时生效；未办理物权登记的，不影响合同效力。"第23条规定："动产物权的设立和转让，自交付时发生效力，但法律另有规定的除外。"第24条规定："船舶、航空器和机动车等物权的设立、变更、转让和消灭，未经登记，不得对抗善意第三人。"因此，根据形式主义物权变动模式的区分原则，一方面，在合同生效但物权变动未能成就的情况下，充分肯定有效成立的合同的效力，保证合同当事人债权请求权

---

1 孙宪忠. 我国物权法中物权变动规则的法理评述[J]. 法学研究, 2008, (3):42-51.

的行使，从而维护合同当事人的利益；另一方面，即使当事人之间的合同已经生效，但如果没有动产交付或不动产登记等公示行为，也不能发生实际的物权变动，从而维护第三人的合法利益。

1.3.2 《买卖合同司法解释》对区分原则的体现

从我国《买卖合同司法解释》的规定来看，亦体现了物权变动原因与结果区分原则的基本精神，依法成立的合同自成立时生效，在不能发生物权变动的结果时，并不影响合同的生效。《买卖合同司法解释》对多重买卖行为的规定涉及物权归属问题，当其中一个买受人取得物权时，其他买受人就不可能同时取得物权了，而只能取得因出卖人履行不能的违约行为而产生的债权。

关于物权的变动。物权变动需要"交付"等公示要件。《买卖合同司法解释》第6条规定："出卖人就同一普通动产订立多重买卖合同，在买卖合同均有效的情况下，买受人均要求实际履行合同的，应当按照以下情形分别处理：（一）先行受领交付的买受人请求确认所有权已经转移的，人民法院应予支持；（二）均未受领交付，先行支付价款的买受人请求出卖人履行交付标的物等合同义务的，人民法院应予支持；（三）均未受领交付，也未支付价款，依法成立在先合同的买受人请求出卖人履行交付标的物等合同义务的，人民法院应予支持。"第7条规定："出卖人就同一船舶、航空器、机动车等特殊动产订立多重买卖合同，在买卖合同均有效的情况下，买受人均要求实际履行合同的，应当按照以下情形分别处理：（一）先行受领交付的买受人请求出卖人履行办理所有权转移登记手续等合同义务的，人民法院应予支持；（二）均未受领交付，先行办理所有权转移登记手续的买受人请求出卖人履行交付标的物等合同义务的，人民法院应予支持；（三）均未受领交付，也未办理所有权转移登记手续，依法成立在先合同的买受人请求出卖人履行交付标的物和办理所有权转移登记手续等合同义务的，人民法院应予支持；（四）出卖人将标的物交付给买受人之一，又为其他买受人办理所有权转移登记，已受领交付的买受人请求将标的物所有权登记在自己名下的，人民法院应予支持。"诚然，《买卖合同司法解释》对重复转移合同的处理，参照了形式主义的物权变动模式，即物权变动法律效果的发生，除了债权意思外，还必须进行交付或登记等公示方式。但是，当欠缺交付或登记等公示方式时，人民法院支持依法成立在先合同的买受人取得物权。

1.4 物权变动规则对著作权重复转移的适用

在我国司法机关对著作权重复转移纠纷的审判实践中，司法机关基本形成了以下认识，即著作权转让合同或专有许可合同并不因原著作权人无处分权而无效，在先受让人或被许可人取得著作权或专有使用权，无过错的在后受让人或被许可人可以要求原著作权人承担违约责任。如北京市高级人民法院"知识产权审判参考问答"指出，著作权人通过合同转让其著作权或授权他人专有使用的，受让人或被许可人取得合同约定的著作权或专有使用权，原著作权人在合同约定范围内无权就相同的权利再次处分。原著作权人就相同权利重复进行转让或许可的，人民法院应当依法支持在先受让人或被许可人取得著作权或专有使用权。[1]

显然，上述司法实践中取得的共识与《买卖合同司法解释》的规定具有内在一致性，这是《买卖合同司法解释》能够直接适用于著作权重复转移行为的实践依据。此外，还要分析著作权的变动是

---

[1] 北京市高级人民法院"知识产权审判参考问答（7）：关于审理因重复转让或授权而引起的著作权纠纷案件的几个法律问题"。

否与物权变动一样，也存在着类似的区分原则，这是《买卖合同司法解释》能够直接适用于著作权重复转移行为的理论前提。以下将从著作权的"物权性"、著作权转让的合意等方面来探讨著作权的变动模式。

1.4.1 著作权的"物权性"分析

著作权作为一种知识产权，是无形财产权，其客体是智力成果；物权是有形财产权，客体比著作权广泛。著作权与物权的主体、客体和内容不同，所适用的法律也有所不同。但是著作权又与物权有密切联系，由于其具有财产的性质，也就使得著作权在一定意义上具有某种"物权性"，即与物权一样具有绝对排他的性质，是对世权或称绝对权。因此，各国都将著作权规定为一种对世的、排他的、独占的权利，著作权人对其作品所拥有的权利可以对抗一切非权利人的权利，或者说是以所有不特定的社会公众为义务主体而存在的权利。著作权具有"物权性"，为著作权变动适用物权变动原因与结果区分原则创造了可能。

在著作权重复转移纠纷的司法实践中，只要确认谁享有著作权，就可判定排除任何人侵害和妨害。"著作权如同物权一样，具有绝对排他的性质，是绝对排他的权利，应当排除任何人的侵害，任何人均负有不得侵害和妨害的义务，善意受让人或被许可人也不例外。善意受让人或被许可人虽无过错，但其行为构成侵权的，仍应当承担停止侵权的责任。因此，基于著作权归属的确定，在善意受让人或被许可人不存在过错的情况下，仍然可以且应当判令其停止使用行为或停止侵权。"[1]

---

1 潘奇志. 著作权重复转让与重复授权纠纷的解决[J]. 人民司法, 2009, (24):92-96.

1.4.2 对著作权变动合意的考察

在对著作权转让过程进行分解时,我们发现存在与著作权和债权两项民事权利变动相关的两项法律事实,而对债权变动和著作权移转的探究,我们应借助于传统的民事法律行为理论对债权向著作权转化中的法律事实进行分析,明晰导致著作权变动之法律事实的性质。对比著作权和债权,著作权作为一种支配权、对世权,债权作为一种请求权和对人权,在一次著作权转让中,债权和著作权的变动实际上是基于交易双方对物和他人之行为的意思支配。可见,在著作权转让中,交易双方除变动债权之意思外,尚存在一个独立的"著作权转让合意",该等债权意思与著作权变动意思共同通过著作权转让合同表示出来。所以,在一次著作权转让过程中,著作权人根据其移转著作权的意思表示,并结合一定公示方式,即引起了著作权权利的变动,著作权转让行为与债权行为是两个不同的法律事实,具有不同的意思表示和法律效果,著作权转让行为自身具有一定的独立性。[1]

当然,尽管存在一个独立的"著作权转让合意",但是在签订著作权转让或专有许可使用合同时多会有获得著作权或专有许可使用权的意思,也可以说著作权转让或专有许可使用合同包含着著作权转让合意,将著作权转让合意独立出来并赋予无因性似乎有违背生活常情之嫌。因此,对于著作权的转移,我们不易采用物权形式主义的物权变动模式,而应实行债权形式主义的物权变动模式,即意思主义与登记或交付相结合的物权变动模式,这一模式是指物权因法律行为发生变动时,除当事人之间存在债权合意外,尚需要登记或交付等公示方式。

---

1 汪晓华. 论著作权转让变动模式[J]. 青岛农业大学学报(社会科学版), 2011, (3):74-79.

1.4.3 物权变动规则对著作权重复转移行为的适用

前述分析表明，如果存在有效的著作权变动的公示方式，著作权转让或专有许可使用时，完全可以运用著作权变动的原因与结果区分原则来化解著作权重复转移问题。但是，由于著作权无法进行有形交付，加上我国没有建立著作权转移的登记制度，著作权的变动缺乏有效公示形式，我们只能寻求其他路径来应对司法困境，即直接运用《买卖合同司法解释》中关于动产物权变动的规定精神。

首先，关于著作权重复转移中著作权变动问题，可以依据《买卖合同司法解释》中"依法成立在先的合同"为标准来确认著作权变动，即确立"权利冲突解决中保护在先权利的原则""支持签约在先的原则"。著作权人通过合同转让其著作权或授权他人专有使用的，受让人或被许可人取得合同约定的著作权或专有使用权，原著作权人在合同约定范围内无权就相同的权利再次处分。原著作权人就相同权利重复进行转让或许可的，在先受让人或被许可人取得著作权或专有使用权。在《别说我的眼泪你无所谓》词曲著作权案中，二审法院认为，杨某系该音乐作品的词曲作者，对该作品享有著作权，有权转让该作品的著作财产权。在杨某先后签署的多份著作权转让及授权使用协议上的签字均属真实的情况下，应根据著作权转让或授权使用的先后来确定著作权人。著作权转让不可能像专利权、商标权转让那样登记才生效，将转让人是否享有著作权的问题交由法院在具体案件中进行审查更为妥当。在审查过程中，考虑著作权的对世性、排他性、独占性，将著作财产权纳入"准物权"，根据物权法"先来先得"的原则，确定"最先取得原始著作权人转让的受让人享有该项著作财产权，后来取得转让或授权的，由于转让人属无权处分，不能享有该项权利"的审查思路。据此，审查著作财产权发生转移的时间、判断谁最先取得原始著作权人的授权或转让，便成为确定著作财产权继受权利人的关键。[1]

其次，关于对在后受让人或被许可人的保护问题。实践中的做法为：在后受让人或被许可人明知或应知原著作权人已经将相关权利转让或授权许可他人专有使用，仍然依据与原著作权人签订的转让或许可合同使用作品的，应当与原著作权人承担共同侵权的责任。在后受让人或被许可人没有过错的，一般情况下，应当判令其停止使用，但不承担返还侵权所得利润或赔偿经济损失的责任。无过错的在后受让人或被许可人可另行依照著作权转让或授权合同向原著作权人追偿。[2] 在此仅讨论无过错的在后受让人或被许可人的保护问题，由于过错是确定损害赔偿责任的要件，对于无过错的在后受让人或被许可人，仅需承担停止使用行为或停止侵权的责任。一般民事侵权损害赔偿责任的构成包括四个方面，即违法行为的存在、损害后果的发生、违法行为和损害后果之间的因果关系以及行为人的主观过错。但是，绝对权利的妨害不以行为人有过错为前提，为了恢复原权利的民事责任承担方式如排除妨害、停止侵害，并不需要行为人的过错为要件。因此，对于著作权重复转移行为，即使在后受让人或被许可人不存在过错，仍然可以且应当判令其停止使用行为或停止侵权。[3] 无过错的在后受让人或被许可人则可以另行向原著作权人主张违约责任。

---

1 徐翠. 重复授权情况下如何确定继受权利人——《别说我的眼泪你无所谓》词曲著作权重复授权纠纷案评析[J]. 科技与法律, 2011, (3):52-56.

2 北京市高级人民法院"知识产权审判参考问答（7）：关于审理因重复转让或授权而引起的著作权纠纷案件的几个法律问题"。

3 张冬梅. 著作权重复移转纠纷案件审理中的疑难问题[J]. 人民司法, 2009, (9):79-82.

1.5 《买卖合同司法解释》的具体规定对著作权重复转移行为的适用

1.5.1 将《买卖合同司法解释》中的"标的物"扩展适用于著作权

关于《买卖合同司法解释》中的"标的物"能否扩展适用于著作权,一种观点认为,买卖合同的标的物仅为有体物而不包括无体物,故《买卖合同司法解释》的规定不能适用于知识产权转让;该观点同时认为,《买卖合同司法解释》是由最高人民法院商事审判庭起草,该庭审理的买卖合同标的物均为有体物,而不包括知识产权等无体物,《买卖合同司法解释》的规定不应适用于知识产权转让领域。另一种观点认为,买卖合同的标的物不仅限于有体物,商事案件中买卖合同的客体也包括票据、股权、提单等无体物,《买卖合同司法解释》可以适用于知识产权转让领域。而且《买卖合同司法解释》第32条也规定:"法律或者行政法规对债权转让、股权转让等权利转让合同有规定的,依照其规定;没有规定的,人民法院可以根据民法典第四百六十七条和第六百四十六条的规定,参照适用买卖合同的有关规定。权利转让或者其他有偿合同参照适用买卖合同的有关规定的,人民法院应当首先引用民法典第六百四十六条的规定,再引用买卖合同的有关规定。"

1.5.2 将《买卖合同司法解释》中的"买卖"扩展适用于知识产权许可使用

关于《买卖合同司法解释》中的"买卖"能否扩展适用于知识产权许可使用,一种观点认为,即使认为该规定可以适用于知识产权的转让,也不能当然认为该规定可以适用于知识产权的许可使用。另一种观点认为,上述司法解释确实没有就许可使用问题作出明确规定,但是,著作权转让是指著作权所有权转移,所有权包括占有、使用、收益、处分的权利；而著作权的许可使用只是著作权使用权的转移，该使用权人无权处分著作权。笔者认为，转让是所有权的完全转移，许可使用是权利的部分转移，根据"举重以明轻"规则，转让可以扩展适用于知识产权许可使用。

综上，《买卖合同司法解释》能够直接适用于著作权重复转移行为，原著作权人签订的数份著作权转让或专有许可使用合同，不因原著作权人无所有权或处分权而无效，无过错的在后受让人或被许可人可另行向原著作权人主张违约责任。

2 对影视作品委托创作合同合同类型的研究

内容摘要

随着影视市场规模的扩大,影视作品委托创作合同纠纷也不断增长。如何认定影视作品委托创作合同在合同法中的所属类型,如何把握合同履行的质量标准,成为解决此类纠纷的基础,笔者就此提出一些意见,供相关主体参考。

关键词

影视作品委托创作合同;承揽合同;留置权

2.1 合同类型的认定

2.1.1 认定合同类型的意义

《民法典》第三编合同分为通则、典型合同和准合同。通则的规定适用于所有类型的合同;典型合同对19种常见的合同作出系统、全面且有针对性的规定,就是为了在确定合同类型后,直接适用不同类型合同的相关规定。

"鉴于大多数之任意规定及强行规定,存在于各种之债,即法定有名契约类型中，故关于契约之法律适用，传统上，大陆法系之思考习惯，系以契约之定性为问题解决之出发点。"[1] 在审理合同的纠纷案件当中，认定合同的类型通常是审理过程的开端。如果能够根据合同中的某些条款将合同归类于典型合同中规定的某一种合同，就能够直接适用相关的规定进行裁判，确定各方当事人应当享有的权利和应当承担的义务，保证合同各方当事人对合同权利义务有合理的预期；如果无法认定合同类型，或者合同类型认定错误，则可能造成只能适用《民法典》通则中的一般性规定，甚至适用法律错误，从而损害合同各方当事人的利益。

所以，当我们讨论影视作品委托创作合同的相关问题时，首先要分析的，就是这种合同究竟属于《民法典》中规定的哪一类合同。关于这个问题，司法实践中有两种观点，一种认为是委托合同，如孙某良与陈某一委托创作纠纷案中，"委托创作合同属于合同法委托合同的范畴，合同法关于委托合同的相关规定适用于委托创作合同"[2]。另一种认为是承揽合同，如宝鸡新汉飞公司与李某合同纠纷案中，二审法院确认了一审法院关于"该案证据足以证实原被告双方已达成委托创作合同，原告为承揽人"[3] 的认定。关于这两种合同，《民法典》分别为合同双方设置了迥然不同的权利义务。在委托合同中，如果委托人同意受托人转委托，则受托人不需要对转委托的第三人的行为承担责任；在承揽合同中，即使定作人同意承揽人将承揽的工作交给第三人完成，承揽人也要对第三人的成果负责，而不是仅对第三人的选任负责。在经定作人同意的第三人对合同的履行有瑕疵且没有偿付能力时，如果将一个承揽合同错误认

---

[1] 王泽鉴. 债法原理[M]. 北京:北京大学出版社, 2009:89.
[2] 参见最高人民法院（2013）民申字第2353号民事裁定书。
[3] 参见陕西省高级人民法院（2015）陕民二终字第00140号民事判决书。

定成一个委托合同，定作人将无法从承揽人处获得赔偿，从而蒙受不必要的损失；反之，如果将一个委托合同错误认定为承揽合同，则将使受托人遭受"飞来横祸"，承担莫须有的赔偿责任。因此确定合同的类型在合同纠纷的审判实践中意义重大，而笔者下面重点要讨论的，就是影视作品创作合同究竟是属于委托合同的范畴，还是具有承揽合同的性质。

2.1.2 如何认定合同类型

《民法典》对典型合同种类作出了明确的规定，包括买卖合同，供用电、水、气、热合同，赠与合同，借款合同，保证合同，租赁合同，融资租赁合同，保理合同，承揽合同，建设工程合同，运输合同，技术合同，保管合同，仓储合同，委托合同，物业服务合同，行纪合同，中介合同，合伙合同。但问题是，现实生活中合同双方或多方签订的合同成千上万种，如何判定这些合同究竟属于上述《民法典》中规定的哪一类合同呢？笔者认为，在合同类型的认定问题上，应当综合考量合同的名称和合同的权利义务内容，而在二者发生冲突的情况下，后者优先。

2001年《全国法院知识产权审判工作会议关于审理技术合同纠纷案件若干问题的纪要》规定，技术合同名称与合同约定的权利义务关系不一致的，应当按照合同约定的权利义务关系内容，确定合同的类型和案由，适用相应的法律、法规。

由此可知，合同的名称对合同的类型有一定的限定作用，但仅限于无法从合同的权利义务内容中认定合同的类型，或者合同权利义务内容与合同名称表述一致时。要最终确定合同的类型，还是要看当事人约定的权利义务的具体内容，究竟符合《民法典》规定的哪一类合同的特征。

2.1.3 影视作品委托创作合同的类型

单从名称上看，影视作品委托创作合同看似是一种委托合同，但究竟能否将其认定为委托合同，还需要考量合同的权利义务内容。

有的学者认为，影视作品委托创作合同当然地属于委托合同，问题的重点在于影视作品委托创作合同是否属于第二层级的有名合同，即承揽合同。

这种观点认为，《民法典》中的委托合同是除承揽合同、建设工程合同、运输合同、技术合同、保管合同、仓储合同等具有接受委托完成事务的合同之外的委托类合同的通则。委托合同与承揽合同、建设工程合同、运输合同、技术合同、保管合同、仓储合同等是一般与特殊的关系，即《民法典》第三编第二十三章中的委托合同是指承揽合同、建设工程合同、运输合同、技术合同、保管合同、仓储合同等之外的委托合同；后者相对于委托合同而言，是第二层级的有名合同。笔者认为，影视作品委托创作合同可以认定为承揽合同，但是承揽合同和《民法典》第三编第二十三章中的委托合同还是有本质区别的。

《民法典》第919条规定："委托合同是委托人和受托人约定，由受托人处理委托人事务的合同。"笔者认为，"处理委托人事务"应当理解为代委托人进行意思表示，也就是一种委托代理关系。原因在于《民法典》第925条规定："受托人以自己的名义，在委托人的授权范围内与第三人订立的合同，第三人在订立合同时知道受托人与委托人之间的代理关系的，该合同直接约束委托人和第三人；但是，有确切证据证明该合同只约束受托人和第三人的除外。"从该条文能够明显看出委托合同是一种受托人代理委托人行使和处分权利的合同。而在委托创作合同中，"委托人"并没有民事权利可以交给"受托人"代为行使和处分，不符合《民法典》第三编第二十三章中委托合同的特征，因此不能将委托创作合同错误地认定为委托合同。

既然不是委托合同,那影视作品委托创作合同是什么类型的合同?笔者认为,应当是承揽合同。"委托作品是指受托人根据委托人的委托而创作的作品。需要注意的是,虽然《著作权法》第十九条使用了'受委托创作'的用语,但一方应另一方的请求创作作品,由此产生的并不是《合同法》中的委托合同,而是承揽合同。"[1] "顾客同影楼的关系,应属于《合同法》中的承揽合同关系。因承揽合同关系产生的照片,应属于《著作权法》第十九条规定的委托创作。"[2]

《民法典》第770条规定:"承揽合同是承揽人按照定作人的要求完成工作,交付工作成果,定作人支付报酬的合同。"这非常符合委托创作合同的特征。比如委托剧本创作的合同,通常片方会给出剧本的世界观、人物设置、人物关系、大事件时间线、故事大纲和分集大纲(电视剧)等,要求作家进行创作,作家会根据片方的要求创作剧本并将创作的成果交付给片方,片方向作家支付报酬,这完全符合承揽合同的定义。而且剧本委托创作合同中,作家通常需要保证自己创作的剧本质量,对自己创作的剧本负责,如果创作的剧本不符合质量要求,片方还可以要求其修改。这些特征也完全符合《民法典》第780条、第781条的规定。因此,笔者认为,委托创作合同应当被认定为承揽合同。

---

1 王迁. 知识产权法教程(第五版)[M]. 北京:中国人民大学出版社, 2016:172.
2 国家版权局. 国家版权局关于对影楼拍摄的照片有无著作权的答复[EB/OL]. (1997-02-13)[2021-01-04]. http://blog.sina.com.cn/s/blog_5dade-7280100hv5c.html.

2.2 影视作品委托创作合同工作成果的质量标准

将委托创作合同认定为承揽合同，可以很好地解释为什么有的作家创作的作品价值高，有的价值低；为什么片方邀请这个作家，而不请另一个作家。原因就在于《民法典》第772条第2款规定："承揽人将其承揽的主要工作交由第三人完成的，应当就该第三人完成的工作成果向定作人负责；未经定作人同意的，定作人也可以解除合同。"第780条规定："承揽人完成工作的，应当向定作人交付工作成果，并提交必要的技术资料和有关质量证明。定作人应当验收该工作成果。"第781条规定："承揽人交付的工作成果不符合质量要求的，定作人可以合理选择请求承揽人承担修理、重作、减少报酬、赔偿损失等违约责任。"正是由于这些规定，才使片方（即定作人）能够合理地预期到作家（即承揽人）未经片方同意不会让第三人代笔，即使让第三人代笔，也要达到片方聘请的作家应达到的创作水平。如果作家交付的作品不符合质量标准，片方可以要求作家修改、重写，如果作家拒绝修改，则可以减少作家的报酬。由此可见，解决了影视作品委托创作合同的定性问题后，合同的责任关系、责任对象、转包问题、交付义务、验收义务、修改义务都得到了很好的厘清。但是在司法实践中，关于委托创作合同工作成果的质量标准经常出现争议。司法机关在审判的过程中，很难找到一个能够平衡各方利益的标准。

接下来我们需要进一步探讨在司法审判实践中遇到的难题，即如何把握委托创作作品的交付质量标准。关于这个问题，合同双方经常出现争议。司法机关在审判的过程中，应该秉持怎样一种原则，才能平衡各方之间的利益，从而维护一个健康积极的产业秩序呢？

《民法典》第510条规定："合同生效后，当事人就质量、价款或者报酬、履行地点等内容没有约定或者约定不明确的，可以协议补充；不能达成补充协议的，按照合同相关条款或者交易习惯确定。"第511条第（1）项规定："质量要求不明确的，按照强制性国家标准履行；没有强制性国家标准的，按照推荐性国家标准履行；没有推荐性国家标准的，按照行业标准履行；没有国家标准、行业标准的，按照通常标准或者符合合同目的的特定标准履行。"在影视作品委托创作合同中，很难有什么国家标准或者行业标准可以作为参考依据，因为一方面，文艺作品质量的评判标准，本身就具有很强的主观性；另一方面，我国的影视创作行业还没有发展到像好莱坞那样的工业化阶段，所以在相关的合同纠纷案件中，双方当事人都无法举证证明存在一个客观的国家或行业标准，作为委托创作作品交付质量的参考依据，创作成果的交付质量标准基本要依靠当事人之间的约定。

那么，在影视作品委托创作合同譬如一份剧本委托创作合同中，当事人会如何约定交付质量标准呢？法官在审理相关案件时，通常会发现两种约定的情形，一种是"剧本质量满足拍摄的需要"，另一种是"剧本要得到委托方的认可"。但是这两种看似具体的创作成果质量标准约定，在实践中给当事人留下了巨大的解释空间，进而导致权利被滥用。

什么样的剧本才"符合电视剧的拍摄标准"呢？基本上所有的剧本都符合电视剧拍摄的标准。只要有矛盾冲突、人物、情节、对白、场景设置等剧本必备的要素，就可以拍出一部影视剧。一个编剧专业刚毕业的学生和一个著名的编剧都能写出一个"符合电视剧拍摄标准"的剧本，但很明显两者的质量有天壤之别。前述标准无法有效地评价矛盾设计得是否巧妙，情节是否合理，主题是否鲜明，人物是否丰满，逻辑是否严密等对剧本非常重要的因素，更加无法解释为什么定作人要找著名作家或编剧，而不是找一个编剧专业在校生。笔者认为，这个标准对定作人来说未免有失公允。

但是，如果放任定作人按照自己的主观意图确定创作成果的质量标准，极容易造成定作人滥用权利，导致承揽人"赔了夫人又折兵"的后果。如果定作人可以按照主观判断制定质量标准，容易造成定作人用诸如"人物不够丰满""情节不够巧妙""逻辑不够严密"等一些并不具有实际意义的理由，在实质上赋予定作人零成本解除合同的权利的同时，使承揽人构成违约，承担相应的违约责任，这是违背公平正义的。尤其是在合同谈判的过程当中，定作人通常处于强势的地位，除了一些非常知名的作家，承揽人基本上没有谈判的筹码，只能被动接受定作人提出的条件，因此诸如"获得委托方认可"之类的质量标准屡见不鲜。针对这种现象，更应该严格限制定作人对创作成果质量标准的解释，限制定作人以质量不符合标准为由任意解除合同。笔者认为，诸如"质量标准以委托人满意为准""受托人应当修改直至委托人满意为止"这样的约定至少是显失公平的，属于可变更可撤销的条款。

通过上述分析，即使委托创作合同中对质量标准作出了相关的约定，这些约定也并不具有可操作性，仍然属于约定不明的情况。而且，考虑到影视作品创作的特点，合同中也很难准确、量化地给承揽人一个具体的质量标准，而委托创作合同的成果不可能有国家标准或者行业标准，因此创作成果就应当达到"通常标准"。笔者认为，"通常标准"应当是指相同价格对应的中等质量标准。如果承揽人能够举证证明其创作成果达到了与合同对价相当的其他承揽人创作成果的中等水平，则可以视为该承揽人的创作成果符合质量标准，进而履行了委托创作合同的义务。

2.3 委托创作合同中的留置权问题

委托创作合同的定作人如果任意解释创作成果的质量标准，

以创作成果不符合质量要求为由拒绝向承揽人支付报酬，承揽人依然可以通过《民法典》关于承揽合同的其他规定获得救济。《民法典》第783条规定："定作人未向承揽人支付报酬或者材料费等价款的，承揽人对完成的工作成果享有留置权或者有权拒绝交付，但是当事人另有约定的除外。"

2.3.1 创作成果的权利归属

要行使留置权，首先需要确定委托创作合同中工作成果的权属问题。《著作权法》第19条规定："受委托创作的作品，著作权的归属由委托人和受托人通过合同约定。合同未作明确约定或者没有订立合同的，著作权属于受托人。"而在承揽合同中，定作人自始即是工作成果的所有权人或自始取得工作成果的所有权。如果将委托创作合同认定为承揽合同，是否会出现法律适用互相矛盾的情况。笔者认为不会。委托创作合同中的工作成果并不当然是作品的著作权，而是双方在合同中约定的成果。例如在剧本委托创作协议中，合同双方约定作家创作剧本的所有权归片方，作家将剧本交由片方拍摄，则双方约定的工作成果就是剧本，而作家授予片方的权利仅有摄制权，关于剧本的著作人身权和其他著作财产权依然由作家享有。可见，委托创作合同中的工作成果是可分的，二者在某些情况下混同也是由于合同双方的约定，因此将委托创作协议认定为承揽合同与《著作权法》第19条的规定并不矛盾。

2.3.2 留置权的行使

在委托创作合同中，通常情况是片方给付一部分款项，约定工作成果就是作品除署名权外的全部著作权，作者只享有署名权，作家进行创作，交付工作成果之后，片方给付尾款。在这种商业模式下，如果片方在作家创作完成后以各种理由拒绝支付尾款，作家在维权时就会面临一个问题，如果直接认定创作成果归片方所有且片方拥有完整的财产权利，则作家仅对片方享有债权请求权，需要通过漫长的司法程序来实现自己的债权，这无形中增加了作家的负担；如果认定创作成果归作家所有，毕竟片方已经支付了预付款，这样的认定也有失偏颇。如果作家能够对创作成果行使留置权，可以比较完善地解决这个问题。假设在一份剧本委托创作合同中，双方约定的标的额为100万元，片方预付40万元，创作完成后支付剩余60万元。在创作成果完成的时候，片方支付了预付款但不支付尾款，而作家也没有向片方出具授权书。此时片方仍是创作成果的权利人，但是创作成果并没有公示转移，因为作家并没有向片方出具授权书。此时，作家就可以依据《民法典》第783条直接行使留置权，通过变卖、拍卖等方式，将创作成果变现。如果变卖、拍卖的价格超过60万元，则作家留下应得的60万元报酬，将剩余款项交给片方；如果拍卖价格不足60万元，则针对不足部分，作家仍可要求片方继续支付。

综上，基于对影视作品委托创作合同权利义务的梳理，以及对《民法典》第三编第十七章和第二十三章的系统分析，影视作品委托创作合同无论是责任关系、履行方式以及成果的权属问题都符合承揽合同的特征，应当被认定为承揽合同。关于合同中工作成果的质量标准，在形成完备的工业化体系、拥有相对完善的行业标准之前，如果合同中约定不明确，笔者认为能够达到相同价格作家所创作作品的中等质量标准，即可认定为成果符合《民法典》第511条规定的"通常标准"。即使片方以创作成果不符合质量标准为借口拒不支付报酬，作家仍然可以依据《民法典》第783条的规定，通过行使承揽人的留置权维护自身的合法权益。

3 影视作品委托创作合同的解除问题研究

内容摘要

在影视作品委托创作合同中，双方当事人都存在违约的风险。如果影视公司违约，编剧可以通过诉讼的方式要求影视公司履行合同义务。如果影视公司拒不执行，编剧还可以通过申请强制执行的方式最终获得应有的权益。但如果编剧违约，由于创作是一种人身依附性极强的债务标的，并不适合强制执行，影视公司几乎不可能强制编剧继续履行合同义务，导致的结果就是合同解除，给影视公司造成不可弥补的损失。更有甚者，编剧以拒绝履行合同义务为由，要求法院判令解除其与影视公司签订的委托创作合同。作为影视作品委托创作合同违约的一方，是否享有合同的解除权，以及如果合同解除，合同的相关权益应当如何分配，笔者将就相关问题展开论述。

关键词

委托创作合同；解除权；合同解除；违约；预备合并诉讼

3.1 解除权的发生

3.1.1 合同解除的意义

从传统民法理论的角度，契约制度就是为了使当事人受到合同条款的约束，使当事人之间的法律关系趋于稳定。除非当事人约定或法律规定，已经订立的合同不得随意解除。但是，当合同目的不能实现时，"如果固守合同约束力，不但于一方甚或双方当事人没有好处，于社会整体利益也没有任何增益"。[1] 解除合同可以使各方当事人从合同的义务中解放出来，从而继续进行自由交易。

3.1.2 合同解除的类型

《民法典》规定了三种合同解除的情形。①协商解除。《民法典》第562条第1款规定："当事人协商一致，可以解除合同。"②约定解除。《民法典》第562条第2款规定："当事人可以约定一方解除合同的事由。解除合同的事由发生时，解除权人可以解除合同。"③法定解除。《民法典》第563条规定："有下列情形之一的，当事人可以解除合同：（一）因不可抗力致使不能实现合同目的；（二）在履行期限届满前，当事人一方明确表示或者以自己的行为表明不履行主要债务；（三）当事人一方迟延履行主要债务，经催告后在合理期限内仍未履行；（四）当事人一方迟延履行债务或者有其他违约行为致使不能实现合同目的；（五）法律规定的其他情形。"

协商解除其实并不是一种解除权，而是基于合同各方当事人的合意发生合同解除的效力，因此基本不会产生诉讼。约定解除是基于当事人的合意，设定解除事由，当解除事由成就时，约定的当事

---

1 韩世远. 合同法总论(第四版)[M]. 北京:法律出版社, 2018:507.

人有权解除合同。

3.2 解除权的行使

3.2.1 解除权的行使主体

《民法典》第562条和第563条都规定了"当事人"可以解除合同，但是对"当事人"的解释一直存在争议。在协商解除中，并不存在解除权的问题，而是各方当事达成新的解除合同的合意，因此"当事人"应当是各方当事人。在约定解除中，只要是约定的解除条件成就则各方当事人就都有解除权了，解除条件未必是违约行为。因此，《民法典》第562条第2款的"当事人"或"解除权人"也应当是合同中任意一方当事人。

上述对"当事人"的解释符合立法的逻辑且已经得到学界的普遍认可，主要争议集中在《民法典》第563条。首先，第563条第（1）项"因不可抗力致使不能实现合同目的"而发生的解除权，应当由合同各方当事人享有。由于不可抗力是不能预见、不能避免且不能克服的客观情况，合同目的无法实现的结果不可归责于任何一方当事人，因此对合同各方当事人享有合同解除权并无争议。但是《民法典》第563条第（2）项至第（4）项规定的解除权事由，即因违约而发生的解除权，享有解除权的"当事人"是否包含违约方，在学界有较大争议。

有学者认为，《民法典》并没有明确说明享有解除权"当事人"仅指守约方。而立法者选择不使用"守约方"而使用"当事人"的表述是有意为之，意在将违约方也纳入享有《民法典》第563条规定的法定解除权的主体当中。也有学者认为，享有解除权的主体只能是守约方。如果违约方享有解除权，违约方可能会通过违约行为获利，带来巨大的道德风险。

笔者认为，因违约而发生的解除权，要根据不同的情况区分。如果只有一方当事人违约，一般应当归守约方享有解除权。如果是不止一方当事人违约，即与有过错的情况下，"应根据合同义务分配情况、合同履行程度以及各方违约大小等综合考虑合同当事人是否享有解除权"。[1] 笔者认为，在与有过错时，没有构成根本性违约的一般性违约方享有解除权。

首先，"解除权对权利人而言是一种利益"，"当事人一方违约的情况下，解除权归守约方享有，不然，违约方可能会利用解除权制度来谋取不正当利益"。[2] 如果将解除权视为是一种利益，赋予违约方解除权，会使违约方因为自己的违约行为而获利，这有违公平正义，同时存在巨大的道德风险。其次，"因违约而发生解除权，将解除作为违约的补救手段。就其本来的功能而言，在于非违约方'合同义务的解放'，由此派生的功能尚包括非违约方'交易自由的恢复'及违约方'合同利益的剥夺'。"[3] 一方当事人违约，守约的当事人才需要救济，解除权作为一种救济手段，当然由守约方享有，而不是违约方。

3.2.2 解除权的行使方式

从解除权的性质来讲，作为一种形成权，解除权的行使采取向相对人发出解除的意思表示的方式，该解除的意思表示到达相对人时发生合同解除的效力，不必请求法院为宣告解除的形成判决。要发生合同解除的效力，首先需要解除权人选择解除合同；其次，解除权人需向对方发出通知；最后，对方收到解除通知后合同解

---

1 参见最高人民法院(2012)民一终字第126号民事判决书。

2 崔建远. 合同法(第六版)[M]. 北京:法律出版社, 2016:198.

3 韩世远. 合同法总论(第四版)[M]. 北京:法律出版社, 2018:507.

除。因此解除合同的主张在本质上应当是确认之诉，而非给付支付或者变更之诉。法院判决合同解除的主文，既不应当写为判令合同解除，也不应当写为判令自判决生效时合同解除，而应当是判决确认合同自解除权人的解除通知到达对方时合同解除。即使对方有异议，法院也应该确认解除权人作出的意思表示是否有效。如果通知内容中已经写明解除理由，有"合同终止""停止履行""废除合同"等文字表达，也可以解释为解除的意思表示有效；如果解除通知中有将来特定时间，笔者认为只是警告函，而非解除通知；但辅以其他具有明确解除含义的行为时，可以认为是解除通知，合同自将来特定时间起解除。

3.2.3 解除权行使的时间

在司法实践中，很多法院认为解除合同的时间只能早于而不能晚于合同约定的履行期限的截止时间，当解除合同的时间晚于合同约定的履行期限的截止时间时，就没有必要确认合同解除了。因此有大量案件的判决中以解除合同的时间晚于合同约定的履行期限的截止时间为由，对于解除权人关于确认合同解除的诉讼请求未予支持。

对于上述观点，笔者并不认同。笔者认为，到达合同约定的履行期限的截止时间并不意味着合同自然解除，也不意味着合同自然终止，仅仅是合同终止的第一种情形即债务已经按照约定履行的必要条件之一。否则，就可以认为，签订合同后，无需履行任何合同义务，仅仅"坐等"合同约定的履行期限的截止时间自然到来即可。这显然是错误乃至荒谬的。也就是说，不应以合同约定的履行期限届满而否认确认合同解除时间的必要性，否则合同的权利义务关系在法律上仍然会处于尚未终止的状态，进而导致在程序上的漏审，在实体上纠纷没有彻底解决的情况。还有一种可能是解除合同的时间早于合同约定的履行期限的截止时间，这也可以从另一侧面证明解除合同的时间与合同约定的履行期限的截止时间并不具有同一性。

3.2.4 违约方解除合同

违约方是否可以解除合同，之前一直是一个备受争议的话题，直到新宇公司诉冯某梅商铺买卖合同纠纷案（以下简称新宇案）的出现，给这个问题指明了方向。该案例被载入最高人民法院公报中，法院的核心观点是"根据《合同法》第一百一十条规定，有违约行为的一方当事人请求解除合同，没有违约行为的另一方当事人要求继续履行合同，当违约方继续履约所需的财力、物力超过合同双方基于合同履行所能获得的利益，合同已不具备继续履行的条件时，为衡平双方当事人利益，可以允许违约方解除合同，但必须由违约方向对方承担赔偿责任，以保证对方当事人的现实既得利益不因合同解除而减少"。[1] 自新宇案之后，违约方提出解除合同的诉讼请求越来越多地得到法院的支持，如招商银行呼和浩特分行与内蒙古和海房地产公司房屋租赁合同纠纷上诉案（以下简称招商银行案）、温州市万里马公司与余某普房屋租赁合同纠纷上诉案（以下简称万里马案）等。

上述案件的判决理由中都引用了《合同法》第110条（对应《民法典》第580条）的规定，该条规定了三种合同守约方不能要求违约方继续履行的情况，即①法律上或者事实上不能履行；②债务的标的不适于强制履行或者履行费用过高；③债权人在合理期限内未要求履行。具体到影视作品委托创作合同中，影视公司委托编剧创作小说或剧本，编剧对影视公司的债务就是创作，这种人身属性极强

---

[1] 新宇公司诉冯玉梅商铺买卖合同纠纷案[J]. 中华人民共和国最高人民法院公报, 2006, (6):37–42.

的债务就是《民法典》第580条第（2）项规定的不适于强制履行的债务，那该条内容是否实际上赋予了编剧合同的任意解除权呢？笔者认为不然。

"订立合同之目的往往在于求一个'稳'字，如果解除权的行使如此简单，合同最基本的履行都没有了保障，契约制度的意义便无从谈起。"[1]《民法典》第583条规定："当事人一方不履行合同义务或者履行合同义务不符合约定的，在履行义务或者采取补救措施后，对方还有其他损失的，应当赔偿损失。"从这条规定看，当违约情况发生时，继续履行是令违约方承担责任的首选方式。法律之所以这样规定，是由于继续履行比赔偿损失或者支付违约金，更有利于实现合同目的。[2] 就算新宇案中法院最终支持了违约方解除合同的请求，但法院仍表示，继续履行合同是更好的方式，更加能够反映契约制度的精神。违约方提出解除合同，只能作为例外的情况出现，而例外永远不可能，也不应该成为原则。

关于合同解除的时间，在新宇案和万里马案的判决中，法院没有明确表示合同自何时解除。在招商银行案中，法院总结的其中一个争议焦点是"招行呼和分行与和海公司签订的《房屋租赁合同》的解除时间"。[3] 法院明确表示："因本院（2015）呼民一终字第01098号民事判决已确认双方签订的《房屋租赁合同》解除，故该判决送达双方当事人即发生法律效力，该《房屋租赁合同》亦于此时解除。"[4] 如果法院认为违约方享有解除权，根据解除权是形成权

---

1 林玮. 基于诚实信用原则的违约方合同解除权探讨[J]. 社会与法制, 2018, (19): 223-224.

2 新宇公司诉冯玉梅商铺买卖合同纠纷案[J]. 中华人民共和国最高人民法院公报, 2006, (6):37-42.

3 参见呼和浩特市中级人民法院(2016)内01民终3432号民事判决书。

4 参见呼和浩特市中级人民法院(2016)内01民终3432号民事判决书。

这一特性，应当确认合同解除的效力自违约方解除合同意思表示到达守约方时即已发生，而不是判决确定时才发生。[1] 崔建远教授也认为，即使通过诉讼方式行使解除权，解除的效力也"自载有解除意思的起诉书、仲裁申请书、答辩状送达于相对人，或载有解除意思的口头辩论上的攻击或防御的当时，发生解除效力"[2]，而不是判决送达双方当事人之时。

从笔者的分析中可以得知，尽管当违约方继续履约所需的财力、物力超过合同双方基于合同履行所能获得的利益，合同已不具备继续履行的条件时，为衡平双方当事人利益，法院会引用《民法典》第580条支持违约方解除合同的请求，但这只是违约之后的一种结果，并不能因此认为违约方因此获得了合同的任意解除权，而应当属于《民法典》第557条第（6）项的"法律规定或者当事人约定终止的其他情形"。

3.2.5 守约方的救济

影视作品委托创作合同中，影视公司和编剧作为双方当事人在对方违约时需要寻求不同的救济措施。如果影视公司违约，通常是没有按时足额支付编剧报酬，编剧可以通过诉讼或者行使留置权的方式实现自己的债权。[3] 当编剧违约时，影视公司面临的问题会稍显复杂。

通常来讲，编剧创作剧本的同时，影视公司会进行一些拍摄的前期准备工作。如果编剧违约，解除合同会对影视公司造成巨大

---

1 韩世远. 合同法总论(第四版)[M]. 北京:法律出版社, 2018:521.

2 崔建远. 合同法(第六版)[M]. 北京:法律出版社, 2016:200.

3 冯刚. 影视作品委托创作合同难点问题研究之合同类型[J]. 中国版权, 2018, (5): 74-78.

的损失。此时影视公司更希望编剧继续履行合同，完成创作。而根据前面的分析，编剧的创作义务又是一个不适于强制执行的债务标的，如果影视公司向法院主张继续履行合同，根据上述判例，很可能无法得到法院的支持。那如果编剧违约，影视公司是否可以同时提出继续履行、解除合同和承担违约责任的请求？例如，原告是否可以请求法院：确认合同不成立，被告承担缔约过失责任；如果认为合同成立，则请求确认合同无效，被告承担无效的法律后果；如果认为合同有效，由于被告构成根本违约，应当解除合同，被告承担合同解除的法律后果；如果合同不能解除，则继续履行合同，同时由被告承担迟延履行的违约责任。

笔者认为，可以通过预备合并诉讼来解决。预备合并诉讼，是指原告在提起主位诉讼的同时，于同一诉讼程序中提起预备诉讼，以备主位诉讼无理由时，可以就其预备诉讼请求法院审判的诉讼合并形态。这就意味着原告在提起主位诉讼时，如预计到主位诉讼请求可能无法获得法院支持，可以在起诉的同时提出预备诉讼，对于主位诉讼起到补充作用。在信息网络传播权案件中，对被告侵权行为的性质并不确定的原告，可以以直接侵权为主位诉讼，以间接侵权为预备。

在欣瑞公司与天籁之梦公司买卖合同纠纷上诉案[1]中，欣瑞公司与天籁之梦公司签订买卖合同，而后天籁之梦公司发函欣瑞公司中止合同，欣瑞公司遂起诉至法院，要求天籁之梦公司：①继续履行合同；②支付违约金。法院认为："欣瑞公司同时提起要求天籁之梦公司继续履行以及支付无故解除合同违约金的诉讼请求，该两项诉讼请求内容之间存在相互排斥关系，理论上属于预备合并之诉。""对于预备合并之诉，法院得就两项诉请合并受理后依次进

---

[1] 参见浙江省湖州市中级人民法院(2014)浙湖商终字第185号民事判决书。

行审理。"最后，由于合同无法继续履行，法院支持了欣瑞公司解除合同及支付违约金的请求。

尽管预备合并诉讼可能使法官认为原告对其第一顺位的主张信心不足，但是预备合并诉讼对于原告而言节约了诉讼成本，降低了败诉的可能性，在侵害信息网络传播权纠纷和侵害著作权及反不正当竞争纠纷中得到了广泛的应用。

3.3 合同解除的后果

《民法典》第566条规定："合同解除后，尚未履行的，终止履行；已经履行的，根据履行情况和合同性质，当事人可以请求恢复原状或者采取其他补救措施，并有权请求赔偿损失。"笔者认为，应当正确理解和把握合同解除的效力和后果的规定，根据当事人的主张和具体情况，准确区分合同解除的两种后果，即"自始解除"和"部分解除"。区分的标准应当为"已经部分履行的内容对于实现合同目的有无独立的价值和意义"。第一，具有独立的价值和意义时，一般应当部分解除。例如，按日向餐馆供应蔬菜，正常履行一段时间后合同解除，其法律后果应当为：①已经供应的蔬菜按照约定的价格标准付款；②尚未供应的蔬菜不再供应且不必支付这部分蔬菜的对价；③依据合同约定或者法律规定，由过错方向对方赔偿损失。第二，不具有独立的价值和意义时，一般应当自始解除。例如，量身定做服装，完成的服装不符合委托人的身材，但可能符合其他人的身材，完成的服装即使不具有定作合同约定的价值，也肯定具有一定的市场价值。除非双方当事人达成新的协议，否则该合同解除的法律后果应当为：①除合同有特别约定外，委托方已经向受托方支付的款项应全部退还给委托方；②受托方向委托方支付违约金；③如果委托方也有违约行为，则委托方也应向受托方支付相应的违约金;④上述三笔款项在符合抵销的条件下可以抵销;⑤已经产生的成果归属于受托方。

运用到影视作品委托创作合同中,因受托方不能实现合同目的导致合同解除,如果受托方没有开始创作,除合同另有约定外,委托方已经向受托方支付的款项应全部退还给委托方,受托方应当向委托方支付违约金;如果受托方已经完成创作并产生了工作成果,只是拒绝将工作成果交付给委托方并且拒绝将工作成果的著作权转移给委托方,这时只涉及工作成果著作财产权问题,法院可以判令工作成果的著作权归委托方,受托方可以就工作成果主张报酬。在上海玄霆公司诉王某、北京幻想纵横公司著作权合同纠纷案[1]中,法院的判决也印证了笔者的观点。如果受托方完成了一部分工作成果,例如一部四十集的电视剧,受托方只完成三十集的剧本,这三十集中每一集的剧本对于委托方都是具有独立价值的;如果受托方拒绝继续履行合同,由于影视作品委托创作合同是加工承揽合同[2],根据加工承揽合同的特征,定作人自始是工作成果的所有权人或自始取得工作成果的所有权,受托方创作完成的任何部分的著作财产权都应当属于委托方,委托方当然获得这三十集剧本的著作权;如果委托方已经向受托方支付了报酬,受托方除退还委托方多支付的报酬外,还应当赔偿委托方因聘请他人继续创作、修改而额外支出的费用以及其他因受托方延迟履行而造成的损失。

结语

传统理论对违约方是否享有合同解除权的问题,持比较保

---

[1] 参见上海市第一中级人民法院(2011)沪一中民五(知)终字第136号民事判决书。

[2] 冯刚. 影视作品委托创作合同难点问题研究之合同类型[J]. 中国版权, 2018, (5): 74-78.

守的观点。传统理论认为，解除权是一种利益，是违约的一种救济手段，违约方不能因为违约行为获利，否则会产生巨大的道德风险。但是在司法实践中，又确实存在违约方拒绝继续履行合同并提出解除合同，且违约方的合同义务又是《民法典》第580条规定的不适于继续履行的情况。如果法院判决继续履行，会导致合同各方当事人无法从合同的义务中脱离出来，无法实现各方的合同利益，有碍交易自由，因此在新宇案之后，越来越多的法院支持了违约方解除合同的请求。

通过笔者的分析，违约方请求解除合同的基础并不是其享有的解除权，而是一种合同无法继续履行的结果。这种结果产生的正当性，除了《民法典》第557条第（6）项外，目前我国的法律很难给出一个合理的解释。有的学者认为，当合同无法继续履行时，解除合同可以平衡各方当事人的利益，是经济有效的方法。笔者认为不然，例如，在影视作品委托创作合同中，如果制片方是违约方，编剧可以通过诉讼等方式获得自己应有的报酬；如果编剧一方是违约方，影视公司却几乎不可能通过诉讼的方式要求编剧继续创作或修改，这种情况下法院只能判令合同解除，编剧承担违约责任并赔偿制片方损失。而制片方通常在编剧创作时会进行拍摄的前期筹备工作，其间会产生大量的人力、物力、财力成本，有些损失难以计算，就算能够计算出来的损失，编剧本人也很难赔偿。因此，无法继续履行的合同只能通过解除的方式解决争端，如何解释违约方解除合同的正当性，全面保护守约方的合法权益等问题，需要在理论和实践中继续探索。